KB165604

한자권의
성립

한자권의 성립

우리에게
문자란 무엇인가

사이토 마레시 지음
허지향 옮김

도대체 인간에게 언어란 무엇이며
문자란 인간에게 무엇을 가져왔는지
인간은 문자를 통해 어떤 세계를 만들어왔는지
그렇게 형성된 세계에 있어서
언어와 문자는 어떠한 관계에 있는지
이러한 물음들이 깔려 있습니다

巳ガ生涯ノ
生マレ
ニ居卜云意
巳ガ生涯好ク居ル東ノ
ルト大意

巳ガ生涯好ク居ルト云フ
巳ガ生涯ノ好ク從フ

汝ガ生涯ノ好ノ從モヨ

仕事二番目ノ性質ナリ

글항아리

차례

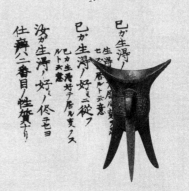

　이 책은 '우리에게 문자란 무엇인가?'라는 부제를 달고 있습니다. 원작은 일본어로 쓰였으므로 이때 '우리'란 일본어를 읽고 쓰는 독자들을 향한 말이었습니다. 그러나 책 내용을 들여다보면 이때 '우리'란, 적어도 현재 한자를 사용하고 있거나 과거에 사용했던 모든 지역 사람들을 포함하는 말임을 알아주셨으리라 생각합니다. 물론 저 자신의 능력 때문에 일본에서 일어난 사실이나 현상을 주로 화제로 삼았습니다. 그러나 파스파 문자나 한글에 관해서도 다루고 있듯이 가능한 한 시야를 넓혀서 논하고자 노력했습니다.

　더하여 말하자면 이 책의 근저에는 도대체 인간에게 언어란 무엇이며, 문자가 인간에게 무엇을 가져왔는지, 인간은 문자를 통해 어떤 세계를 만들어왔는지, 그렇게 형성된 세계에서 언어와 문자는 어떠한 관계에 있는지, 이러한 물음들이 깔려 있습니다. 문자는 인간을 새로운 세계로 이끌었을 뿐만 아니라 문자에 의한 지배와 억압을 초래했습니다. 이렇듯 지배나 억압까지 포함하여 문자라는 것에 의하여 어떤 세계가 구성되었는가, 하는 식으로 역사와 원리를 묻는 작업은 굉장히 중요합니다. 그리고 그러한 세계를 구성하는 원리에 관하여 한자와 같은 개별 문자 체계에 입각해서 고찰하면서도 그와 동시에 문자 자체가 지니는 일반적인 원리를 통해 고찰하는 일도 중요하겠지요. 이러한 의미에서 이 책의 '우리'라는 말은 한자가 아닌 그 외의 문자를 사용하는 사람들까지도 포함하고 있습니다.

그러나 이처럼 말은 해도 실제로 책이 일본어로 쓰인 이상, 독자의 범위는 한정되어 있었습니다. 이번 기회에 우수한 젊은 연구자인 허지향 씨에 의해 이 책이 한국어로 번역될 수 있는 행운이 찾아왔습니다. '우리'의 범위가 실제로 넓어진 셈이지요. 이 책의 각 장을 이루는 글들은 일본뿐만 아니라 한국, 미국, 타이완, 캐나다 등지의 대학에서 세미나와 워크숍을 거치면서 그때그때 논의의 토대로 사용했던 것들입니다. 그리고 지금, 더 큰 논의의 장場을 얻게 되었습니다. 번역을 제안해준 허지향 씨 그리고 출판을 맡아주신 글항아리 대표님께 다시 한 번 감사의 말씀을 드립니다.

번역하는 과정에서 허지향 씨로부터 날카로운 질문을 받았습니다. 그 질문들을 통해 글자와 구절 그리고 설명을 고친 부분도 있습니다. 원작에서는 잘못되었던 도판도 정정했습니다. 그러니까 한국어판은 번역이면서 동시에 개정판이기도 합니다. 굉장히

고마운 일입니다. 더군다나 한국의 연구자들로부터 많은 도움을 받아왔고 한국어 문자 표기의 역사에 큰 관심을 가지고 있는 저에게 있어서 이 책이 한국어로 세상에 알려지게 된 것은 한층 더 감격스러운 일입니다. 또한 한국 독자들인 여러분이 이 책을 계기로 언어와 문자에 관해 두루 사고할 수 있다면 그리고 어딘가에서 논의를 공유할 수 있다면 지은이로서 이보다 더 큰 기쁨은 없을 것입니다.

2018년 9월
사이토 마레시

1963년에 간행된 『일본어의 역사2: 문자와의 만남』이라는 책 제3장 '확대되는 한자 문화권'에 다음과 같은 서술이 보인다.

아시아 여러 민족은 지나支那[1] 문화로부터 널리 은혜를 입 었다. 즉 한자와의 만남을 통해 직접 혹은 간접적으로 자신 들의 토어를 문자로 표현하고자 하는 시도와 경험을 해왔 다. 이러한 의미에서 그들 각각의 민족 문화는 지나 문화의

---

1 '중국'을 가리키는 말. 그러나 이 '지나'라는 명칭을 둘러싼 문제는 깊다. 물론 용어만 보 면 이 '지나'라는 말은 처음으로 중국을 통일한 '진'에서 유래했다는 사실, 기원 2세기경에 그 리스인이 'Sinae'라고 표기한 예, 중국 승려가 범어를 음역할 때 이를 '支那·至那·斯那' 등으 로 표기하면서 생겨난 것으로 지적된다. 그러나 근대적 국민국가 의식이 싹트던 시기에 이 명칭은 중국을 상대화하고 대상화하기 위해 사용되었다. 저자는 다른 책에서 '지나' 명칭을 둘러싼 논의 과정을 돌아보고, 19세기 말 일본에서 '지나'가 이전의 '화한和漢', 즉 지역적으 로 분할하지 않는 총체적인 명칭이었던 '화한'을 어떻게 해체시키고 있는지를 세심하게 분석 한다. '지나'란 지역을 국민국가 단위로 분절하는 서양인의 'Japan and China'를 따라한 말 그 이상으로, 근대적 내셔널리즘의 가속장치로 작용했다고 지적한다.(齋藤希史, 『漢文脈の近 代: 淸末=明治の文學圈』, 名古屋大學出版會, 2005, 28~46쪽 참고)─옮긴이

세례를 받았으며, 문자에 입각해서 보자면 '한자 문화권'이
라고 불릴 만한 문화권을 형성했다고 말할 수 있다.(龜井 외,
1963, 88쪽)

'한자 문화권'이라는 용어는 이 책을 통해 처음으로 널리 알
려졌다. 또한 이 책 2권의 집필과 편집을 맡은 가메이 다카시龜
井孝는 훗날 "'한자 문화권'은 내가 만든 말이야"(龜井·田中, 1994,
43쪽)라고 말한 적이 있다. 즉 '한자 문화권'이란 약 반세기 전
일본에서 생겨난 용어인 셈이다.

이 책에는 그 외에도 '인도 문화권' '소련 문화권'과 같은 표현
이 쓰인다. 그러나 이들 용어는 '한자 문화권'에 대응하여 우연
히 쓰인 것일 뿐 명확한 정의는 알 수 없다. 이렇게 필자는 세계
사를 전체적으로 조망하는 의미에서 '한자 문화권'이라는 명칭
을 사용했다기보다는 책 제목에서도 드러나듯이 일본어의 역사
를 기술하는 과정에서 이 말을 만들었다고 할 수 있다. 일본 문
화를 어떻게 파악할 것인가, 일본 문화가 '지나 문화'와 어떻게
다른지를 설명하기 위해 '한자 문화권'이라는 개념을 사용한 것
이다.

그리고 이 책 마지막은 다음과 같이 마무리된다.

어찌되었든 전체적으로 볼 때 일본어가 그 말을 문자로 자
유롭게 표기할 수 있는 기제를 손에 넣었다는 점에서는, 한
자를 일본어 아래로 예속시키는 일에 성공했다고 보아도 좋

다. 예속시킬 정도로 깊이 관여했기 때문에 어떤 면에서는 당연하게도 한자의 이질적인 부분까지 폭넓게 받아들이게 되었다. 또한 그것을 소화하는 정도가 깊었던 만큼 그 화禍까지 입게 된 것 역시 어쩔 수 없다. 일본어로서는 피하기 힘든 한어漢語 문제가 여기서 발생했으며 이 문제는 앞으로도 계속 생겨나리라. 그러나 이 점이야말로 일본 문화가 한자 문화권에 속한 숙명이라고도 할 수 있다.(龜井 외, 1963, 388쪽)

"숙명"으로서의 한자 문화권. 마지막 장에서도 논하겠지만 한자 문화권이라는 설정 자체가 이러한 논의를 내포하고 있다는 점을 먼저 짚어두고 싶다.

최근에는 '한자 문화권' 대신 지역마다 한문 문체의 다양함에 역점을 둔 '한문 문화권'이라는 개념도 제창되고 있다.(김, 2010) 대단히 흥미로운 착안이기는 하나 왜 그것이 '문화권'이어야 하는가는 역시 의문이다.

'한자 문화권'의 권역으로 상정되는 동아시아 지역에서는 예전에 '동문동종同文同種'이라는 표현으로 문화적 동일성을 구한 적이 있었다. 이때의 '동문同文'이라는 말은 『예기禮記』 중편에도 '동문동궤同文同軌'라는 표현이 있듯이 오래전부터 있었다. 그러나 이 말은 단지 동일한 문자를 쓴다는 의미뿐만 아니라 (이 책 제1장에서 논하듯이) 서체 혹은 용법의 다양성과 그것을 정리·통합하고자 하는 움직임을 포함한다. 이것이 근대 민족 개념에 의해 생겨난 '동종同種'이라는 말과 짝을 이루어 서양 문명에 대항하는 원리로서 '동문동종'적 동아시아라는 개념이 강조되었다. 즉 일본에 의한 동아시아 통합이라는 정치적 욕망과 깊은 관련이 있다.

한자 문화권이든 한문 문화권이든, 그러한 용어를 제창했을 때는 적어도 과거의 동문동종적 문화적 동일성을 동아시아에서 찾고자 하는 의도는 아니었을 터다. 그러나 '문화권'이라는 말이 경계해야 할 점은, 그 말을 제창할 때에는 다양성이야말로 해당 문화권의 생명이라고 진지하게 생각한다고 해도, 이 표현이 널리 쓰이게 되면 문화권으로서의 공통성이나 동일성을 강조하는 방향으로 수렴되기 쉽다는 사실이다. '어떠어떠한 문화'라고 부르는 것 자체가 그러한 유혹을 초래한다. 경계는 게을리 하지 않는 편이 좋다.

한자·한문이 유통되고 사용되었던 지역이 하나의 권역을 이룬다는 점은 틀림없다. 언어나 문자가 의사소통 수단인 이상, 이로써 일정한 권역이 형성되는 것은 자연스러운 일이다. 그러나 이를 하나의 '문화'로 표현하는 데는 신중하고 싶다. 이 책에서는 일단 '한자(문)권漢字(文)圈'에 대한 다음 정의, 즉 "전통적으로 그 지역을 덮고 있던 한자에 의한 서기 체계 권역"(村田·Lamarre, 2005, 5쪽)이라는 정의를 받아들인다. 그리고 이 서기 체계에 의해 구성된 읽기·쓰기에 관한 세계를 '한자 세계'라고 해두자.

강조할 점은 이 세계가 한자문漢字文을 읽고 쓰는 행위에 의해서 역학적으로나 역사적으로 층을 이루는 권역을 형성했다는 점이다. 권역은 지역을 떠나서는 성립하기 어렵지만 반드시 지역에 고착되지는 않는다. 그것은 사회계층에 따라서도 다른 양상을 나타낸다. 또한 권역의 경계는 항상 변동한다.

역사적으로 층을 이루는 시기는 우선 크게 세 시기로 나눌 수 있으리라.

먼저 제1차 한자권. 춘추전국시대부터 진한 통일제국에 이르기까지의 시기이며, 지역은 황허黃河강과 창장長江강 유역을 중심으로 한다. 제2차 한자권은 이를 중핵으로 정치와 외교, 한문 한적漢籍 등이 유통되어 확대된 영역이다. 한반도, 일본 열도, 인도차이나반도의 동부를 포함하는, 일반적으로 '한자 문화권'이라고 불리는 영역이다. 그리고 제3차 한자권. 근대 이후의 새로운 동아시아로서, 지정학적으로 재편성된 영역을 말한다. 제2차 한자권을 통해 주어진 자원을 이용하면서 권역 자체의 재편이 이루어졌으며 다양한 전환과 탈피가 시도되었다.

이 책은 이러한 흐름을 염두에 두고 한자에 의해 구성된 세계에 관해 논한다. 닫힌 문화권으로서가 아닌 원심과 구심이라는 역동성을 지닌 권역으로서의 한자권, 그 특징이 잘 드러나는 부분을 중점적으로 살펴보자.

제 1 장

한자란 무엇인가 :

문자가 만드는 세계

한자의 조상

갑골문자를 발견하다

한자의 역사를 이야기할 때 가장 오래된 한자로 언급되는 것은 기원전 14세기~기원전 11세기 무렵 은대 후기에 사용된 갑골문자(갑골문, 복문卜文)다. 거북딱지(뱃가죽이 많으나 등딱지도 사용된다) 혹은 소나 사슴 등 큰 짐승의 어깨뼈 등에 새겨졌으며, 점을 친 날짜와 내용, 결과 등을 기록한 것으로 알려져 있다. 한화漢和사전 등에 그 자형이 실린 것도 있고, 한자의 원뜻을 논할 때에도 갑골문자의 자형은 큰 논거가 된다. 한자에 관심 있는 사람 중에서 갑골문자를 모르는 사람은 적을 것이다.

그러나 한자의 선조로 널리 알려져 있는 갑골문자도 19세기 말 중국의 학자에 의해 발견되기 전까지는 아무에게도 알려지지 않은 문자였다. 1899년 청나라 국자감좨주(교육행정 장관) 왕의영王懿榮(1845~1900)이 지병인 말라리아를 고치기 위해 약이

갑골문 자형(『신초일본어한자사전新潮日本語漢字辭典』에서 발췌)

되는 용의 뼈(동물 뼈의 화석)를 약방에서 구입하던 중에 문자가 새겨진 뼈를 발견하고 나서 수집하기 시작했다는 일화가 널리 퍼져 있으나, 사실은 골동상이 왕의영에게 가지고 온 것이 시초였으리라 짐작된다.(阿辻, 1989)

　한때 왕의영의 곁에서 거처하던 유악劉鶚(1857~1909)은 1903년에 왕의영이 수집한 갑골문자 자료집『철운장귀鐵雲藏龜』를 출판했다. 이 책에 의해 비로소 갑골문자라는 존재가 세상에 알려지게 되었다. 이 책 서문에서 유악은 1899년 허난성 탕인湯陰에서 갑골(유악은 갑판甲板이라고 말한다)이 출토되었으며, 1902년까지 수집한 5000편의 갑골 중에서 1000편 정도의 탁본을 책에 담았다고 밝혔다. 또한 이미 갑골문자가 은대의 점복을 기록한 문자라는 사실을 밝혀놓은바, 1928년부터 은허殷墟(허난성 안양安陽)의 발굴이 시작되면서 갑골문자와 은대사에 관한 연구가 한층 활발해졌다.

금문金文의 자체字體

갑골문자가 발견되기 전까지 가장 오래된 문자로 여겨진 것은 금석문, 즉 청동기에 주조된 금문 또는 비석 등에 새겨진 석문이었다. 이를 연구하는 금석학이라는 학문도 발달했는데, 북송 당시 구양수歐陽脩가 본격적으로 시작한 이래 청조 무렵까지 많은 학자가 그에 몰두했다. 왕의영도 금석학에 관심이 많았던 인물이다. 청동기에 주조된 금문은 이상적인 왕조로 일컬어지는 주나라의 치세를 알 수 있는 귀중한 사료였다. 더구나 그 글자체는 갑골문자와는 달리 학자들이 잘 알고 있는 전서篆書에 가까운 것이었기에—정확하게는 금문의 서체를 전서가 계승한 셈이다—독해 자체는 곤란하지 않았다. 오랫동안 문자학의 성전으로 인정받아온, 후한 때 허신許慎이 쓴 『설문해자說文解字』에서도 친자親字[1]의 서체는 전서(소전小篆)였다.

예서隸書나 해서楷書가 필기체로 널리 보급된 뒤에도 전서는 고대의 정식 서체를 전하는 것으로 존중되었다. 인장印章에 전서

1 　표제 한자. 발음이나 자의 등의 해설이 붙은 한 글자의 한자를 말한다. 옥편에서는 이 글자를 토대로 숙어를 배열한다.—옮긴이

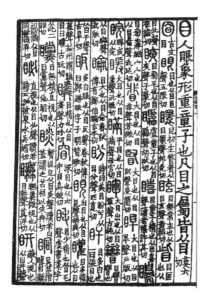

『설문해자說文解字』
대서본大徐本(사부총간四部叢刊)

를 사용하는 습관은 여전히 지금까지 이어지고 있다. 이러한 글자체의 계승이야말로 주대로부터 연면히 이어지는 중국이라는 역사의식을 지탱하는 것이다.

그러나 갑골문자는 말 그대로 갑골에 새기는 문자인 탓에 둥그스름한 느낌의 전서와는 달리 필획이 날카롭다. 글자의 필획에 따른 형태 자체가 전서와는 크게 다른 경우도 있고, 같은 의미일지라도 형태가 일정하지 않은 경우도 적지 않다. 이러한 이유로 해독이 곤란하리라 예상했으나 다행히도 시기적으로 가까운 청동기에 주조된 금문과 주의 깊게 비교 대조하는 작업을 거듭하면서 갑골문자가 금문으로 이어지는 글자라는 사실을 밝혀냈다. 즉 갑골문자가 한자의 선조라는 사실이 인정된 셈이다.

또한 전서가 둥그스름한 것은 금문의 형태를 계승하고 있기 때문이며, 금문이 둥근 형태를 띠는 이유는 청동기에 주조된 문자라는 사실에 기인한다. 우선 청동기에 금문이 어떻게 주조되었는가를 미리 설명하고 넘어가기로 하자. 청동기를 만들기 위해서는 점토로 만든 주형鑄型이 필요하다. 금문은 청동기의 안쪽 부분에 오목한 형태로 주조되므로 내측의 주형에는 문자가 볼록하게 도드라져 나와 있어야 한다. 볼록한 형태의 문자를 주형 위에 배치하는 기법에 관해서는 문헌 기록에 없기 때문에 다양한 가설이 제시되어 왔는데, 현재 유력한 가설은 무두질한 가죽 같은 곳에 문자를 새겨 넣은 뒤 그것을 주형한 점토에 눌러서 볼록한 문자를 만든다는 설이다.(大西·宮本, 2009)

이렇게 손이 많이 가는 기법으로 문자를 주조한다는 사실 자체가 그 문자의 특별함을 말해주는바, 금문이 갑골문자와 달리 둥그스름한 모양을 띠면서 장식성이 강한 글자체로 변화한 점도 이와 관련이 있을 듯하다. 이에 관해서는 뒤에서 자세히 논하기로 하고, 다시 화제를 갑골문자로 돌리자.

갑골문의 정형定型

갑골문자는 한자의 선조라는 점이 확실해졌다. 그러나 형태가 한자의 조상 격이라고 해서 문자의 기능도 그러하다고 말할 수는 없다. 예를 들면 현존하는 모든 갑골문자를 해독한다고 해서 은나라 사람들의 일상적인 언어행위를 해명할 수는 없다.

3000년이라는 시간적 거리도 있지만 『논어』나 『사기』 등을 통해 우리가 춘추전국시대에 살던 사람들의 의사소통 방식을 조금이라도 이해할 수 있는 것과는 본질적으로 다르기 때문이다. 그것은 문자의 발달 여부와 관계된 것이라기보다는 갑골문자의 본질에서 기인하는 것으로 보인다.

갑골문자는 점을 치는 갑골(거북이 껍질이나 짐승 뼈)에 점친 날짜, 내용, 판단, 결과를 기록하기 위해 새긴 것으로, 기본적인 정형이 있다. 은나라 왕 무정武丁의 부인인 부호婦好가 출산한 사실을 점친 갑골을 예로 들어보자.

甲申卜殻貞, 婦[帚] / 好娩嘉[妠], 王占[囚] / 曰, 其惟[隹]丁娩

嘉, 其惟庚 / 娩引吉, / 三旬又一日甲 / 寅娩, / 不嘉/惟/女

읽기 쉽도록 오늘날에 쓰이는 글자로 바꾼 뒤 구두점을 붙였다. [ ]는 본래의 글자, /는 행 바뀜을 표시한 것이다. '갑신甲申'에서 '인길引吉'까지가 오른쪽 행에서 왼쪽 행으로, '삼순三旬'부터가 반대로 왼쪽 행에서 오른쪽 행으로 쓰여 있다. 정형에 의거해서 설명해보자.

"갑신복각정甲申卜殻貞"이란 '갑신 날에 점복의 의례를 행하여 각이라는 점치는 자가 물음을 정했다'라는 뜻으로, 이처럼 날짜와 점치는 자에 관해 쓴 문장을 전사前辭라고 한다.

"부호만가婦好娩嘉"란 '부호의 출산은 경사스러운가(남자아이를 출산하는가)?'라는 뜻으로, 점복의 내용을 나타낸다. 이를 명사命

辭라고 한다. 점복은 갑골에 홈을 낸 뒤에 그곳에 열을 가해 만들
어진 형상으로 점을 치는 것이다. 이때 물음을 정해서 열을 가하
는 사람은 '각'이라는 이름을 지닌 정인貞人(점치는 이)이다.

여기서 "부호만가"를 의문문으로 해석한 것은 이러한 의식儀式
과정과 갑골문자의 정형을 염두에 둔 것일 뿐 문장 자체에 의문
을 나타내는 글자는 없다. 그러므로 '부호의 출산은 경사스럽다'
라는 언명에 대한 점복이 치러졌다고 이해할 수도 있다. 즉 그것
이 의문문이든 아니든 그 위치에는 점을 치고자 하는 내용이 기
록된다는 점이 중요하다.(高嶋, 1989; 淺原, 2006)

다음으로 "왕점왈王占曰 기유정만가其惟丁娩嘉, 기유경만인길其
惟庚娩引吉"이란 '왕이 틈의 형상을 보고 판단했다, 정의 날에 출

산하면 경사스럽다, 경의 날에 출산하면 매우 좋다'라는 뜻이다. 왕의 판단을 나타낸 것으로, 점사占辭 혹은 요사繇辭라고 한다.

마지막으로 "삼순우일일갑인만三旬又一日甲寅娩 불가不嘉 유녀惟女"란 '31일째 갑인의 날에 출산했으나 경사스럽지는 않았다, 딸이었다'라는 결과를 나타낸 것으로, 험사驗辭라고 한다.

이처럼 전사(날짜와 점치는 자)·명사(내용)·점사(판단)·험사(결과)라는 네 가지 요소를 갖춘 것도 있지만, 앞부분의 전사와 명사만 남겨져 있는 것도 많다. 그러나 이 네 가지 요소가 기본 형식이라는 사실은 분명하다. 갑골문은 일정한 형식 속에서 쓰였다.

문자와 갑골

당연한 말이지만, 점복을 친다고 할 때 금이 간 갑골만으로는 무엇을 점친 것인지 알 수 없다. 금이 간 갑골은 그 점복 기록이 새겨져 있을 때 비로소 완성되는 것이며, 이로써 신관으로서 왕의 권위가 드러나는 것이다.

일반적으로는 갑골문은 점복의 내용과 판단 그리고 결과를 갑골 위에 기록한 것이라 할 수 있다. 그러나 이것만으로는 갑골문자가 지닌 본질을 파악했다고 할 수 없다. 단지 점복을 기록하기 위해서 갑골문자가 생겨난 것이라면 그것이 어디에 새겨지든 상관없을 터다. 점복을 기록하는 문자는 어디까지나 거북이 껍질 혹은 짐승의 뼈라는 점복 도구와 한몸이다.

갑골문자에는 점복 이외에도 갑골의 헌납을 기록하는 '기사

각사記事刻辭'라 불리는 용도가 있었다. 이는 거북이 껍질이나 짐승 뼈의 측면에 새겨지는데, 이 또한 갑골을 떠나서는 의미가 없다. 공교롭게도 갑골문자라는 호칭은 그 문자의 본질을 드러내는 것이다. 예를 들면 고대 메소포타미아의 설형문자楔形文字는 그 명칭이 서체의 특징을 가리키며, 페니키아 문자는 그 지역을 나타낸다. 그러나 갑골문자는 그것이 갑골에 새겨진 문자라는 점을 가리킨다. 즉 갑골문자는 문자와 도구가 일체화되어 있다. 우리가 일반적으로 생각하는 문자는 매체가 무엇인가와는 무관하게 문자로써 기능하지만 갑골문자는 그것과는 다르다. 이때 문자는 도구로부터 독립되어 있지 않으며 문자로서의 범용성과도 거리가 멀다.

다만 이와 같은 점 때문에 갑골문자가 문자로서 덜 발달했다는 것을 의미하지는 않는다. 이는 중요하다. 무언가에 문자를 새기는 행위는 오늘날에도 여기저기서 볼 수 있으며, 이는 종종 도구와 문자의 일체가 전제된다. 건물 유적의 기둥에 새겨졌거나 적힌 남녀의 인명 또는 날짜 등을 흔히 볼 수 있는데, 이러한 경우 그 기둥에서 글자를 분리하면 의미가 없어진다. 전자화 기술의 발달로 문자와 도구의 분리가 극한까지 와 있는 오늘날에는 소유를 표시할 때에나 무언가를 기념할 때에만 그러한 기능이 발휘되지만, 원래 문자에는 도구와의 결합을 통해 발휘되는 기능이 구비되어 있다는 점을 잊어서는 안 된다.

신성한 문자

다른 측면에서 생각해보자. 거북이 껍질이나 짐승의 뼈는 점복에 적합한 소재였기에 선택되었으나, 여기에는 거북이나 큰 짐승이 특별한 동물이라는 사실과도 관련이 깊다. 또한 은허에서 발굴된 거북이 껍질 중에는 황허강 유역이 아닌 창장강 유역에서 서식하던 보석거북이 많이 차지한다는 점은 점복에 쓰일 갑골 선택에 일정한 선호가 작용했음을 말해준다.(淺原, 2006) 좀 더 말하자면, 평평하고 매끄러우면서 널빤지 형태의 소재가 선택된 것은 그것에 홈을 파기 쉽고 글자를 새겨 넣기 쉬웠기 때문일 터다. 문자는 부수적으로 새겨진 것이 아니라 애초부터 문자 새김이 전제되어 있었다는 뜻이다.

점복이라는 행위는 대단히 신성하며 의례로서의 권위를 동반하는 것이었다. 즉 신성함과 권위를 드러내기 위해 문자가 새겨졌으며, 일상 언어 행위와는 본질적으로 다른 것이었다. 문자를 다루는 일 자체가 지극히 특권이었으며, 문자를 새기는 행위는 점복이라는 신성한 의례에 포함되는 것이었다고도 말할 수 있다.

앞서 말했듯이 갑골문자는 글자체의 변주가 다양하다. 현재까지 해독되어 있는 갑골문자는 그 변형된 형태를 가능한 범위에서 정리한 4000자 정도의 자종字種으로 밝혀져 있으나, 그중에 정확하게 해독된 것은 1000자 정도라고 한다. 문자가 지닌 의미를 추정하기 위해서는 그 문자의 음성이 단서가 되는 경우가 많으나 갑골문자는 음성을 판단하기 어렵다. 한나라 이후로 한자는 80퍼센트 이상이 의부意符와 성부聲符를 지니는 형성자인 데 비해 갑골문자는 형성자의 비율이 해독되어 있는 문자의 20퍼센트 남짓에 불과하며, 해독되지 않은 글자를 포함하면 그 비율은 더 낮아진다.(大西·宮本, 2009) 성부가 없으면 음을 추정하기 어려우며, 『시詩』(『시경』)와 같은 운문이라고 생각하기도 어렵기 때문에 운율에 의해 당시 음을 재구성할 만한 수단도 결여되어 있다.

갑골문자 자형의 변주가 다양하고 성부를 지닌 글자가 적다는 사실은 애초에 구두 언어를 그대로 표기하기 위해 만들어진 것이 아님을 시사한다. 점복에 관계되는 서기書記 이외에 이 문자가 어디에 쓰였는지는 분명하지 않으나, 문자를 읽고 쓰는 일이 가능한 자는 왕을 포함한 신관 집단에 한정되었다는 사실은 추정할 수 있으며, 그렇다면 일상 용도보다는 신성한 행위 또는 비밀스러운 의례적 정치행위에 사용되었다고 상정하는 편이 자연스러우리라. 상형문자가 최초에 주술적 기능을 가지고 생겨난 것인지에 관해서는 두고볼 필요가 있으나, 점을 치는 행위가 서기 언어로서 시스템을 구축하는 과정과 깊이 관련되어 있다는 점은 틀림없다.

언어와 기호

문자가 어떻게 생겨났는지 확정적으로 말하기는 어렵다. 다만 기억해두어야 할 것은 언어와 기호 그리고 문자, 이 셋의 관계다.

언어는 인류라는 종의 사회에서 반드시 발견된다. 문자가 없는 사회는 존재하지만 언어 없는 사회는 존재하지 않는다고 말할 수 있다. 이때 인류 이외의 종이 사용하는 의사소통 수단과 인간 언어의 차이를 설명하기 위해 이중분절성二重分節性이라는 용어가 자주 사용된다. 언어는 의미를 나타내는 최소 단위인 형태소로 나누는 것이 가능하며, 형태소는 다시 음성 단위인 음소로 나눌 수 있다. 이렇게 두 단계로 분할 가능한 특징을 가리켜 이중분절성이라 부른다. 의미의 최소 단위인 형태소는 단독 혹은 조합에 의해서 '말語'을 형성한다. 형태소를 구성하는 음소는 모든 음성에 해당하지 않고, 즉 영어에서는 L과 R을 구별하나 일본어에서는 구별하지 않는 것과 같이 언어에 따라 다르다. 바꾸어 말하자면 음소를 배열해서 형태소를 만들고 형태소를 배열해서 문장을 구성한다. 또한 배열 방식을 증폭시키는 과정을 거치면 복잡한 의미도 전달이 가능해진다. 언어의 이러한 정의에서 상정되는 것은 입으로 발화되는 음성 언어다.

음성 언어는 의미 전달을 위한 구조를 이루는 반면, 기호는 그 것이 음성에 의거한 것이든(사이렌이나 차임벨) 시각으로 인지되는 것이든(표식이나 문장紋章) 간에 그 자체로는 어떠한 관념을 나타내는 것으로밖에 작동하지 않는다. 즉 기호는 구조를 갖추지 않고서도 성립한다. 그러나 그것이 배열되어 의미 전달을 위한 구조를 갖추는 순간 언어로서 첫걸음을 내딛게 된다. 각각의 기호가 형태소로서의 기능을 획득하게 되기 때문이다.

그리고 각각의 형태소를 더 나눌 수 있고 그렇게 나누어진 것을 달리 조합해서 새로운 형태소를 만들 수 있다면, 이러한 시스템을 언어라고 할 수 있다. 통상 언어학에서는 형태소를 더 나눈 것을 음소로 정의하지만, 음성을 전제로 하지 않는 수화手話도 하나의 언어이듯이(齊藤, 2007) 시각적인 구성 요소(수화에서는 분절된 손짓이나 얼굴 표정, 문자에서는 필획이나 편방偏旁) 또한 음소와 동등하거나 유사한 기능을 가질 수 있다.

은대보다 훨씬 이전인 신석기시대 유적에서 발견된 도문匋文(도기에 새기거나 쓰인 문자 모양의 부호)과 같은 것이 기호인지 문자인지 판단하기 위해서는 그것이 위에서 말한 언어로서의 특질을 갖추고 있는지 여부가 중요할 것이다. 언어로서의 특질을 갖추고 있다면 그것은 서기 언어를 구성하는 요소, 즉 문자로 인정된다. 이 경우 음성에 의한 구두 언어와 문자에 의한 서기 언어가 서로 대응하는지에 관해서는 또 다른 문제로 다루어야겠지만 말이다.[2]

기호와 문자

일반적으로 문자는 구두 언어를 모사한 것 또는 구두 언어와의 대응 관계가 발견되지 않는 한 문자라고 할 수 없다는 식으로

---

2 문자를 언어 형태소로 파악하는 논의는 오랜 것으로 森岡健二,「文字形態素論」(森岡, 1968)가 있으며, 같은 저자, 『日本語と漢字』(森岡, 2004)에 잘 정리되어 있다. 野村雅昭, 『漢字の未来』, 付章,「21世紀の漢字論」(野村, 2008)은 모리오카의 논의를 강하게 비판하면서 서기 언어라는 개념에도 의문을 던진다. 서기 언어 및 문자 언어라는 관점을, 일본어 상황을 설명하는 데에 적극적으로 사용하는 입장으로는 乾善彦, 『漢字による日本語書記の史的研究』(乾, 2003); 犬飼隆, 『上代文字言語の研究』(犬飼, 2005); 小松英雄, 『日本語書記史原論』(小松, 2006) 참조.

설명되지만, 과연 그러할까? 문자가 언어를 구성한다는 사실, 즉 서기 언어가 성립한다는 그 본질은 음성 언어와의 대응 관계가 아니라 그 자체로서 언어 구조를 갖추었는가의 여부에 달려 있다. 이러한 의미에서 갑골문자는 언어의 구성 요소로서 자격을 갖추고 있으며, 그 이전의 기호가 문자와 비슷한 성질을 지녔다 해도 서기 언어로서의 성립 여부가 분명하지 않은 것과는 성질을 달리한다.

덧붙여 말하자면 이렇듯 서기 언어가 성립하기 위해서는, 즉 기호에서 문자로 뛰어넘기 위해서는 그것을 사용하는 집단이 밀도 있게 집약적으로 그 기호를 사용할 필요가 있었을 것이다. 은나라에서 왕을 중심으로 한 신관 집단은 부와 권위와 권력을 가진 집단이었으며, 신사神事에 관련된 작업은 폐쇄적으로 이루어졌다고 상정할 수 있다. 이전까지 사용되었던 기호를 조합하여 하나의 의미를 구성하는 노력이 어딘가에서 이루어지고, 그것이 폐쇄적인 집단 내부에서 밀도 있게 상호적으로 사용됨으로써 특권적 서기 언어로서의 시스템이 정착된 것은 아닐까? 앞에서도 논했지만 서기 언어의 발달은 신관 집단에 의한 점복이 촉진한 것이며 일상에서의 의사소통과는 관련이 없다.

19세기 말까지 갑골문자라는 존재가 알려지지 않은 것도 문자의 이러한 성격과 연관되어 있으리라. 그것은 왕과 관련된 시설의 한 구석에 집적되고 보존된 채 무분별하게 공개되지 않았으며 배포되는 일 또한 없었기에 후대에 그 장소가 우연히 발굴될 때까지 눈에 띄지 않았던 것은 아닐까? 당대 사람들에게도 그 문자는 일상생활에서 볼 수 있는 종류의 것이 아니었을 터다. 즉 고대 문자의 대부분이 그러하듯 갑골문자 또한 일상 언어와는 다른 종류의 것으로 다듬어졌다. 물론 머지않아 한자는 일상 언어를 표현하는 문자가 된다. 그러나 이는 일상생활에서 문자를 사용할 수 있게 된 것일 뿐 처음부터 그러했던 것은 아니다.

금문金文의 위치

문자와 청동기

청동기에 주조된 금문도 갑골문자처럼 기물器物과 뗄 수 없는 문자였다. 청동기는 은대 이전부터 주조된 듯하지만 청동기에 문자가 새겨진 것은 갑골문자가 사용된 시기와 같은 은대 후기 (기원전 14세기)부터다. 그러나 이 문자는 씨족을 나타내는 도상 圖像과 같은 것으로, 문文을 구성한 것이라 볼 수 없다. 문장으로 읽을 수 있는 성문명成文銘이 출현한 것은 은대 말기(기원전 11세 기)다.(大西·宮本, 2009)

발굴된 은대 청동기의 대부분은 일상생활에서 쓰는 기물이 아닌, 선조 혼령을 제사지낼 때 사용되던 기물이었다. 도철문饕 餮文이나 훼룡문虺龍文 등 신령을 나타내는 문양이 빈틈없이 장식 된 것으로, 기물의 조형造型도 다양한 동물을 본뜨는 등 매우 특 징적인 모습을 나타낸다. 기물의 표면이 이러한 문양으로 채워져 있다면 문자를 새겨 넣을 곳은 안쪽밖에 없다. 그렇다기보다는 문자는 기물을 만들게 된 유래를 신령에게 고하기 위한 것이었으니 안쪽에 새기는 편이 알맞았으리라.

은대 말기의 금문은 다음과 같은 것이었다. 다리가 셋 달린 주기酒器인 '각角'의 명문銘文을 보자. 문장은 오른쪽에서 왼쪽 방향으로 쓰여 있다.

> 庚申, 王在東間, / 王格[各], 宰梡從, / 賜貝五朋, 用作[乍]父丁/
>
> 隓彝, 在六月, 惟[隹]王 / 廿祀翌又五

뜻을 풀어보면, 첫 행은 '경신 날에 왕은 동쪽에 있었다', 다음 행은 '왕은 이르렀으며 재호는 뒤를 따랐다'로, 왕이 행차를 하고 재호가 그 뒤를 따랐다는 뜻이다. 이 공적으로 '패오붕貝五朋을 하사했으며' 이를 기념하여 '부정父丁을 제사하는 준이隓彝를 만들었다'고 한다. 또한 이는 '6월, 왕 즉위 25년'의 일이라고 기록되어 있다.(松丸, 1990) 즉 왕으로부터 패를 하사받은 재호가 이를 기념하여 아버지를 위해 준이를 만들었다는 기록이다.

갑골문자가 사용된 은대 후기에는 이미 청동기가 주조되고 있었음에도 불구하고 성문명이 등장한 시기가 갑골문자보다 꽤 나중인 점은 흥미롭다. 그 대부분은 왕의 하사를 기념하여 신하가 제기를 만든 것이었으며, 이는 왕이 신령(최고신은 '제帝'라고 불렸다)에게 묻는 형식으로 행해졌던 점복과는 달랐다. 또한 쓰인 내용과 기록된 도구와의 관계에서도, 갑골문자의 경우에는

재호각辛桃角(泉屋博古館, 2002)

재호각 명문銘文(樋口, 1994)

점복 후에 이루어진 판단과 나아가 그 뒤에 일어난 결과가 갑골에 기록되어 있는 반면 청동기는 이미 어떤 사건이 일어난 뒤에 이를 기념하여 만들어졌다는 사실에서 볼 수 있듯이 선후 관계가 다르다.

달리 말하자면 갑골문자로 기록된 문장은 결과로서의 사건을 기록하는 것으로 기능하고 있는 것에 비해 금문은 애초부터 사건 기록을 전제로 사용되고 있는 것이다. 훗날에 무언가를 전달하기 위한 기능으로서의 서기 언어를 의식하고 있다고 볼 수 있다. 이는 문자의 존재방식에 큰 변화를 가져왔다. 뒤에서 서술하겠지만, 이는 문자가 점복뿐만 아니라 다양한 경우에 사용되는 계기가 된다. 갑골문자와 금문이 동시대적이 아닌 교체적으로 전개되고 있다는 점은 문자의 사용 영역이 이처럼 단계적으로 확대되었다는 사실을 증명한다.

더욱이 갑골문과 금문은 문자로서 각각 따로 정의할 수 있는 관계에 있다. 앞서 말했듯이 갑골문자는 새겨졌기에 날카로운데 비해서 금문은 무두질한 가죽에 붓으로 글자를 쓴 뒤에 그것을 조각해서 본을 뜬 문자이므로 둥그스름한 느낌을 준다. 확실히 붓으로 쓰는 것과 칼로 새기는 것은 그 형태가 상당히 다르다고 상상할 수 있으나, 무두질한 가죽에 쓴 글자를 조각내어서 점토 위에 정형하는 금문의 과정을 고려하면 결국 칼을 사용하기 때문에 역시 날카로운 느낌을 준다. 실제로 주 왕조 초기까지 금문은 필획의 양 끝이 날카롭고 가운데가 굵직한 '비필肥筆'의 형태를 띠고 있다.(樋口, 2011)

그러나 이러한 방법을 따를 때 무두질한 가죽 틀을 벗겨낸 볼록한 글자에서 각진 부분은 떨어져 나갈 위험이 있다. 또한 문양이 장식된 청동기의 조형에 어울리도록 좀더 곡선적인 글자체가 선호되었을 가능성도 있다. 이렇듯 금문은 점차적으로 선의 굵기가 균일해지면서 곡선적인 글자체로 정연되었으며 글자의 크기나 행간도 일정해졌다. 이러한 특징은 기록할 내용이 많아지고 가독성 및 문자 필기의 효율성이 배려된 결과로 파악된다. 동시에 무두질한 부드러운 가죽이라는 소재 때문에 이것이 가능했다는 점도 강조해두고 싶다.

주나라의 금문

웨이허渭河강 유역에 펼쳐진 주나라 유적지에서 문자가 새겨진 갑골이 발굴되고 있다. 이는 주나라가 은나라의 지배를 받던 시기에 갑골문자를 물려받아서 활용했음을 유추하게 한다. 즉 은나라 시대의 갑골문이 주나라로 계승된 것이다. 본래 주나라는 은나라와는 지리적으로나 민족적으로 꽤 동떨어진 서방 지역의 씨족이지만(橋本, 1983) 은에 복속하면서 그들의 문화를 흡수했다. 주의해야 할 점은, 은나라는 자신들의 제사를 수용시키는 형태로 다른 나라들을 지배했기 때문에 주나라의 갑골문자 또한 은나라의 제사와 함께 받아들여졌다는 사실이다.(高島, 2007)

한편 청동기 주조 기술은 주나라가 은나라를 멸망시키고 거대한 영토를 지배하는 과정에서 흡수한 것으로 추측된다. 그 이전의 주나라 유적에서는 청동기가 거의 발견되지 않기 때문이다. 은 왕조는 제기나 무기의 청동기 주조를 통해 강력한 힘을 과시했고, 주나라는 그러한 은을 멸망시키고 그 문화를 취함으로써 큰 발전을 이루었다. 특히 청동기와 문자의 결합이 은대보다 더욱 밀접해졌다는 사실은 중요하다.

초기의 주나라 청동기는 은의 것과 유사했으나 점점 주나라 제도를 따랐다. 신령과의 관계가 옅어지면서 왕권의 상징을 드러내는 형태로 거대해졌고, 흔히 동물을 본뜬 은대의 주기酒器보다는 다리 달린 솥인 정鼎, 받침대가 달린 발鉢인 궤簋 등의 식기가 다수를 차지하게 되었으며, 형상도 서로 닮아갔다. 주조하는 금문 또한 점차 길어지고 기술도 세밀해졌다. 앞서 말했듯이 글자 하나하나의 크기도 정연되어 갔으며 네모반듯한 모양을 의식한 자형이 주류가 되었다. 행의 배치가 가지런해졌다는 점도 큰 특징이다. 주나라 금문으로 서주 후기(기원전 9~8세기)에 제작된 '소극정小克鼎'을 예로 들어보자.

惟[隹]王廿又三年九月, 王 / 在[才]宗周, 王命善夫克, 舍 / 命
[令]于成周, 遹正八師[自]之 / 年, 克作[乍]朕皇祖釐季寶 / 宗彝,
克其日用鑰朕辟魯 / 休, 用匃康㪚, 純[屯]佑[右]眉 / 壽, 永命
[令]霝[靈]終[冬], 萬年 / 無疆, 克其子二孫二永寶用

이 정鼎은 선부善夫(왕의 측근)인 극克이 만든 것으로, 1890년에 산시성陝西省 치산岐山에서 발굴된 수많은 고대 청동기 중 하나다. 명문銘文은 나름의 길이를 유지하고 있으며 갑골문이나 초기의 금문보다 많은 내용을 담고 있다. 그리고 여기에는 정해진 형식이 있다.

먼저 첫 부분은 청동기를 제작한 시기인 "유왕입우삼년구월惟王卅又三年九月", 즉 왕이 즉위한 시기를 기점으로 23년 9월임을 나타낸다. 다음으로 그해에 일어난 일을 기술한다. "왕재종주王在宗周, 왕명선부극王命善夫克, 사명우성주舍命于成周, 휼정팔사지년遹正八師之年"은 주나라 본국(지금의 시안 부근)에 왕이 있었으며 극에게 명령하여 성주(지금의 뤄양)에 가서 팔사(군대)를 정비하게 했음을 뜻한다. 그다음 문장인 "극작짐황조이계보종이克作朕皇祖釐季寶宗彝"는 극이 자신의 조상인 이계를 위해 종묘에 쓰일 그릇寶宗彝을 제작함을 일컫는다. "극기일용克其日用" 이하는 왕으로부터 받은 포상魯休을 날마다 조상에게 신물로 올려 안락과 장수를 기원하고 천수를 누리며 영원히 행복할 수 있도록, 자자손손 이 보물을 사용하게끔 호소하는 형식으로 쓰여 있다.[3]

갑골문에 비하면 어느 정도 완성된 분량이라는 점에서 문장답게 느껴지기는 하나, 한문으로 익숙한 『논어』나 『사기』의 문장과 비교해보면 결코 읽기 쉬운 문장은 아니다. 자종이나 글자체가 후세의 것과 다르다는 것도 원인 중의 하나이겠지만 '야也'라

---

3 「小克鼎」 명문銘文 해석에 관해서는 白川靜, 『金文の世界』(白川, 1971) 및 進藤英幸, 「中國周靑銅器とその銘文研究」(進藤, 1996)를 참조했으며, 小南一郎, 『古代中國 天命と靑銅器』(小南, 2006, 116쪽)의 「此鼎」 명문 해석을 참고로 「克其日用」 이하를 모두 축복祝福의 사辭로 했다.

소극정小克鼎
(島根県立美術館·大廣, 2003)

소극정 명문

든지 '어於'와 같은 조사助辭(조자助字)가 별로 없기 때문이다. 즉 문법적인 기능을 담당하는 글자가 적기 때문에 문장 구조를 파악하기 어려운 것이다.

한편 그해에 있었던 일을 기록한 대목(대사기년大事紀年)이나 맺음부에서 보이는 축사(하사嘏辭) 등, 갑골문에서는 볼 수 없었던 문장 형태가 확립되어 있음에 주의할 필요가 있다. 전자는 기록으로서의 서기 언어가 발달했음을 나타내는 것이고, 후자는 의례 언어가 서기 언어와 결합했음을 보여주는 것이라 할 수 있다.

금문의 이러한 성격은 도대체 어떤 식으로 파악해야 할까? 은에서 주로 교체되면서 어떠한 일이 일어났는지를 고려하면서 조금 더 넓게 생각해보자.

권위와 유용성

기원전 11세기, 은나라를 멸망시키고 중원을 지배한 주나라는 점복이 아닌 제사와 군사에 의해 왕의 권위를 구축하고 지배 영역을 확대했다. 이때 큰 역할을 한 것이 청동기였다. 청동은 제사 때에는 예기禮器로 군사에서는 무기로 쓰이는 중요한 재료였으나, 단지 금속기라는 실용적 가치만 지닌 것은 아니었다. 청동기에 입힌 다양한 장식에서도 알 수 있듯이, 청동기는 "소유자의 권력을 상징하는 기능이 컸음을 추측할 수 있다."(小南, 2006, 5쪽) 이러한 권위를 드러내는 재물의 전형으로서 예기가 제작되었기 때문에 안쪽에는 주군으로부터 받은 포상이나 관직 임명과 같은 작성의 유래를 기록하는 명문이 새겨졌다.

앞서 말했듯이 청동기에 금문을 주조하는 데는 꽤 복잡한 기술이 필요했을 뿐만 아니라 청동기를 주조하는 것 자체도 높은 기술력이 요구되었다. 갑골문이 신령의 뜻을 묻는 점복을 수반한 것이라면, 금문은 그야말로 인간의 힘을 드러내주는 청동기와 함께 존재했다. 물론 인간의 힘을 드러내는 것이라 해도 청동기 그 자체는 제사에 사용되는 특별한 기물일 뿐이지만, 그 차이는 컸다.

또한 역사적으로 갑골문자에서 금문으로의 이행은 두 가지 측면에서 큰 의미가 있다. 이미 말했듯이 은나라와 주나라는 그 뿌리를 이루는 씨족이 달랐다고 추측되며 언어 계통 또한 달랐을 가능성이 높다.(西田, 2000) 그럼에도 불구하고 문자는 계승되었으며 기본적인 서기법도 이어졌다. 이는 갑골문이 구두 언어와 밀착된 것이 아니었으며, 형식성에 중점을 두었기에 계승될 수 있었음을 말해주는 것은 아닐까? 말하자면 구두 언어와는 다른 질서를 가진 서기 언어로서 계승된 것이다.

또 한 가지는 주나라가 봉건제도를 바탕으로 지배를 확대해나가면서 포상이나 관직 임명, 야만족 평정 등에 관한 기술도 점차 구체화되었으며, 이에 따라 금문을 주조하는 행위가 대륙 각지로 전파되었다는 점이다. 이는 서기 내용과 사용 지역이 확대되었다는 사실로 파악된다. 주나라가 은 왕조처럼 점복으로 권위를 드러내는 정치가 아닌, 천명을 받은 왕이 봉건 시스템 아래

통치하면서부터 정치적으로는 지배 지역의 확대를 불러왔으며 이와 함께 문자의 사용 영역과 유통 지역도 확대되었다.

금문을 주조하는 고도의 기술은 청동기 제작 기술과 함께 주나라의 권위를 지탱했다. 또한 봉건 제후들에게도 기술이 전해지면서 대륙 각지에서 문자가 사용되기 시작했다. 이러한 금문의 글자체는 갑골문에 비해 "상형성의 후퇴" "글자체의 안정과 이체자異體字 감소" "필획의 단순화와 합류" "형성문자의 증가"라는 특성을 띠게 된 것으로 추측된다.(大西·宮本, 2009, 60~63쪽) 이들 특징은 서기 기호가 지닌 효율성이 우선시된다는 점, 즉 문자의 범용화가 진행되어 언어와의 대응이 쉬워졌다는 점을 드러낸다.

그 결과 문자가 갖는 성격은 크게 변화했다. 은나라 문자가 지녔던 특권성은 주나라로 넘어가면서 일정한 권위를 지니면서도 통치를 위한 유용성이라는 질적 변화를 거친 것이다. 이로써 문자는 서기 기호로서 범용성을 획득하는 방향으로 나아갔다.

문자의 범용성

범용성을 가리키는 지표 중 하나로 음성 언어(구두 언어)와의 결속 여부를 들 수 있다. 앞서 말했듯이 원래 문자는 음성 언어와는 다른 원리로 만들어진 기호가 언어 질서를 구성하는 부품이 된 것이며, 그 질서는 어디까지나 서기 언어의 질서다.

은에서 주로 넘어오면서 갑골에 새겨진 문자인 갑골문이 그 모습 그대로 계승된 것은 내용이나 목적 등의 범위가 한정적이었다는 사실과 관련이 깊다. 갑골문자가 페니키아 문자처럼 음성 언어의 음절이나 음소를 표시하는 문자로 전환되지 않은 것은, 그것이 어디까지나 서기 언어를 기록하는 문자였음을 말해준다.

동시에 문자가 널리 사용되기 위해서는 그 지역에서 사용되는 언어와의 대응 관계를 명확히 하는 쪽이 유효하다. 서기 언어는 물론 그 나름의 질서를 지닌다. 한편 음성 언어에도 나름의 질서가 있으니, 음성 언어는 역사적으로 서기 언어보다 오래되었으며 개개인의 습득도 더 빠르다. 그렇다면 서기 언어가 음성 언어의 질서를 이용한다고 해도 이상할 것은 없다. 예를 들면 그림 문자와 같은 기호를 나열해서 어떠한 완성된 의미를 전달하고자 할 때, 음성 언어가 지니고 있는 질서(어법)를 따르는 것이—양쪽에서 유사한 언어를 사용하고 있다면—가장 간단하다. 태어날 때부터 소리를 들을 수 없는 농아聾啞가 기본적으로 음성을 매개하지 않는 수화(예를 들면 일본 수화)를 주고받는 한편, 들을 수 있거나 나중에 청력을 잃은 난청인은 음성 언어를 전제로 한 수화(예를 들면 일본어 대응 수화)[4]를 습득하는 편이 쉽다는

---

4 일본 수화에는 크게 농아인이 사용하는 수화와 건청자健聽者가 사용하는 수화가 있다. 전자를 '일본 수화'라 하고 후자를 '일본어 대응 수화' 또는 '수지手指 일본어'라 한다. 이 책에서 말하듯이, 태어날 때부터 소리를 들을 수 없는 아이는 그렇지 않은 아이가 음성 언어를 배워가는 것과 똑같이 수화를 '자연적으로' 습득한다는 의미에서 일본 수화를 "자연발생적 수화"라고도 한다. 한편 나중에 청력을 잃었거나 음성 언어도 함께 사용하는 사람은 일본어 대응 수화를 구사한다. 예를 들어 "잘 하는 운동은 무엇입니까?"라는 문장을 일본 수화로 하면 "운동, 잘하다, 무엇"으로, 일본어 대응 수화로는 음성 언어의 순서와 똑같이 "잘하다, 운동, 은, 무엇, 입니까"로 표현한다.—옮긴이

점은 음성 언어의 간섭을 피하기 어렵다는 사실을 시사한다.

이렇듯 원리적으로는 별개의 질서를 가질 수 있는 서기 언어와 음성 언어는 대부분 서로 대응하는 질서를 형성해 나가게 된다. 어떤 언어가 동사 뒤에 목적어를 두는 어순을 취한다면 문자 또한 그 어순에 따라 배열하면 읽기가 쉬워진다. 반면 문자 배열과 언어 배열이 다른 경우에는 일본의 훈독 기호와 같은 것을 덧붙이면 대응을 가시화할 수 있다. 어느 쪽이든 배열 방식을 대응시킴으로써 음성 언어의 형태소를 문자에 대응시키는 것이 가능하다. 한자를 표어문자表語文字라 하는 것은 이러한 의미에서이지, 음성 언어인 단어를 표기하기 위해 한자가 발명되었음을 뜻하는 것은 아니다.

갑골문은 음성 언어와 표어적인 대응 관계에서는 초보적이었을 터다. 금문은 그 기반 위에서 보다 복잡한 구문을 만드는 것을 가능케 했다. 표어 기능을 지렛대로 삼아 서기 언어로서 완성도를 높인 것이다. 갑골문자 단계에서는 음성 언어와의 대응, 즉 표음 기능은 아직 보조적이었다고 말해도 좋다. 앞서 말했듯이 한나라 이후 전체 한자의 80퍼센트가 넘는 형성자가 한자의 표음 기능을 이용해서 만들어진 것임에 비해 갑골문자에서는 그러한 것이 소수였다. 더욱이 그중의 절반 이상이 인명이나 지명과 같은 고유명사여서 현재에는 대부분 쓰이지 않는다.(落合, 2007) 그러다가 주나라 이후에는 서기 내용과 사용 지역이 확대되면서 급속히 증가하게 된다.

덧붙이자면, 금문에 왕의 명령이 직접화법으로 새겨지는 점도

흥미롭다. 위에서 예로 든 소극정과 함께 발굴된 대극정大克鼎에
는 "왕이 말했다. 극이여 옛날에 짐은 너에게 명을 내려 나의 명
령을 받아들이게 했도다王若曰 克 昔余旣令女 出內朕令"라는 문구가
있는데, 발화임을 나타내는 글자 '曰' 뒤에 '余'라는 일인칭과 '女
(汝)'라는 이인칭이 확인되었다. 문자가 일상 언어를 기록하고
표현하기 위해 생겨난 것은 아니지만 왕의 말을 기록함으로써
입으로 발화된 말과 결합하게 된다. 물론 이때 발화된 말은 지극
히 의례적인 것이다. 이 문제에 관해서는 제3장에서 구체적으로
논하겠다.

문자의 제국

신성함에서 세속적인 것으로

문자의 서기 내용과 사용 지역이 확대되면서 언어와의 대응 관계를 바탕으로 문자 종류가 증가한다. '河'나 '江'과 같은 형성자는 음성을 동반한 말을 표현하기 위하여 그 말과 같은 음을 지닌 글자와 그 말과 관념상 같은 범주에 있는 글자를 조합하는 구성 원리를 취한다. 고유명사를 표현하기 위해 자주 사용된 이 기법은 일상에서 사용하는 말을 문자로 표현하는 데 매우 유효한 방법이었다. 반대로 갑골문자에 형성자가 적은 것은 일상생활 언어와 문자의 관계가 그만큼 긴밀하지 않았음을 보여준다. 형성자의 폭발적인 증가는 중국 대륙 각지에서 문자가 사용되기 시작했다는 사실, 각각의 지역에서 통치 행위가 독자적으로 이루어지기 시작했다는 사실과 밀접한 관련이 있다. 문자의 유통권이 용도와 지리의 측면에서도 확대된 것이다.

형성자와 함께 가차假借에 대해서도 주의할 필요가 있다. 가차란 어떤 말을 표현하는 한자가 없어서 그 말과 같은 음을 가진 한자를 빌려 쓰는 방식인데, 이미 갑골문자에서 그러한 용법이 보인다. 그러나 형성이 새로운 글자를 만들기 위한 방법임에 비해 가차는 어디까지나 대용이라는 점에 유의해야 한다. 이념적으로는, 어떠한 개념을 표현하는 문자 세계가 있고 개념 공유를 통해 문자와 음성 언어가 결합되며, 나아가서 그 음성 언어를 매개로 문자가 다른 개념의 표상으로 기능한다. 이것이 가차다. 형성이란, 음성을 표시하는 글자나 범주를 드러내는 각각의 글자를 공통의 것으로 정리하는 작업을 통해 그때그때 일어날 수 있는 가차 기법을 체계화한 것이라고 할 수 있다. 음성 언어와의 결합이라는 점에서는 유사하며 칼그렌Bernhard Karlgren(1889~1978)처럼 형성을 '확대된 가차'로 간주하는 일도 가능하나(河野, 1994) 가차에서 형성으로 전개되기까지는 단계적으로 큰 차이가 존재한다.

주의해야 할 점은, 가차라는 기법은 '我'나 '無' 등과 같이 음성 언어 어법상 기본적이라고 여겨지는 단어가 가차자로 나타난다는 점이다.[5] 애초에 '我'는 무기의 명칭을, '無'는 춤을 춘다는 뜻을 지니지만 이들이 가차자로 쓰이게 되면서부터는 오로지 '나'

---

5 대명사나 부정사를 가차의 예로 든 것은 白川靜, 『漢字の世界1』(白川, 1976)을 따랐다. 시라카와는 허신許慎이 관직명으로 사용되는 '令' '長'을 가차로 드는 점을 비판하면서 이들은 본의에서 확대된 인신引申 또는 전의轉義에 불과하며 '令' '長'은 본의로도 사용됨에 반하여, 본래 가차자라고 하면 '不' '我'처럼 본의로는 절대로 사용되지 않는 글자를 가리킨다고 지적한다.

와 '없다'라는 뜻으로 쓰이게 되었다. 이렇듯 어법 기능을 담당하는 말을 표현하는 문자가 가차에서 비롯되었다는 사실은, 문자의 기원이 음성에 있지 않다는 점과 음성과의 결합을 통해 문자가 언어로서 체계를 마련해간다는 점, 이 두 측면을 잘 드러낸다.

　문자가 음성 언어와의 결합을 견고히 하면서 이제 문자는 신성한 것에서 세속적인 것으로 이행한다. 전국 시기에 통치나 유통 시스템에서 사용되었던 문자는 이제 청동기뿐만 아니라 죽간이나 인장印章, 화폐 등에도 기록된다. 문자는 더 이상 갑골이나 청동기와 같은 사물과 일체적 의미를 지니지 않게 되었으며, 정보를 전달하는 매체 자체로서 기능하게 되었다. 죽간이나 목간, 헝겊 등과 같은 필기 소재는 사물 그 자체로서는 의미가 없고 매체로 이용하기 편리한가에 무게가 실린다. 또한 거기에 쓰이는 문자는 청동기에 새겨지는 문자와 달리 어디까지나 실용성을 취지로 한 것이었기에 간략함을 개의치 않게 되었다. 특히 법을 기반으로 문서 행정이 이루어지던 진나라에서는 서사書寫를 목적으로 한 실용 서체가 발달하여 예서隷書(진예秦隷)가 생겨났으며, 한편으로 금문의 흐름을 이어받아 의례적인 서체로서의 전서篆書(진전秦篆)도 변함없이 보존되었다.(大西·宮本, 2009) 이 두 서체는 진나라가 전국을 통일하면서 중국 대륙의 규범적 서체라는 지위를 확립했다.

한자의 성립

음성 언어와의 결합은 필연적으로 문자의 다양화를 촉진했다. 중국 대륙 각지로 문자가 전파되고 다양한 용도로 쓰이게 되면서 지역적 분화가 진행되었고, 각 지역에서는 독자적인 자체字體가 탄생했으며 특정 말을 표현하는 문자에도 차이가 생겨났다. 이는 단순히 자체의 차이에 머물지 않는다. 예를 들어 초나라와 진나라에서 '女'라는 글자는 자형 측면에서 큰 차이가 있었다. 이 사실만으로는 서체가 달랐을 뿐이라고 할 수 있으나, 진나라에서는 '如'로 적어서 표현하는 말('~한 바와 같다')을 초나라에서는 '女'나 '奴'로 적었다는 사실은 서기법의 차이를 나타낸다. 초나라에도 '如'라는 글자가 있었으나 '~한 바와 같다'라는 의미로 사용된 적이 거의 없었다는 사실을 상기하면 그 차이는 더욱 분명해진다.(大西, 2006; 大西·宮本, 2009) 즉 문자의 다양화는 단순히 자형뿐만 아니라 음성 언어와의 대응 관계에서도 복수의 시스템을 이끌어냈다.

그러므로 진 제국의 문자 통일이란, 각각의 지역에서 그 언어에 대응하는 방식이 다양하게 전개되던 서기 시스템을 통일하는 일이었다. 다양한 언어에 대응하는 하나의 서기 시스템을 확립했다고 말해도 좋다. 문자 통일이 필요했던 가장 큰 이유가 문서 행정을 통해 광대한 영역을 다스리기 위해서였다는 데는 의심의 여지가 없으나, 반대로 말하면 문자만 통일하면 문서 행정이 가능하므로 음성 언어가 어떠한가는 관심 밖의 일이기도 했다. 언어는 다양하게 쓰일지언정 서기 시스템만 통일되면 그것으로 충분했다.

근대와 같이 문자와 입말의 관계가 밀접해야 한다면 문자뿐만 아니라 음성까지도 언어 통일을 지향하게 마련이다. 그러나 고대에는 서기 언어와 음성 언어가 일정한 대응 관계에 있더라도 문자는 문자로, 입말은 입말로 존재했다. 문자와 음성 언어의 결합이 지역 언어와의 결합을 만들어내면서 생겨난 다양성과 갈림 현상이, 이번에는 강력한 정치권력에 의해서 문자 통일로 뒤바뀐다. 이때부터 각 지역 언어에서는 문자를 중심으로 각자의 방법을 고안하여 언어와 문자의 대응 방식을 구성해가는 것이다.

따라서 여러 영웅이 각자의 지역을 차지하고 있던 전국시대에서 진으로 통일되는 과정은, 대륙 각지에 확산되어 있던 문자를 같은 규범으로 재통일하는 흐름이기도 했다. 지역마다 생겨난 다양한 서체는 역으로 서체 통일의 필요성을 낳았다. 진이 서체 통일을 꾀하고자 전서를 만든 것도 보다 완벽한 집권 통치를 이루고자 했기 때문이다. 갑골문자나 금문을 조상으로 하는 문자가 이후 '한자'라고 하는 문자 체계를 이룬 것은, 그것이 춘추전국시대를 거치면서 범용성과 유통성을 획득했으며 광대한 지역을 영유한 진한 통일 제국의 문자로서 보편성을 획득하게 되었음을 의미한다. 다소 극단적으로 말하자면, 범용성과 보편성이라는 관점에서 볼 때 갑골문자나 금문은 아직 '한자'가 아니다. 은이나 주 왕조에서 쓰이던 문자가 '한자'가 되었다는 사실은 넓은 대륙을 영유한 '중국'의 성립을 의미하며, 이 점이야말로 '한자권'의 성립을 뜻했다.

또한 '한자'라는 숙어가 문헌상으로 나타난 것은 당대唐代 이후의 일이다. 의정義淨(635~713)이 쓴 것으로 추측되는 『범어천자문梵語千字文』은 범어와 한자를 짝으로 나열한 책으로, 서장에 "범음 아래에 한자를 붙인다梵音下題漢子"라는 말이 있다.(新川, 2002) 이러한 예는 다른 곳에서도 찾을 수 있는데, 이때 '한자'라는 말은 범한梵漢 또는 호한胡漢과 같이 대비를 통해 생겨나고 있음을 알 수 있다. 바꾸어 말하면 한자 이외의 문자와 대조하지 않는 한 '한자'라는 말은 불필요했다. 단, 이러한 예와 한자가 범용성을 지닌 문자 체계로 성립했다는 사실은 따로 떼어서 생각해야 한다. 명칭과 관계없이 한자의 성립은 중국 대륙에서 중앙 집권 체제의 확립과 불가분의 관계에 있는 것이다.

문자를 관장하는 이

중국에서 가장 오래된 운문으로 이야기되는 '시詩'는 춘추전국 시기에 문자로 정착했다. 오늘날 『시경詩經』으로 전해지는 '시'는 4음절을 1구로 하는 형식을 기본으로 종묘의 의식가儀式歌부터 민간의 연가戀歌까지 그 내용이 다양하다. 그러나 무축巫祝, 즉 신령과 관계된 샤먼이 사용했을 법한 언어를 내포한다는 점을 고려할 때 그 기원은 역시 샤먼에 있다고 보아야 한다.(白川, 1990; 家井, 2004) 동시에 이것이 '시'로 전해지기 위해서는 기원으로서의 무축은 망각되어야만 했다. 예를 들어 시작부의 정형

구인 '흥興'이라는 기법이 원래는 공동체적 조령祖靈 신앙과 관련된 것이었다고 해도 봉건제국 간의 외교 의례에서 '시'가 불리거나 도시국가에서 오락으로 전해지는 데 그러한 기원은 불필요했다. 오히려 기원의 망각을 통해 '시'는 증식되었고 문자로 새겨졌다. 증식되어 집성된 '시'는 머지않아 '오경五經'의 하나로 자리 잡았다.

갑골문자가 신관의 문자라는 기원에서 떨어져 나가면서 한자로 성립했다는 사실과 지금 언급한 '시'의 기원 망각은 같은 흐름에 속하는 것이 아닐까 싶다. 갑골문자에서 점복이 큰 역할을 차지하고 있었다 하더라도 점차 점복과 분리되면서, 즉 점복에서 유래한 기원이 망각되면서 한자로 유통되었기 때문이다.[6]

그렇다면 망각이라는 작업은 누구에 의해서 이루어졌는가?

문자가 신에서 인간의 손으로 전해졌다고 해서 바로 민중의 문자가 되는 것은 아니다. 문자를 읽고 쓰는 일은 어디까지나 특권이었다. 무장武裝이 허락된 하층 귀족 계급인 사士는 신관이나 무축들의 세계로부터 문자를 쟁취함으로써 통치에 참여할 수 있게 되었다. 읽히고 쓰인 말은 죽간이나 목간 또는 비단에 기록되어 널리 퍼져갔다. 갑골이나 청동기와는 달리 이 문자는 옮겨 적어도 의미를 잃지 않는다. 전사轉寫 자체에 의미가 있었다고 할 수도 있다. 한자로 적힌 문서가 행정상 핵심을 이룬다. 한자가 유통되는 이 영역이야말로 중국이며 한자권이다. 사士라는

---

6 한자에 의한 '기원의 망각'에 관해서는 三浦雅士, 『人生という作品』(三浦, 2010)에 수록된 「白川靜問題: グラマトロジーの射程·ノート1」 및 「起源の忘却: グラマトロジーの射程·ノート2」 참조.

계급의 대두와 한자권의 성립은 불가분의 관계에 있다.

유통된 것은 문자만이 아니다. 주나라 왕실을 중심으로 한 봉건 질서가 점차 무너지면서 사람의 이동도 왕성해졌다. 세습이라는 형태로 의례나 행정에 관여했던 사족들은 옛 왕으로부터 떨어진 장소에서 능력을 발휘하고자 했다. 뛰어난 사람은 변설 능력을 갖추어 치세하는 선비가 되었으며 제자들이 그를 따랐다. 사라는 계급은 읽고 쓰는 능력과 유동성을 그 특질로 한 것이었다.

공자가 제자에게 "불학시不學詩 무이언無以言"이라 하여 시를 배우지 않으면 말한 것이 아니라고 한 것도, "불학례不學禮 무이립無以立"라고 하여 예를 익히지 않으면 사람으로서 선 것이 아니라고 깨우친 것도, 선비로서 '말言'하고 선비로서 '서立'기 위해서였다. 예를 들어 다음과 같은 기술은 이러한 공자의 역할을 단적으로 보여준다.(愛宕 외, 2009; 인용문 안의 참고문헌은 생략)

춘추 후기, 중원 지방의 여러 나라에서 세족 지배 체제가 동요하자 주군이나 세족 종주들이 종래의 신분제 권력기구와는 별도로 가신을 두게 되었다. 이에 호응하여 인재를 육성한 이가 공자였는데, 그는 『시경』『상서』와 같은 고전이나 예禮 실습을 통해 제자들을 교육했다. 종래의 가신이 군자나 세족 종주와의 인격적 관계에 전적으로 의존한 데 반해 공자는 도道, 즉 객관적 규범에 기반을 둔 군신 관계를 주장했으며 군주가 '도'를 벗어날 경우에 신하는 자유롭게 은거

할 수 있다고 했다. 계속된 전국시대에는 이러한 개방적인 군신 관계를 전제로 자유로운 지식인으로서 '사士'가 활약하게 된다.

왕후王侯는 이렇게 형성된 사를 시험하여 식객으로 받아들였으며, 자국의 강화를 도모하면서 정통성을 두고 경쟁했다. 한자권의 중국은 왕후든 선비든 자신의 힘과 덕을 겨루는 장소였다.

경서를 엮고 제자백가의 말을 기록하고 사서가 편찬되었다. 사 중에서도 유儒라고 불리는 지식인 집단이 중심이 되면서 새로운 문자 세계가 구성되었다. 이러한 기반 위에서 진한 제국이 탄생했다.

미리 말하자면, 기원전 213년에 있었던 분서령焚書令은 유자들에 의해 형성된 문자 세계라는 새로운 기원을 말살하고 황제에 의한 문자 세계를 다시금 확립하고자 한 사건이었다고 볼 수도 있다. 이는 유가들에 대한 탄압이라기보다는 서적을 소장하고 가르치는 일을 국가가 관리하고자 한 사건으로, 후대까지 이어진 국가에 의한 문자 통제인 셈이다. 제국 성립의 기반일수록 그 기원은 국가가 선취해야만 했다.

진나라의 실패를 보고 배운 한나라는 오히려 유가들에 의한 문자 세계를 받아들이고 이용함으로써 기원을 점차 바꿔가면서 한자권을 판도로 삼았다. 한자를 '漢'으로 쓰는 것은 서역이나 인도와 같은 서방 지역에 대하여 중국 자신을 칭하기 위해 전통적으로 사용된 것으로, 이러한 유래는 중국이라는 의식과 표리

일체를 이루는 동시에 한 왕조가 한자라는 문자를 통해 성립한
제국이었다는 사실을 본질적으로 드러내는 것이다.

넓혀가는 한자권

한자권의 원리

서두에서 논했듯이 오늘날 한자권 혹은 한자 문화권이라는 말이 사용되는 범위는 대체로 동아시아 지역이다. 그러나 최초의 한자권은 중국이었다. 제1차 한자권이다. 동아시아 한자권은 그것의 제2차적 확장이라 할 수 있다. 그리고 2차 한자권의 성립 원리는 1차 한자권이 성립한 원리, 즉 중국이 중국이 된 원리와 통한다.

한자와 한문의 유통만으로 한자권이 완성되는 것은 아니다. 한자와 한문을 읽고 씀으로써 자신을 양성하던 '사士'라는 존재가 없어서는 안 된다. 이를 중핵으로 한자권은 한자권으로서 성립한다.

갑골문자에 착목한 초기 학자로 알려져 있는 가이즈카 시게키貝塚茂樹는 일본에서 『논어』가 즐겨 읽히는 이유에 대해 다음

과 같이 말했다.(貝塚, 1966, 37~38쪽)

　나는 근본적으로 공자가 태어난 춘추 말기 사회와 도쿠가와
사회가 상당히 닮아 있기 때문이라고 생각한다. (…) 공자
학원은 신흥 무사 계급에 속하는 제자들을 수용하여 그들에
게 이상적인 인간상으로서의 군자를 가르치고 귀족적 무인
교양을 학습시킨 곳이라 할 수 있다. 공자의 제자인 증자는
무사적인 성격을 지닌 군자의 전형을 신흥 무사 계급을 가
리키는 '사士'로 표현했다. 증자의 학설은 훗날 유교의 정통
이 되었고, 이를 통해 유교의 핵심에 중국 고대의 무사 도덕
이 깊이 반영되었다.
　도쿠가와 이에야스가 『논어』 강의를 듣고 부하에게도 『논
어』 독서를 장려한 까닭은 유교에 내재하는 무사적 도덕, 즉
'군자' '사'를 이상적 인간상으로 삼는 도덕이 도쿠가와 막
부의 무사도武士道 형성에 크게 기여하리라 간파했기 때문
이다.

　물론 도쿠가와 막부 체제의 무사 도덕이 전국시대와 같다고
할 수는 없다. 또한 "유교의 중심에 중국 고대의 무사 도덕이 강
하게 반영되었다"고 할 수 있는가에 대해서도 논의가 필요할 것
이다. 그러나 일본 근세의 사족 계급이 자기 위치를 결정하는 데
에 『논어』가 그리는 '군자'나 '사士'라는 인간상이 크게 작용했다
고 본다면 위의 인용문은 대단히 흥미롭다.

자세히 살펴보면 어떠한 인간이 '사'로 불릴 수 있는가는 시대와 지역에 따라 변화한다. 중국 전국시대를 정점으로 하여 가이즈카가 말하는 무사적 측면은 점차 후퇴했으며, '사'에게 필수였던 검을 휴대하는 관습 또한 없어진다. 대신 '지志'나 '덕德'이 중요시된다. 통치에 참여할 수 없는 경우에는 은사隱士라는 지위가 주어지며 여자라 해도 '사행士行'을 행하면 '여사女士'로 칭해졌다.(당·孔穎達, 『毛詩正義』)

어찌되었든 한자권에서 '사'의 본보기는 춘추전국시대에 형성되었다. 그들은 『논어』를 비롯하여 당시 저술된 서적을 통해 직접 그 정신을 배우고자 했다. 여기에 결정적인 역할을 한 것은 사서史書, 그중에서도 『사기』일 터다. 「본기本紀」 혹은 「열전列傳」을 읽은 이들은 그 안에 등장하는 수많은 '사'에 빠져들었고, 그중의 어떤 인물에 자신을 투영하기도 했다. 문장가였던 사마천 또한 역사를 읽고 기록하는 사관답게 '사'의 본분을 다하고자 했다.

이렇듯 읽고 쓰는 공간이 성립하기 위해서는 한자뿐만 아니라 오늘날 한문으로 불리는 문장어 혹은 고전문이 생겨날 필요가 있었다. 전국시대 이전에 쓰인 문장인 '오경五經'은 읽기 어렵다. 일상 언어와의 대응 관계가 분명하지 않은 구절도 있다. 그러나 제자諸子들의 문장으로 내려오면서 가독성이 현저히 높아졌다.(吉川, 2006) 일상 언어와 대응 가능한 범용적인 문체로 쓰였기 때문이다. 이렇게 되면 배우는 것도 쉬워진다.

한자권의 전개

지금까지 한자권이 성립된 과정을 살펴보았는데, 여기서 한나라 이후의 전개 과정을 서둘러 살펴보고 앞으로 논의할 문제를 짚어보기로 하자.

한자는 중국이라는 아시아 최대의 정치력을 얻어 대륙 주변 지역까지 권역을 확대해갔다. 바꾸어 말하자면, 뒤늦게나마 제각각의 문화를 형성하던 지역이 한자라는 권력에 직면했다. 이는 문자에 국한된 것이 아니다. 우선 위魏와 오吳, 이어서 수隨, 당唐의 외교권에 어떻게 참여할 것인지, 한자 문헌을 읽고 쓰는 일을 어떻게 해나갈 것인지, 한자권으로부터 이입된 지식인들을 사회에 어떻게 수렴시킬 것인지, 율령이나 과거科擧 같은 제도를 어떻게 받아들일 것인지 등 과제는 계속 생겨났다.

한자의 전파는 진한 통일처럼 통합의 방향으로만 작용한 것은 아니다. 한자권이 확장되면서 각 지역은 스스로의 고유성을 의식하게 되었으며, 각 사회가 국가로 성립되는 계기가 되었다. '왜倭'는 한자를 얻었기에 스스로를 '일본'이라고 칭할 수 있게 되었지만, 역설적으로 역사를 기술할 때 '일본'이라고 부르지 않는 사태도 일어났다.(神野志, 2007) 춘추전국시대의 한자권이 그 이전 세계를 망각함으로써 성립할 수 있었다면, 고대 일본은 『고지키古事記』를 편찬함으로써 망각을 대신했다고 할 수 있다.[7] 『고지키』는 한자를 사용하면서도 동시에 고전문의 정격을 거부함으로써 노골적으로 한자 없는 세계를 지향했다. 이에 비해 『니혼쇼키日本書紀』는 스스로를 '일본'이라 칭하면서 고전문을 통하여 역사를 엮었으며, 이를 통해 한자권의 일원임을 드러냈다. 한자가 문화의 기원을 갱신하는 작업을 가능케 한 것이다.

이러한 격투 과정을 거치면서 한반도, 일본 열도, 류큐 제도, 인도차이나반도 동부 지역이 한자권을 형성했다. 즉 한자가 외교문으로 사용되었고 한문을 읽고 쓰는 일이 지식층의 조건이 되었다. 이것이 제2차 한자권이다. 한문을 읽기 위한 기법을 고민하고 한자를 사용하는 과정에서 고전문의 통사법이나 문법에 의거하지 않는 문체가 생겨났다. 그리고 시기와 형태의 차이를 보이면서 각 지역마다 중국의 사에 상응하는 계층이 형성되었다. 쉬운 예로 고려와 조선의 '양반'이나 근세 일본의 '사족'을 들 수 있을 것이다.

제2차 한자권이 성숙기로 접어들면서는 주자학이 중요한 역할을 하게 되었다. 사가 되려는 이들에게 주자학의 정돈된 세계관과 체계적인 학습법은 매우 매력적이었다. 춘추 말기의 사회와 도쿠가와 사회가 아무리 닮았다고 해도『논어』의 세계가 그대로 일본 근세 사회에 재현될 수는 없었다. 머리로는 '군자' '사' 라는 이상형을 이해하고 있지만, 어떻게 하면 그렇게 될 수 있을까? 주자학은 중국 근세 사회에서 태어난 학문—혹은 학문의

---

7 『니혼쇼키』에는 '日本'이라는 명칭이 쓰이나 『고지키』에는 '日本'이 등장하지 않는다. 日本 명칭을 둘러싼 고대 일본의 세계관에 관해서는 記紀(『니혼쇼키』와 『고지키』)에 똑같이 등장하는 진구 황후神功皇后 신화를 통해 엿볼 수 있다. 『니혼쇼키』의 경우, 진구 황후의 출병에 대하여 신라가 "東に神國有り, 日本と謂う"라며 항복했다고 전한다. 반면 『고지키』에는 '일본'뿐만 아니라 중국, 신라, 백제도 국명國名으로는 등장하지 않는다. 『고지키』에서는 어디까지나 외부 세계와 단절된 "大八島國"을 표명하는바, 일본에 대해서는 '倭'로 표기하고 'ヤマト'로 훈독한다.(神野志隆光, 『日本』國號の由來と歷史』, 講談社學術文庫, 2016, 제2장 참조)—옮긴이

제도—이었기에 이러한 요구, 즉 구체적 군자상 제시라는 요구에 응할 수 있었다. 이를테면 "배우면 성인이 될 수 있다"는 표어에는 배움이라는 행위의 중요성과 단계를 밟으면 성인까지 올라갈 수 있다는 단계성이 표현되어 있으며, 『주자어류朱子語類』에 담긴 주자와 제자 간의 문답을 보면 정치와 경제가 충분히 발달한 사회에서 어떻게 하면 '사'로 살아갈 수 있을지, 『논어』와 같은 서적은 어떻게 배우면 좋을지에 관한 세세한 내용들이 담겨 있다.

또한 중국에서는 과거 제도의 발달로 인하여 수험을 전제로 한 초학자初學者를 위한 서적이 대량으로 출판되면서 배우는 일이 용이해졌다. 이처럼 배우기 쉬워졌다는 것도 한자권의 확장이 사람들에게 가져다준 선물이었다. 외국어인 고전 시문을 읽고 쓰는 일도 확실히 쉬워졌다. 조선이나 베트남과 달리 일본은 과거 제도를 도입하지 않았으나 과거라는 제도의 혜택은 대단한 것이었다. 과거 시험이 없었다면 한문을 배우기가 쉽지 않았을 것이다.

한자권은 이와 같이 지역의 독자성을 짙게 유지하면서 동아시아 전역으로 퍼져갔다. 한적이 유통되고 정보가 주어졌으며, 한정적으로나마 사람들이 왕래했다. 예를 들어 조선통신사의 방문은 귀한 교류의 기회였으며, 일본 유학자는 통신사와 면회하기를 바랐다. 한자권 안에서 '사士' 간의 교제를 간절히 원한 것이다. 그들은 동아시아 지식인으로서 공통된 기반을 소유했다. 통신사와 필담을 교환하고 시를 주고받는 일은 자신이 중화 문명의 '사' 세계에 속해 있음을 확인할 수 있는 드문 기회였다. 이때의 필담은 정당한 교제 수단이었을 뿐 원활하지 못한 언어소통의 보조 수단이 아니었다. 변설자가 아니라 문장을 다루는 이들이었기에 서두르지 않고 의연하게 붓을 잡는 모습이야말로 잘 어울리는 것이었다.

한자권의 근대

서양 열강이 동아시아에 들어오면서 한자권에 큰 변화가 생겼다. 그렇다고 해서 그들이 직접 한자권을 파괴한 것은 아니었다. 오히려 한자권은 쌓아둔 힘을 발휘하여 새로운 가치를 모색해나갔다.

열강이 청나라를 근거지로 삼으면서 한문으로 된 서양 정보가 동아시아 세계로 전파되었다. 상하이에서는 선교사들에 의해 활자 인쇄가 발달했다. 서양 과학과 종교, 역사가 한문으로 쓰이거나 번역되면서 한문, 즉 사士의 교양 격인 고전에 기반했던 문체에 통풍구가 열렸다. 새로운 한어 한문을 향한 길이 열렸으며 고전이 속해 있던 질서가 흔들리기 시작했다.

한편 한문이 키운 사족에 의해 일어난 메이지 유신은 한자권에서 발생한 일대 사건이었다. '5개조의 서문五箇條の御誓文'[8]이 한문 훈독체[일본의 훈독체와 훈독에 대해선 3장에서 구체적으로 논함]로 쓰인 것에서 알 수 있듯이, 그들은 한문에 의거하되 한문으로부터 벗어나고자 했다. 훈독체는 서양말을 번역하면서 새롭게

생겨난 수많은 한자 개념을 거침없이 사용했다. 뒤집어 말하자면 새로운 한자 개념이 대량으로 생산되었기에 훈독체가 애용되었다.

일본뿐만이 아니다. 무술정변에 실패하고 일본으로 망명한 량치차오梁啓超(1873~1929)는 메이지 시기의 문장을 통해 서양을 흡수했다. 일본인이 한문을 읽을 때 문장 순서를 바꾸는 것처럼 그도 일본 문장의 순서를 바꾸어—그가 쓴 책 중에는 『화문한독법和文漢讀法』이라는 책이 있다—읽었다. 그는 훈독체를 번역할 때 새로운 한자 개념을 적극 활용하여 새로운 문장어를 만들었다. 량치차오가 쓴 문장은 청조 말기의 중국에서 크게 환영받았으며 이는 조선 사대부에게도 전해졌다. 이것이 제3차 한자권이다.

가나假名[9]가 섞인 훈독체는 한문으로부터의 이탈과 국민어로의 지향을 의미했다. 한자권에서는 이와 같은 현상이 각 지역에서 일어났다. 한글 사용 또한 그 예일 것이다. 중국에서도 문언文言(고전문)이 아닌 백화白話를 사용하자는 운동이 일어났다. 문언은 사대부의 것이지 국민의 것이 아니었다. 문제는 단순히 기록

---

8 메이지 정부 발족 당시 발표된 새 정부 방침 성명이다. 1868년 3월 14일에 공포되었으며 내용은 5개의 조항으로 구성되었다. 저자가 말하듯이 훈독문으로 쓰인 전문은 다음과 같다. "一 廣ク會議ヲ興シ萬機公論ニ決スベシ 一 上下心ヲ一ニシテ盛ニ經綸ヲ行フベシ 一 官武一途庶民ニ至ル迄各其志ヲ遂ケ人心ヲシテ倦ザラシメン事ヲ要ス 一 旧來ノ陋習ヲ破リ天地ノ公道ニ基クベシ 一 智識ヲ世界ニ求メ大ニ皇基ヲ振起スベシ. 하나, 널리 회의를 일으켜 만기공론을 결정하여라. 하나, 상하는 마음을 하나로 하여 완성한 경륜을 행하라. 하나, 관무가 한길로 서민에 이르기까지 각자의 뜻을 이루며 인심으로 하여금 태만치 않도록 하여라. 하나, 구래의 누습을 타파하여 천지의 공도에 근거하여라. 하나, 지식을 세계에 구하여 장대한 황기를 떨쳐 일어나라."—옮긴이

하고 말하는 데에 있지 않다. 많은 한적을 독파해야 쓸 수 있는 것이 문언이며 그렇지 않은 것이 백화라는 이 차이가 중요하다. 물론 처음부터 백화가 생겨날 수는 없었다. 문언의 어휘나 어법이 자원이 되어야만 했다. 그러나 일단 방법만 확립되면 더 이상 고전을 더듬어 올라가는 일은 불필요했다.

동아東亞의 한자

이렇듯 한자 세계가 비축해온 언어적 자원은 각각의 국민어를 형성하는 데 소비되었다. 동아시아에서 근대화는 새로운 한자 개념의 대량 유통과 표리일체를 이룬다. 이는 고전이 아닌 문명

---

9 한글과 같은 일본 고유문자를 가리킨다. 크게는 가타카나片假名, 히라가나平假名, 만요가나萬葉假名로 구분한다. 이 명칭은 한자를 '진짜 문자'라는 의미에서 '眞字·眞名마나'라고 부른 것에 대하여 '임시 문자', 즉 '假名가리나'라고 부른 것이 '가나'가 된 것이다. 먼저 가타카나의 원류로 다음과 같은 사실들이 전해진다. 8세기 나라시대 때 한자의 일부분을 사용하여 공문서를 적은바, 예컨대 '多'를 '夕'로, '牟'를 'ム'로 표기하고 있다. 또한 8세기 말인 헤이안시대 초기에 승려들이 불전을 읽으면서 한자의 음이나 일본어의 뜻을 잊지 않기 위해 행간에 기록해둔 사례를 볼 수 있는데, 좁은 행간에 맞추어 자형을 대폭 생략하거나 경전 본문의 한자와 구별하기 위해 본래의 한자와 다른 형태로 기록했다고 한다. 이 책에서도 소개하고 있지만, 가타카나는 이러한 탄생 경위와 관련하여 성립 초기부터 한자에 종속되어 그 뜻이나 소리를 이해하기 위한 보조 문자로 기능했다. 한편 히라가나平假名 또한 헤이안시대 초기에 성립했으며, 이는 고대 일본어를 표기하기 위해 한자의 자음이나 새김을 표음적으로 이용한 만요가나萬葉假名 자체字體를 더 유동적으로 간소화하면서 탄생했다. 10세기 즈음에는 일기나 서간, 가요집을 기록하는 데 히라가나가 사용되었고, 여성 작가의 작품을 낳는 계기가 되었다. 히라가나는 가타카나와는 달리 성립 초기부터 한자 세계와 거리를 두고 일상성을 표현하기 위한 수단으로 사용되었다고 전해진다. 그러나 이처럼 가나를 구분해서 정의하거나 각각의 명칭을 사용하게 된 것은 꽤 나중의 일이며, 가나를 어떻게 정리할 것인가, 가타카나와 히라가나를 어떻게 나누어 쓸 것인지 등에 관한 기준이 정해진 것도 2차 세계대전 이후의 일이다. 그 예로 1946년에 내각 고시 제33호로 발표된 '현대 가나 사용現代かなづかい' 등이 있다. 이러한 고시를 통해서 크게 세 가지 법칙이 정해졌다. 첫째, 한어는 한자로 적는다. 둘째, 일본어는 한자와 히라가나로 적는다. 셋째, 외래어는 가타카나로 적는다.—옮긴이

의 언어로 전해졌다. '공화共和'란, 주奏의 '공화共和'에서 따온 말이지만 오늘날 이를 의식하여 사용하는 사람이 얼마나 있을까? 오히려 기원과 상관없이, 기원을 망각하고 단순히 'republic'의 번역어로 취급하는 편이 근대 말로서 의미가 있다. 더군다나 초기에는 신한어新漢語의 유래를 특정 고전에서 찾기도 했으나 점차 완전한 신조어가 주된 세력이 되어갔다는 점도 놓쳐서는 안 된다. 이렇게 일본은 한자권에서 신조어의 큰 거점이 되어 갔으며 스스로의 존재 방식이었던 고전이라는 근거를 스스로 무너뜨렸다. 사대부는 사라지고 국민이 등장했다. 일본에서도 중국에서도 사족 혹은 사대부가 그들만의 문화 자본인 한시문을 읽고 쓰는 능력을 통하여 저널리즘에서 활로를 찾았다.[10] 이 점은 매우 흥미롭다. 그들은 저널리즘 현장에서 자신들의 문화 자본을 이용하여 많은 말을 만들었으며 이를 유통시켰다.

한편 급속한 변화는 이 세계가 말만 생산한 채 내실은 결여했다는 상실감을 불러일으킨다. 서양 문명의 유입이 세차게 진행되면 진행될수록 고유한 전통을 발견하고자 하는 움직임이 일어나는 것은 피할 수 없다. 이러한 때에도 한어는 중요한 역할을 했다. 근대 일본의 교육칙어가 취하는 변려문駢儷文 풍의 문체[11]가 오노 야스마로가 쓴 『고지키古事記』[12]의 서문을 떠올리게 하는 것도, '팔굉일우八紘一宇'라는 한어가 『니혼쇼키日本書紀』[13]로

---

10 근세 후기부터 메이지 초년에 걸쳐, 모리 슌토森春濤와 같은 한시인들이 『新文社』와 같은 잡지를 통하여 한시를 창작하고 교토, 도쿄 등지에서 시인들과 교류했던 사실에 관해서는 사이토 마레시 지음, 황호덕·임상석·류충희 옮김, 『근대어의 탄생과 한문』(현실문화, 2010) 제4장 참조.—옮긴이

부터 유래한 사실도, 실은 그와 같은 움직임에서 나온 것은 아닐까? 더 말하자면 이는 한자 세계의 기원을 바꾸고자 한 새로운 시도였을지도 모른다. 일본이라는 국가를 위한 고전이 정립되고 거기서 한어의 기원을 찾는 것이다. 잘 알려지진 않았으나 일본에서 만들어진 신한어는 서양 말의 번역어로서 문명을 전파하는 기능만 지닌 것은 아니었다. 정치나 교육에서 자주 사용되던 신한어 중에는 국가 전통을 선양하기 위해 고대 일본의 한자 문헌에서 끌어온 것도 적지 않았다. 그 정점에 있던 것이 한자와 가타카나가 섞인 훈독체로 기록된 조칙詔勅이었으며 칙유勅諭였다. '동문동종'이라는 이데올로기 주장은 한어 사용의 이와 같은 맥

11   교육칙어는 메이지 23년(1890)에 반포되었다. 에도 말기에는 구마모토의 번교 지슈칸時習館에서 공부한 유학자이자 메이지 신정부에서는 추밀고문관으로 있었던 모토다 나가자네元田永孚에 의해 기초되었다. 교육칙어의 문체는 예컨대 "國ヲ肇ムルコト宏遠ニ德ヲ樹ツルコト深厚ナリ" "父母ニ孝ニ兄弟ニ友ニ夫婦相和シ朋友相信ジ"에서 보듯이 가타카나와 한자가 섞인 훈독체로 쓰였는데 여기서 가타카나를 제외한 문장을 보면("國肇宏遠 德樹深厚" "父母孝兄弟友 夫婦相和 朋友相信") 4자 구와 6자 구를 중심으로 한 대구로 구성되어 있음을 알 수 있다. 이는 사륙문 또는 사륙변려문이라고도 불리는 변려문을 상기시킨다. 변려문은 중국 육조 시기부터 당나라에 걸쳐서 유행한 한문 문체로, 대구를 통해 낭독을 가다듬고 전고를 다채롭게 활용한 문체다. 저자가 이 부분에서 설명하듯이 『고지키』의 서문은 변려문을 채용했으며 용어에 관해서는 당나라 장손무기長孫無忌의 『진오경정의進五經正義表』에서 배운 곳이 많다. 교육칙어와 변려문 풍의 문체에 관해서는 위의 책, 137~138쪽의 본문과 역주를 함께 참고하자.―옮긴이

12   덴무天武 천황의 명을 받들어 히에다노 아레稗田阿禮가 송습誦習한 제기帝紀나 선대 구사先代旧辭를, 겐메이元明 천황의 명으로 오노 야스마로太安萬侶가 712년에 총 3권으로 기록해서 바친 서적을 가리킨다. 일본에서 가장 오래된 역사서로 알려져 있으며 천황에 의한 지배를 역사적으로 정당화하기 위해 쓰였다. 상권은 신대神代에 관한 내용, 중권은 진무神武 천황에서 오진應神 천황까지, 하권은 닌토쿠仁德 천황에서 스이코推古 천황까지의 기사를 담았으며 신화, 전설, 가요 등의 내용을 담고 있다. 『고지키』에 관해서는 특히 고대 일본어를 '어떻게 표기할 것인가'라는 문제를 중심으로 이 책 제2장에서 구체적으로 논하고 있다.―옮긴이

13   여기서 말하는 '팔굉일우'는 『니혼쇼키』의 「八紘爲宇」에서 유래한 말이다. 1940년 8월, 고노에 내각이 대동아 공영권을 주장하면서 발표한 기본 국책 요령에서 "황국의 국시는 팔굉八紘을 일우一宇로 하는 조국肇國의 대정신을 기본으로 한다"고 전용했다.―옮긴이

락과 이어져 있다. 한자권의 새로운 기원을 다시 쓰고 제국의 판도로서 '동아'를 재편하고자 했던 것이다.

한자 문화권에 관한 1960년대 이후의 논의를 넘어 오늘날 한자권에 대해 다시 생각해보고자 한다면, 적어도 지금까지의 내용이 바탕이 되어야 할 것이다. 한자 문화권이라는 개념은 보통 동아시아의 강한 유대감을 말하기 위한 예로 사용된다. 그러나 한자권의 문화를 말하고자 할 때, 여기에는 한자를 통해 유통된 문화와 더불어 그 이상의 것, 즉 한자와 격투해온 성질이 내포되어 있다. 다음 장에서는 이 점에 관하여 자세히 밝혀보자.

제 2 장

말言과 글文의 거리:

와고和語[1]라는 허구

1 굳이 말하자면 '일본어'라는 뜻이나, 이 책의 의도에 입각하여 '일본어'와 '와고'를 구분해서 번역했다. '倭'와 더불어 '和'는 근대적 국민국가 이전의 일본을 가리키는 용어로, 뒤에도 나오겠지만 근세 일본 학자들은 '倭'나 '和'로 자국을 표현했다. 여기에 '語'가 붙은 '和語'는 음독한 '와고'뿐만 아니라 '야마토고토바(왜어)'나 '야와라카고토바(부드러운 말)' 등으로 훈독하는 예도 많이 보인다. 특히 훈독하는 경우는 한자어에 대하여 일본 고유말을 상기시키기 위해 쓰인다고 할 수 있다.—옮긴이

주어진 문자

한자의 전파

일단 한자권이 대륙에서 성립하자, 지리적으로는 경계권에 위치한 대륙 주변의 반도나 열도에서도 대륙 국가와 정치적 관계를 맺기 위해 한자권에 참여하게 된다. 나중에 일본이라고 불리게 될 열도에서 한자가 사용된 이유는 바로 이러한 한자권과 외교관계를 맺기 위해서였지 일본 열도에서 쓰이는 언어를 표현하기 위해서가 아니었다. 그러나 제1장에서도 살펴보았듯이 이는 대륙에서도 마찬가지였음을 잊어서는 안 된다. 즉 대륙이건 한반도나 일본 열도건 간에 문자는 처음부터 그리고 항상 주어지는 것이었다. 주나라에서는 은나라로부터 주어졌고, 장강 유역에 있던 오나라와 초나라에서는 황허강 유역에 위치한 중원을 통해 들어왔으며, 한반도나 일본 열도는 대륙으로부터 주어졌다. 갑골문을 만들어낸 은나라도 처음에는 신과 관련된 특별한 기호로서 일상적인 말과는 별개로 문자가 사용되다가 신관들이 집약적으로 사용하면서 서기 언어라는 특질을 단번에 획득하게 되지 않았나 싶다. 점복이 신령으로부터 주어졌듯이 이때의 서기 또한 어디까지나 신령에서 유래한다.

사회생활을 영위하는 동안 대부분 자동적으로 습득되는 입말과는 달리 문자는 반드시 학습을 필요로 한다. 문자는 계통발생적으로도 개체발생적으로도 어딘가로부터 주어지는 것이다.

한자의 전파가 완만하게 이루어지거나 동심원을 그리듯이 확대되는 것이 아니라는 점도 말해두어야겠다. 한자 사용은 정치에 그 원천을 두며 전파되는 과정 역시 교역망에 의한 것이 아닌, 예를 들면 주 왕실로부터 지방의 제후로 전해지는 형태를 지닌다. 즉 지방 궁정이 문자를 전파하는 2차적 중심지가 된다. 전국시대 시기에 여러 나라에서 독자적인 문자가 발달한 것은 각각의 궁정을 중심으로 한 문자 사용권역이 형성되었기 때문일 뿐 다른 이유는 없다.

음성 언어와의 대응

문자 사용자와 사용 범위가 확대되면서 문자를 표현한 문장은 음성 언어의 간섭을 받게 된다. 문자가 널리 사용되기 위해서는 음성과의 대응 관계가 명확한 편이 유리함은 두말할 필요가 없다. 문자를 학습하고 기억하는 데에도 음성의 역할은 중요하다. 제3장에서 논하겠지만, 한자를 학습할 때 암송이 차지하는 역할은 크다.

문자열을 통하여 복잡한 의미를 나타내려면 일련의 질서 형식, 즉 문법이 필요하다. 그것이 음성 언어의 어법과 닮은꼴이 되면 읽는 것과 쓰는 것이 쉬워진다. 형성자의 확대는 음성 언어로 유추하듯이 문자를 만들고 문자열을 구성하는 뚜렷한 예로서, 전국시대의 문장에서 빈번히 발견되는 한탄이나 억양을 표현하는 조사의 사용도 음성 언어와의 대응에 의해 생겨난 것으로 보인다. 이는 그들의 변설䛒舌을 재현하기 위한 것이기도 했다.

그러나 문장은 구두 언어와 완전히 같아지는 일은 없으며 문장으로서의 질서를 보존하려고 한다. 갑골문도 금문도 정형성이 강하며 사용되는 어휘 또한 기존의 것을 계승하려는 경향이 강하다. 반대로 음성 언어는 집단, 지역, 시기 등에 따라 크게 변화한다. 거꾸로 말하자면 음성 언어는 의사소통이 이루어지는 일정한 권역이나 의사소통을 나누는 이들만의 특별함과 고유함을 향해 여러 차례에 걸쳐 변이체를 생산한다. 은어나 유행어가 그러한 예이며, 가족이나 친구 간에만 통하는 언어도 마찬가지다. 음성 언어는 필연적으로 변하기 쉬우며 이러한 점을 이용하여 의사소통 권역을 생성한다. 그러나 변이가 쉽게 이루어진다 해도 대면을 통해 이루어지는 만큼 그 자리에서 해설을 구하거나 몸짓, 표정과 같은 음성 외의 정보를 통해 유추하는 등의 다양한 보완 수단이 동원된다.

문장은 음성과는 달리 쓰여서 전달되는 것이므로 위와 같은 변이가 제대로 적용되려면 시간이 걸린다. 문장은 시간적으로나 공간적으로 음성보다 훨씬 넓은 범위로 유통되기 때문에 좁은 권역에서의 변이체에 얽매이면 서기 언어로 의사소통하는 데 방해가 된다. 문자로 표현하는 것이 일상 말의 영향을 받는 것이라고 해도 문자의 변화는 음성 언어보다 완만할 수밖에 없다.

거꾸로, 문자는 정형定型을 보존하는 면에서는 매우 유효하다. 문자 표현이 음성 언어와의 결합에 힘을 쏟는다는 것은 구두 언어가 문자 표현을 참조할 수 있는 통로가 열리게 됨을 의미하는 것이기도 하다. 입으로 표현되는 언어는 유동적이며 변화하기 쉽지만, 문자와의 대응 관계가 확립되면 문자 없이도 문장에 의거한 표준화나 규범화가 가능해진다. 춘추전국시대에는 문자 표현과 구두 언어 간의 상호 간섭이 유래가 없을 정도로 진행되어서 문언文言(중국 고전문·한문)이라 불리는 문체가 성립되었으며 하나의 서기 언어 세계를 확립했다. 한자권은 단순한 문자 유통권이 아닌, 문언이라는 서기 언어 세계를 지탱하는 권역이 되었다.

서기 언어의 통사적 성질

한자권이 확대되어 갈수록 문장과 언어의 통사적 대응을 쉽게 발견할 수 있는 지역과 그렇지 않은 지역이 나타나게 된다. 일반적으로 차이나=티베트 어족이라고 불리는 지역에서는 한자·한문이 그곳에서 형성되었다는 점도 한 몫을 하여 문장과 언어의 통사적 대응을 발견하기 쉬운 반면, 다른 계통의 언어를 사용하는 한반도나 일본 열도에서는 동사와 목적어의 어순이 바뀌어 있는 등 통사적 대응을 보기 어렵다.[2] 이러한 이유에서 이들 지역에서는 문자를 지역의 언어처럼 읽기 위한 기법이 발달하게 된다. '훈독訓讀'이라고 불리는 기법이 바로 그것이다. 그리고 지역 언어를 문자화하기 위해 문언 이외에 통사를 바탕으로 한 서기법(한자문의 변종)도 모색된다. 『고지키』의 문장과 같이 변체 한문이라고 불리는 것도 그 일종이다.

사실 통사적 대응을 발견하기 쉬운 지역에서도 정도의 차이는 있을지언정 위와 같은 변화가 일어난다. 전국시대에 들어 문장이 읽기 쉬워졌다는 점은 앞서 말했듯 조자助字(辭)의 증가 덕분이었다. 문장 말미에 쓰이는 '야也' '언焉' '재哉' '호乎'는 물론이고 '어於' '이而' 혹은 '피被' '사使' 등의 글자는 문장 중에서 문법적인 기능을 빈번히 하고 있는데, 이들 문자가 하나같이 가차라는 용법에 의해 조사가 되었다는 점은 재차 강조할 필요가 있다. 『고지키』의 문장은 문자와 구두 언어의 상호 교섭 속에서 생겨났는데, 이러한 점은 일본 열도만의 현상이 아니다. 원리적으로는 제자백가 문장에서도 이미 나타났던 일이다.

이처럼 어떠한 지역이든 문자와 언어의 관계는 항상 긴장이

---

2 중국 티베트 어족 중에서도 티베트 버마 계통은 SOV형, 한어계는 SVO형이나, 원래 중국 티베트 어족의 조어祖語는 SOV형이며, 이와는 다른 계통인 은 왕조의 언어가 SVO형이었기에 그 영향을 받은 주나라에 의하여 한어계의 어순이 SVO형이 되었다는 주장도 있다. "기원전 십수 세기, 은 문화권의 은나라 공통어 및 문자와 서기 언어의 보급이 주나라 사람들의 언어에 변모를 가져왔음은 충분히 생각할 수 있다."(西田, 2000, 19쪽).

따르게 마련이지만 언어(일본어)와 통사를 달리하는 문장(한문)을 쓰게 된 일본 열도에서는 이러한 점을 일본만이 지닌 특수한 사정으로 이해하려는 경향이 있었다. 실제로 겉으로 잘 드러난다는 점에서는 이러한 경향도 이해가 되지만, 그 사정에는 '와和'(倭)라는 자의식을 둘러싼 문제가 깊이 관여한다.

와슈和習를 향한 의식

오규 소라이의 와슈론

'와和' 의식을 중심으로 문자와 언어의 관계를 조명한 것은 오규 소라이荻生徂徠(1666~1728)였으며, 일본인이 사용하는 한문의 성질로 자주 지적되는 '와슈和習(倭習, 和臭)'[3]라는 말을 뚜렷이 정의하여 사용한 이도 소라이였다. 소라이는 「분케이文戒」(『훤원수필蘐園随筆』「부附」)에서, 일본어의 간섭으로 인해 한문에 파격이 일어나는 것을 '와지和字'[4] '와쿠和句'[5] '와슈和習'라는 항목으로

---

3 앞서 '와고和語'에서도 보충했듯이 와和, 즉 일본 열도의 독특한 분위기나 느낌, 풍습 등을 의미한다.—옮긴이

4 앞서 보충한 '와고'나 '와슈'와 같이 '와지' 역시 '일본어 글자'로 번역하지 않고 일본어 음독 그대로 '와지'로 번역한다. 일본어 고유 문자인 가나, 일본에서 만들어진 한자를 말한다.—옮긴이

5 한문 작문을 하거나 한문을 읽을 때 일본 열도 언어의 문장 구조의 영향을 받은 것을 말한다. 예를 들면 '등산登山'을 '산등山登'이라고 적는 식이다(앞의 책, 『근대어의 탄생과 한문』, 89쪽 함께 참조).—옮긴이

나누어서 논한다.(西田·日野, 1976)

'와지和字'란 와쿤和訓[6] 때문에 한문을 잘못 적는 경우. 예컨대 '관觀'와 '견見'은 와쿤으로 읽으면 모두 '미루みる'가 되기 때문에[7] 한문을 쓸 때에 잘못 적는 일이 발생하는 것이 그 예다. 이러한 지적은 소라이가 살았던 시대에 한정되지 않는다. 예컨대 소라이가 지적하는 '청聽'과 '문聞'의 차이는 현대 일본 문장을 쓸 때조차 규범으로써 참조된다.[8] 뿐만 아니라 '명맥命脈'이나 '유희삼매遊戲三昧' 등과 같이 한자로 쓰이는 말이 한적에는 보이지 않는 경우도 소라이는 '와지'라고 하며 경계한다.

'와쿠和句'란 한문의 어순이 와분和文[9]의 통사로부터 영향을 받은 것을 가리킨다. "필시 그 근본이 있어야 한다必ず其の本無かるべからず"라는 뜻으로 "不可必無其本"이라고 쓰는 것은 잘못이며, 한문으로는 "必不無其本"으로 써야 한다고 소라이는 말한다. 이보다 약간 복잡한 예로 '只亦'은 잘못된 쓰임이므로 '亦只'('다만' '또한'이라는 의미)이라고 써야 한다고 지적하는 등, 완벽한 한문을 쓰고자 하는 데 소라이의 의도가 있었음을 알 수 있다.

6　일본 열도에서의 훈독을 말한다. 일본 열도에서 사용되는 언어로 한자나 한문을 읽는 행위 혹은 그러한 읽기 방식이다.―옮긴이

7　'觀'과 '見', 덧붙여서 看, 視, 覽도 모두 '미(루)'로 훈독하는 현상을 가리킨다.―옮긴이

8　현대 일본어에서 동사 '聽(聽)く'와 '聞く'는 모두 '기쿠きく'라고 읽는 탓에 이를 구분하고자 할 때 소라이의 지적이 참조됨을 의미한다. 구체적으로 소라이는 『역문전제譯文筌蹄』에서 다음과 같이 지적한다. "聽은 聞과 다르다. 聞는 귀로 소리를 '받아들인다'는 뜻이다. 聽은 귀로 소리를 '기다린다'는 뜻이다. 귀로 소리를 받아들인다는 말은 '들린다'는 뜻이고, 귀로 소리를 기다린다는 말은 '듣고자 생각하면서 듣는 것'을 뜻한다."―옮긴이

9　이 또한 일본 열도에서 쓰인 문장을 가리키나, '일본어 문장'으로 번역하지 않고 일본어 음독 그대로 '와분'으로 번역한다.―옮긴이

그리고 가장 뚜렷하지도 않고 복잡한 것이 '와슈和習'였다.

> 와슈라는 것은 와지도 아니고 와쿠도 아니나 그 말의 기운
> 이나 성세가 순수하게 중화의 것이 아닌 것을 말한다. 이 또
> 한 어릴 적부터 와쿤으로 전도된 읽기에 익숙해져 버린 까
> 닭에 매우 미미한 부분에서 잘못됨을 눈치 채지 못하게 되
> 어버렸다.
> 和習者 謂旣無和字 又非和句 而其語氣聲勢 不純乎中華者也.
> 此亦受病於其從幼習熟和訓顚倒之讀 而精微之間 不自覺其非
> 已.[10]

소라이는 이러한 예로 '이而' '즉則' '자者' '야也' 등의 조사를
분별없이 사용해서는 안 된다거나, "그러함을 가르치어 선善으
로 향하게 하는 것은 불가능하다"라는 뜻을 한문으로 쓰고자 한
다면 "不能使其敎而之善"보다는 "不能敎其之善" 또는 "不能使其受敎
而之善"으로 써야 한다고 말한다. "더욱이 이 이상의 도리는 말할
수 없다"라면 "更不說一層之理"가 아니라 "更說一層不去"라고 해야
한다고도 말한다. 소라이는 가능하면 '중화'다운 말로 표현하라
고 주장한 것이다.

---

10 인용은 『荻生徂徠全集』(西田 · 日野, 1976), 쇼토쿠正德4(1714)년 간본刊本 영인본 수록에 의
거했으며, 가에리텐 및 오쿠리가나는 생략했다.

문장의 파격

그러나 생각해보면 중국이든 일본이든 문장을 엮는다는 행위는 항상 파격을 동반하지 않는가? 일상 언어나 지역 언어의 간섭에 의한 파격은 그중에서도 가장 일어나기 쉬운 것일 터다. 소라이가 비난하는 내용인 조사가 많은 점으로 말하자면, 육조六朝의 일화집인 『세설신어世說新語』의 문장은 그 이전에 비해 구어가 많고 문체 면에서도 눈에 띄게 조사가 많다고 지적되어 왔으며(吉川, 2006) 한역漢譯 불전의 경우에는 어법은 물론 이전에 없었던 한자까지 사용되고 있다.(船山, 2013, 제7장) 와슈라고 불리는 예가 반드시 '와和'에 한정되지 않는다는 것도 다양하게 지적되고 있다.(小島, 1998)

서기 언어는 구두 언어의 간섭을 받는 과정에서 일어나는 파격에 의한 전개가 없으면 문체 변화도 어휘의 증가도 일어나지 않는다. 서기 언어가 퍼져 나가고 살아남기 위해서는 오히려 이러한 파격이 필요하다고까지 할 수 있다. 한편으로 파격을 어떻게 제어할 것인가는 큰 과제다. 소라이의 시각에서, 중화 사람에게 통하지 않는 한문은 애초에 한문이라고 할 수 없으므로 파격을 지적하고 표준을 제시하는 것은 이치에 맞는 일이었다.

문제는 파격이 있고 없고를 떠나 '와和'라는 의식을 잣대로 파격을 한데 묶고 그것을 토대로 가치 판단을 내리는 일이다. 소라이가 지적한 와슈와 같은 예는 송대 이후의 선승禪僧이나 유학자의 어록, 서역에서 출토된 둔황변문敦煌變文 등에도 보인다고 지적된다.(馬駿, 2012) 단, 중국에도 같은 예가 있으므로 와슈라고 말할 수 없다는 쪽으로 이해해서는 안 된다. 중국 속어나 서역 언어 혹은 불전 간섭 등에서도 기존 서기 언어 체제의 파격이 이루어진다는 것은 구두 언어의 간섭을 통하여 서기 언어가 변동하는 하나의 원리로 이해해야 한다. 와슈가 특정 지역에서 한문이 서기 언어로 정착했을 때 나타난 한 현상이었다는 사실에는 의심의 여지가 없으나, 이를 '와슈'로서 특별히 내세우는 일은 다른 문제다. 덧붙여서 말하자면 모토오리 노리나가本居宣長(1730~1801)는 불전에서 일어나는 파격을 "천축습天竺習"[천축은 인도]이라 말한다.(『玉勝間』14권(69), 吉川 외, 1978)

각각의 불교 경전에서 그 말머리에 '여시아문(이와 같이 나는 들었다如是我聞)'이라는 말이 있는 것에 대해서는 여러 가지 이유를 붙여 적절히 설명하고 있으나, 이렇게 해서는 뒷문장과 맞지 않는다. 말머리에 이렇게 적혀 있는 것은 결국 잘못되었으며 서투른 것이다. 또한 바르게 적고자 한다면 아문여시(나는 이와 같이 들었다我聞如是)라고 해야 할 터다. 불교 경전은 그 말의 순서도 매우 서투르다. 이러한 일이 생기는 것은 대체로 인도 말의 습관에서 기인하나, 역시 번역자[불교 경전을 범어에서 한어로 번역한 현장玄奘]의 번역도 서투른 것이다. 중국에 관해 배우는 사람들[여기서는 특히 '와슈'를 주장하는 소라이 학파 사람들을 상정]이 수고를 들여 주의하고 시문을 지을 때에는 '와슈, 와슈'라고 언제나 말하고 있으나, 불교 경전의 문장도 이와 같이 '천축습天竺習'이 많으니라.

노리나가는 불전 첫머리에 나오는 "여시아문"이라는 말이 "잘못된 것" "서툰 것"이라 비난하면서 어순을 "아문여시"라고 해야 한다고 말한다. 한학자는 와슈를 성가시게 여기지만 "천축습"이라는 것도 있지 않느냐 하면서 노리나가는 불경이나 천축을 끌어다가 와슈를 상대화하고 있으나, 그 역시도 이러한 '습'이 생겨나는 것 자체가 문장이 필연적으로 수반하는 현상이라는 점은 눈치 채지 못한 것 같다.

언어=문장

소라이의 와슈론이 지닌 또 다른 특징은 "문장이라는 것은 다른 것이 아니다. 중화 사람의 말이다文章非它也, 中華人語言也(「분케이文戒」)라고 논하고 있듯이, '문장'과 '어언語言'을 각기 다른 질서를 갖는 것으로 보지 않고 연속된 것으로 파악한 점이다. '문장=어언'이라는 공식은 문자가 언어를 표현하기 위해 생겨났다는 사고를 뜻한다. 이러한 사고는 언어와 문장이 어긋나 있다면 고쳐야 한다는 의식을 낳았으며, 이러한 사고에 의해 '성인聖人의 언어'를 지향하는 구도가 생겨난 것은 아닐까?

거듭 말했듯이, 문자에 의한 표현과 일상 언어는 별개의 것이다. 언어를 표현하기 위해서 문자가 생겨난 것이 아닌 이상 언어와 문장 사이에 거리와 긴장이 존재하는 것은 당연하다. 또한 이러한 거리와 긴장은 원리적으로 어떠한 경우에도 해소 불가능하다. 읽고 쓰는 행위와 말하고 듣는 행위에는 근본적인 차이가 있으며, 차이가 있기 때문에 언어와 문장을 역사적으로 축적하고 변화시키는 작업이 가능한 것은 아닐까?

그러나 소라이는 언어와 문장의 일체를 이상적인 상태로 간주했다. 와슈를 의식하고 중화 말을 학습함으로써 문장의 정격을 보존하고자 한 소라이의 방법은 '문장이 곧 언어라는 관념文章卽言語觀'에 의한 것이었으며, 이러한 관념은 성인의 언어를 매개로 한 것이었다.

그렇다면 문장이 곧 언어라는 관념은 왜 생겨난 것일까? 한자와 정반대 측에 있는 듯한 '가나假名'의 존재를 하나의 계기로 볼 수도 있지 않을까? 이를테면 한자로 문장을 엮는 일이 자유롭지 않기 때문에 가나로 쓰면 언어를 그대로 표현할 수 있다는 견해 말이다. 이러한 상대적 시각에는 함정이 있는 듯하다. 예를 들면 노리나가는 다음과 같이 말한다.(『다마카쓰마玉勝間』 14권(87), 吉川 외, 1978)

> 황국皇國의 말을 고서와 함께 한문으로 적은 것은 가나라는 것이 없었고 특별한 수단도 없었기 때문이다. 지금은 가나라는 것이 있어서 자유로이 쓸 수 있을 터, 이를 버리고 자유롭지 않은 한문으로 쓰고자 하니 이는 참으로 어리석도다.

"자유롭지 않은 한문으로" 쓰고자 한 자는 다름 아닌 소라이였으나, 그렇다고 해서 자유롭게 가나 쓰기를 주장한 노리나가와 소라이가 반대 입장이었던 것은 아니다. 일본인이라면 가나문을 자유롭게 쓸 수 있을 것이라는 노리나가의 주장은, 뒤집어 말하면 중국인이라면 자유롭게 한문을 쓸 수 있다는 이야기가 된다. 소라이는 한문을 자유롭게 쓰고자 한다면 마치 중국인인 것처럼 중국말을 습득하면 된다고 했다. 물론 당시에도 지적되었듯이 중국에서도 입말과 문어의 차이는 컸으므로 그것이 간단한 일은 아니었다. 소라이도 이러한 사정을 알고 있었기 때문에 '문장=옛사람古人의 언어'라는 등식을 제시한 것이었다. 소라이와 노리나가는 문장이 곧 언어라는 상태를 이상으로 삼았다는 점에서 다르지 않다.

소라이가 고대 문장을 존중하는 '고문사학古文辭學'을 제창한 사실과 '문장=옛사람의 언어'라는 등식은 표리일체하다. 그리고 언어를 습득하면 문장을 자유자재로 쓸 수 있다는 관념을 지탱한 것은, 노리나가가 분명히 말하고 있듯이 일본인이라면 가나 문을 자유롭게 쓸 수 있다는 의식이 아니었을까?

한글과 파스파 문자

한글의 위치

가나를 생각하기 전에 한반도의 한글(諺文, 훈민정음)에 관해 확인해두자.[11] 가나와 한글은 한자권에 속하면서 음을 표시하는 문자로 사용되었다는 점에서 유사하지만 그 차이 또한 크다. 또한 한글은 가나보다 훨씬 뒤에 탄생했으나 소라이나 노리나가의 시대보다는 앞선다. 한글은 가나를 논하는 데 유효한 시점을 제공한다.

가나와 달리 한글은 문자와 음성 간의 결합을 강하게 의식한 문자이며, 발성을 분석하고 이를 가시화하는 형태로 만든 것이

---

11 한글의 역사 및 문자로서의 위치에 관해서는 강신항, 『ハングルの成立と歴史』(강, 1993; 한글판은 『훈민정음연구』, 성균관대출판부, 1987.); 河野六郎, 『文字論』(河野, 2010); 『文字論』(河野, 2010); 박영준 외, 『ハングルの歴史』(박 외, 2007, 한글판은 『우리말의 수수께끼』, 김영사, 2002); 野間秀樹, 『ハングルの誕生』(野間, 2010); 趙義成(역주), 『訓民正音』(趙, 2010); 福井玲, 『韓國語音韻史の探究』(福井, 2013) 참조.

다.『세종실록』25년 12월 30일(1444. 1. 19) 조목에서는 다음과
같이 기록한다.

> 이달에 임금이 친히 언문諺文 28자를 제정했다. 그 글자가
> 옛 전자篆字를 모방하고 초성·중성·종성으로 나누어 합
> 한 연후에야 글자를 이루었다. 중국의 문자와 본국의 이어
> 俚語 어느 쪽도 쓰는 일이 가능하며, 글자는 비록 간단하지
> 만 전환하는 것이 무궁하니, 이를 훈민정음訓民正音이라고
> 일렀다.
> 是月 上親制諺文二十八字. 其字倣古篆 分爲初中終聲 合之然
> 後乃成字. 凡干文字及本國俚語 皆可得而書 字雖簡要 轉換無
> 窮 是謂訓民正音.

세종은 제4대 조선 국왕(재위 1418~1450), 25년은 명나라 정통
正統 8년(1443)에 해당한다. 실제로 문자를 제작한 이는 정인지,
신숙주 등 8명의 학자였다. 제정 당시에는 '언문', 정식 명칭으로
는 '훈민정음'이라 불렀다. '한글'이라는 명칭은 20세기에 들어
서부터 보인다. 언문의 '언諺'이란 '속되다'라는 의미로, 정문正文
인 한자에 대응한 호칭이었다. 한편 '정음'은 '바른 음'이라는 뜻
으로, 문자의 원리가 '음'에 기반을 두었음을 분명히 드러내고 있
다. 문文으로는 속된 것諺, 음音으로는 바른 것正인 셈이다.

단, 이 문자가 '고전古篆을 따른다'고 언명하고 있다는 점에 주
의해야 한다. 한글이 파스파 문자(몽고신자蒙古新字)로부터 영향

을 받았다는 설은 조선왕조 때부터 지적되었고, 미국 학자 게리 레디어드Gari Ledyard는 '고전'이 파스파 문자를 가리킨다고 주장 했으나,(정, 2009; 정·조, 2013) 오히려 위의 기술은 파스파 문자 등과 같은 표음문자의 영향을 숨기기 위해서 쓰인 것은 아닐까? 일반적으로 '고전'이라고 하면 금문 등에 보이는 곡선적인 서체를 말한다. 한글은 예서隸書나 해서楷書 혹은 초서草書나 행서行書처럼 붓에 의한 서체, 즉 "붓을 이용해서 종이에 쓰'는 방식을 피하고"(野間, 2010, 272쪽) 있으며, 이러한 의미에서 '고전'에 가깝다. 그리고 갑골문자가 발견되지 않았던 당시에 금문은 한자의 기원이 되는 서체였다. 한글은 이를 따른다는 선언을 통해 문자로서의 정통성을 확보하고자 한 것은 아닐까?

훈민정음의 사상

『세종실록』의 기사는 정인지가 쓴 『훈민정음』 해례본(정통正統 11년(1446) 간행) 후서後序 기술을 토대로 한다. 확인을 위해 다음 문장도 읽어두자.

천지자연의 소리가 있으면 반드시 천지자연의 글자가 있다. 그러므로 옛사람이 소리에 따라 글자를 만들어서 만물의 뜻을 통하게 하고 천지인의 도리를 실으니 후세 사람들이 바꿀 수가 없다. 그러나 사방의 풍토가 나누어져 있으며 소리의 기운 또한 다르다. 대개 외국의 말은 그 소리가 있으나 글자가 없어 중국 문자를 빌어서 그 쓰임을 통하게 했는데 이는 장붓구멍이 맞지 않는 것과 같다. 어찌 지장 없이 통달할 수 있겠는가? 각자 처해 있는 바에 따라 편하게 함이니 가히 강제로 같게 할 수는 없는 것이다.

有天地自然之聲 則必有天地自然之文. 所以古人因聲制子 以通萬物之情 以載三才之道 而後世不能易也. 然四方風土區別 聲氣亦隨而異焉. 盖外國之語 有其聲而無其字 假中國之字以通其用 是猶枘鑿之鉏鋙也. 豈能達而無礙乎. 要皆各隨所處而安 不可強之使同也.

"천지자연지성天地自然之聲"이란 전통적으로 "바람이 만물을 부추겨 제각각 소리를 내는 것은 자연 현상이다. 새가 지저귀는 것도 역시 천지자연의 소리다風之吹萬物不同 天籟也. 禽鳥啁嗻亦天地自然之聲"(송나라·周密『계신잡식癸辛雜識』별집 하)라는 글이 나타내듯이, 만물이 연주하는 음성, 정악의 기본이 되는 오음(궁宮·상商·각角·치徵·우羽)이라는 사상이 바탕에 깔려 있다.

한편 "천지자연지문天地自然之文"이란 '천문天文' '지문地文'이라는 말이 나타내듯이 만물이 만들어내는 기교文를 나타내며, 이는 "포희는 천지를 관찰하여 기와 우를 그려 음양을 표시하고 이를 변화시켜 만물에 통하게 하니, 생생함이 끝이 없다. 이대로 천지자연의 문이 되었다庖犧仰觀俯察 畫奇偶以象陰陽 變而通之 生生不窮 遂成天地自然之文"(명나라·宋濂,「문원文原」)라는 글에서 보듯이, 고대 성왕인 복희가 천지자연을 본떠서 팔괘를 만들었다고 하는 전

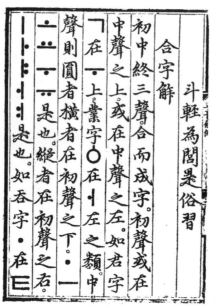

『훈민정음』 해례본(강, 1993)

승과 결부된다.

어느 쪽이든 전통적인 중국의 사고법에 따르는바, 소리聲에서 글자文로의 전개가 '천지자연'을 매개로 한 당연한 것이라는 사고에 주목할 필요가 있다. 더군다나 "소이고인인성제자所以古人因聲制子"라는 문장에서는 문자의 기원이 팔괘, 즉 천지의 모습을 그린 기호에 있다는 사고로부터 크게 벗어나 있음을 볼 수 있다. 전통적인 중국의 문자론은 기본적으로 소리가 아닌 형상에 기원을 둔다. 상성象聲이 아닌 상형象形인 것이다. 그러나 정인지의 후서를 보면 정확하게 상성에 기원을 두고 있다.

이어서 중국 문자로 조선의 말을 표현하는 것이 불합리하다고 논한다. 풍토가 다르면 소리도 다를 터, 그렇다면 문자도 달라 마땅하다. 그리고 다음과 같이 이어진다.

> 우리 동방은 예와 악과 문장은 중화를 따르고 있으나 방언은 그와 같지 않다. (…) 옛날에 신라 설총이 처음으로 이두를 만든바, 관청과 민간에서는 오늘에 이르기까지 이를 사용하고 있다. 그러나 모두 한문을 빌려서 사용하는 것이어서 읽고 쓰는 일이 어떤 것은 난잡하고 어떤 것은 잘 맞지 않는다. 이러한 방법은 속되고 근거가 없을 뿐더러 입으로써 하는 말에서는 만분의 일도 통하지 않는다.
> 吾東方禮樂文章侔擬華夏 但方言俚語 不與之同. (…) 昔新羅 薛聰 始作吏讀 官府民間 至今行之. 然皆假字而用 或澁或窒. 非但鄙陋無稽而已 至於言語之間 則不能達其萬一焉.

이 문장은 중국 문장을 조선의 말로 읽는 일이 곤란하다는 내용을 담고 있다. 이두란 7세기에 설총이라는 학자가 창안했다고 전해지는 한국어의 한자 표기법으로, 어순은 입말을 따르면서 명사나 동사와 같은 어간 부분은 한자로 적고 조사나 활용에 해당하는 말은 한자음이나 새김을 빌려서 표기하는 방법이다. 설총이 이두를 고안했다는 설은 어디까지나 전승으로, 이러한 기법 자체는 7세기보다 훨씬 이전에 있었으며 설총은 이를 정리한 것으로 추측된다.(박 외, 2007) 또한 일본의 만요가나萬葉假名 성립에도 크게 영향을 미쳤으리라 추측된다.

그러나 만요가나가 머지않아 가타카나와 히라가나로 그 자체를 변화시키면서 가독성을 높인 반면 이두는 이러한 변화 없이 한자를 빌려 쓰는 일을 멈추지 않았다. 따라서 이에 익숙하지 않으면 읽기 어려웠으며 일상 언어를 그대로 반영하기도 어려웠다. 중화 문장도 아니고 일상 언어도 아니었다. "이러한 방법은 속되고 근거가 없을 뿐더러 입으로써 하는 말에는 만분의 일도 통하지 않는다"는 문장은 이러한 상태를 말한 것이리라.

나아가서 정인지는 다음과 같이 말한다.

계해년 겨울, 우리 전하는 정음 28자를 창제하고 예의例義의 대강을 내걸어 보이어 훈민정음이라 이름 지었다. 형상을 본떠서는 글자는 고전을 따르고 소리를 따라서는 일곱 개의 음계에 꼭 들어맞는다. 천지인의 의義, 음양의 묘妙를 모두 갖추었다. (…) 글자의 발음은 청탁을 구별할 수 있고 음악이나 노래는 음계가 조화한다. 쓰고자 하는 데에 부족함이 없고 어떠한 것도 전달할 수 있다. 바람 소리나 학의 울음소리도, 닭 우는 소리나 개 짖는 소리도 모두 써서 표현할 수 있다.

癸亥冬 我殿下創制正音二十八字 略揭例義以示之 名曰訓民正音. 象形而字倣古篆 因聲而叶七調. 三極之義 二氣之妙 莫不該括. (…) 字韻則淸獨之能辨 樂歌則律呂之克諧. 無所用而不備 無所往而不達. 雖風聲鶴唳 鷄鳴狗吠 皆可得而書矣.

계해癸亥는 간지로 정통 8년(1443). "상형이자방고전象形而字倣古篆"의 '상형'이란, 제정된 문자와 그 설명에 따르면 발음기관의 형상을 본떴다는 뜻이리라. 이는 음성을 상형한다는 매우 독특한 발상법에 의한 것이다. 문자 제작 원리로서 상형은 젖혀놓을 수 없는 것이지만, 본뜸의 대상은 음성이 생성되는 기관의 형상이었다.

파스파 문자와 같은 표음문자를 참조한 동시에, '인성제자因聲制字'에서 보듯이 문자 제작 원리를 달리하면서도 전통적인 틀인 상형이 고려된 것이다. 문자 제작이 복희의 역괘 제작에 필적할 만한 행위였던 이상, 소리를 바탕으로 글자를 만든다고 해도 그 소리의 모양을 본뜨지 않으면 안 된다. 거꾸로 말하자면, 한글에 이러한 발상이 가능했던 것은 한자가 상형에 기원을 두고 있었기 때문이다. 한글은 한자가 속한 전통적인 틀을 지렛대로 삼으면서 발음기관의 형상을 문자로 본뜨는 전대미문의 시도를 할 수 있었던 셈이다.

이렇게 제정된 문자는 음성 언어뿐만 아니라 모든 음성을 표기하는 일이 가능해진다. 바람 소리나 개 짖는 소리까지도. 여기에는 문자와 음성의 합치를 이상으로 삼는 사고가 존재한다. 그러나 이러한 사고는 이미 원나라(대몽골제국)에서 간행된 『몽고자운蒙古字韻』 서문에서도 볼 수 있다. 파스파 문자는 원나라의 국자國字로 세조(쿠빌라이)가 티베트 승려였던 파스파(파크파)에게 명하여 만들어진 표음문자이며 지원至元 6년(1269)에 공포되었다. 원이 지배한 영역은 넓고 언어도 다양했기에 그 이전까지

몽골에서 사용되던 위구르식 몽골 문자로는 지탱될 수 없었다. 키타이契丹 문자나 티베트 문자 등 왕조가 문자를 제작한 예는 이전에도 있었다. 『몽고자운』은 파스파 문자를 한자 음운과 대조한 책으로, 주종문朱宗文이 펴낸 교정본 사본이 대영도서관에 소장되어 있다. 지대至大 원년(1308)에 쓰인 주종문의 서문 첫머리에는 다음과 같이 기록되어 있다.

> 우리 왕조는 그 영역이 광대하여 곳곳의 방언이 통하지 않는다. 글자를 알고 있어도 그 음을 몰라서 말할 수 없는 것과 같다. 『몽고자운』은 글자와 소리가 합치하니 과히 말하는 소리의 추기樞機이며 음운학의 강령綱領이다.
> 聖朝宇宙廣大 方言不通. 雖知字而不知聲 猶不能言也. 蒙古字韻字與聲合 真語音之樞機 韻學之綱領也.

각각의 글자는 어떻게 발음하는지를 알지 못하면 쓸모가 없다. 『몽고자운』은 첫 부분에 파스파 문자를 한 음절씩 표기하고 이에 대응하는 동음의 한자를 아래에 열거하는 형식을 취한다. 따라서 위에서 말하는 '글자'란 읽는 이에 따라서 한자이거나 파스파 문자일 수 있고, 또는 둘 다일 수 있다. 표음문자는 그 자체로 의미를 가질 수 없기 때문에 음을 모르면 적혀 있는 내용을 알 수가 없다. 파스파 문자를 공식 문자로 보급하기 위해서는 그 글자가 어떻게 발음되는지를 다른 문자에 의해서 표시할 필요가 있었다. 당나라 이후 범어와 한자를 대조한 경험이 이미 있었

『몽고자운蒙古字韻』(정·조, 2013)

기에 『몽고자운』 또한 그러한 계보를 잇는 것이라 할 수 있겠으나, 결정적인 차이는 그것을 공식 문자로 중국을 제패하고자 했다는 점에 있다.

또한 같은 교정본에 달려 있는 유갱劉更의 서문 말머리에는 다음과 같이 쓰여 있다.

(두보 시에 주석을 단) 조차공이 두시杜詩의 충신이듯 지금 『몽고자운』을 증보하여 몽고운蒙古韻의 잘못된 부분을 바로잡은 주백안 또한 이 책의 충신이라 할 만하다. 그러나 일에

는 지난함 또한 있다. 국자로 한문을 옮겨 적는 일은 천하가 똑같이 행하는 일이다. 지금 주형은 국자로써 국어를 적고 있으니 그 학식은 사람들을 훨씬 능가하는 것이다.

趙次公爲杜詩忠臣 今朱伯顔增蒙古字韻 正蒙古韻誤. 亦此書之忠臣也. 然事有至難. 以國字寫漢文 天下之所同也. 今朱兄以國字寫國語 其學識過人遠甚.

여기서 말하는 "국자"가 파스파 문자를 가리키는 것이라면, 천하가 파스파 문자를 가지고 한문을 음사音寫하는 방식을 취하고 있다는 뜻이 된다. 실제로 원나라에는 한문과 한문을 음사한 파스파 문자를 병렬해놓은 비문碑文이 적지 않다. 그렇다면 "이국자사국어以國字寫國語"라는 구절은 무엇을 뜻하는지 알기 어렵다. '국어'란 몽골어를 말하는 것일까? 아니면 몽골어로부터 탄생한 직역체 한어를 가리키는 것일까? 어느 쪽이든『몽고자운』의 가치는 파스파 문자와 한자가 대조를 이룬다는 데 있음이 분명하기에, 파스파 문자로 몽골어를 표기한 점을 훌륭하다고 칭송하는 것은 서문으로서 적합하지 않다.

쿠빌라이의 조서詔

여기서 '국자'를 한자라고 생각한다면 어떨까?『원사元史』「석로전釋老傳」에는 세조가 파스파 문자를 공포했을 때 내린 조서가 다음과 같이 기록되어 있다.(野上, 1978)

짐이 생각하니 글자는 말을 적고 말은 사事를 기록한다. 이는 옛날이나 지금이나 모두 통하는 법도다. 우리 국가는 북방에 근본을 두고 풍속은 간고함을 공경하여 새로운 제도를 만들 틈이 없었다. 문자를 사용하는 데 한자의 해서와 위구르 문자를 가지고 이 나라 말을 표현했다. 요나 금 혹은 원방에 있는 여러 나라의 사례를 보면 제각각 문자를 가지는 것이 통례다. 문치文治가 점차 흥해진 이때 자서字書가 없어서는 일대 제도를 과히 갖춘 것이 못 되니라. 따라서 특별히 국사 파스파에게 명하여 몽고신자를 만들게 하여 모든 문자를 풀이하여 옮겨 적게 했다. 세상일을 말을 통해 전달하고자 하는 것이니라. 이후의 새서璽書는 모두 몽고신자를 써서 각각의 국자에 붙이도록 하여라.

朕惟字以書言 言以紀事 此古今之通制. 我國家肇基朔方 俗尙簡古 未遑制作. 凡施用文字 因用漢楷及畏吾字 以達本朝之言. 考諸遼金以及遐方諸國 例各有字 今文治寖興 而字書有闕 於一代制度 寔爲未備. 故特命國師八思巴創爲蒙古新字 譯寫一切文字. 期於順言達事而已. 自今以往 凡有璽書頒降者 並用蒙古新字 仍各以其國字副之.

몽골 제국이 통치하던 나라는 한자를 사용하는 중국만이 아니었다. 그러므로 여기서 말하는 "국자"는 한자를 가리킨다. 파스파 문자가 공식 문자이며 여기에 지역의 글자―중국이라면 한자―를 덧붙이도록 한 것이다.

유갱이 쓴 서문의 '국자'도 이처럼 한자라고 해석한다면 "국자로 한문을 옮겨 적는 일은 천하가 똑같이 행하는 일以國字寫漢文 天下之所同也"의 내용은 좀더 분명해진다. 또한 "국자로 국어를 적는 일以國字寫國語"이 "어려우며" "사람들을 훨씬 능가하는 학식其學識過人遠甚"이지 않으면 가능하지 않다는 문맥도 이해된다. 유갱은 '국어'란 파스파 문자로 표현된 말, 입으로 말해지는 말이며, 이에 대응하는 한자를 나열한 책이 『몽고자운』이라고 이해한 것이다.

황제는 몽골어로 말했으며 이는 제국 공통의 문자라고 정해진 파스파 문자로 기록되었다. 이것이 한어 직역체로 번역되어 유통되었다. 종래의 문어와는 다른, 구두어의 성격을 지닌 직역체인 것이다.(宮, 2006) 이러한 언어 상황에서 일단 파스파 문자로 적힌 것을 다시 한자로 바꾸는 데 편리한 『몽고자운』이 "국자로 국어를 적은" 서적으로 받아들여진 것은 아닐까?[12]

문제는 '글자字'와 '말語'이었다. 파스파 문자는 '소리聲'를 표현한 것이므로 그 자체가 말이었다. 이러한 발상은 곧 한글과 이어지는 사고이리라.

한글의 자형이 파스파 문자와 유사한가의 여부는 중요하지 않다. 몽골 제국에서 제정된 파스파 문자가 제국 통치 아래에서 발생한 다양한 언어 표기에 사용되었으며, 이를 통해 한자권에

12　또 다른 가설로, '국자國字'를 파스파 문자라고 한다면 '국어國語'를 구두 한어로 해석하는 가능성도 있다. 음운을 파스파 문자로 나타내고 그 아래에 한자가 열거되어 있는 모양은 한자로 표현하는 '말語'을 파스파 문자로 표현하고 있다고 생각하는 것도 가능하기 때문이다. 단, 이 경우에는 '以國字寫漢文'와의 차이점이 어디에 있는지는 모호해진다.

서는 다언어 및 다문자 상황이 촉진되었고, 이는 한글 제정으로
이어졌다. 이러한 의미에서 한글 제정은 한반도에서 고립적으로
일어난 사건이 아니었다.

최만리의 반론

그러나 국왕이 정한 훈민정음이 조선 지식인들에게 수월하게
받아들여지지는 않았다. 정인지와 함께 집현전 부제학이었던 최
만리는 강한 위기감을 느끼는 학자들을 대표하여 반대 의견을
상소했다. 거기에는 이렇게 적혀 있다.

> 우리 왕조는 조종 이래, 대국 중화中華를 지성으로 섬기어
> 한결같이 중화의 제도를 따랐습니다. 이제 글을 같이하고
> 법도를 같이하는 때에 언문을 창작한다는 것은 보고 듣기에
> 놀라움이 있습니다. 언문이 옛 글자를 본뜬 것이고 새로 된
> 글자가 아니라고 하시는데, 자형은 옛 전문篆文을 모방한
> 것이라고는 하나 음을 가지고 글자를 합하는 일은 과히 옛
> 것에 반대되니 실로 의거할 데가 없사옵니다.
> 我朝自祖宗以來 至誠事大 一遵華制. 今當同文同軌之時 創作
> 諺文 有駭觀聽. 儻曰諺文皆本古字 非新字也 則字形雖倣古之
> 篆文 用音合字 盡反於古 實無所據.

인용문의 "동문동궤同文同軌"란 바로 같은 문명을 공유한다는

인식을 드러내고 있으며, 문자는 이의 상징이었다. 최만리가 인식하는 언문이란 소리를 조합하여 만든 문자로, 이는 문자의 옛 원리에 반하는 것이었다. 즉 한글이 형상에서 소리로 전환을 꾀한 문자라는 점을 반대 입장에서 정확히 간파한 셈이다.

그렇다면 그들도 당연히 알고 있었을 파스파 문자와 같은 시도는 어떠한가? 최만리는 일도양단하듯 다음과 같이 말한다.

> 이 천하가 풍토는 다르나 토지의 말을 가지고 따로 문자를 만든 일은 없었습니다. 몽고, 서하, 여진, 일본, 서번[티베트] 의 무리들은 그들의 문자가 있으나 이는 모두 이적夷狄이 행하는 일이며, 족히 말할 것이 못 되옵니다.
> 自古九州之內 風土雖異 未有因方言而別爲文字者. 雖蒙古西夏女眞日本西蕃之類 各有其字 是皆夷狄事耳 無足道者.

여기에는 한적을 배우는 일을 통해 그 세계를 자신의 것으로 삼던 조선 지식인들의 의식이 명확히 표현되어 있다. 그들은 스스로가 '구주九州', 즉 중국 천하에 속한다고 생각했다. 몽골이나 일본은 그 밖에 있다. 앞서 그가 "이제 글을 같이하고 법도를 같이하는 때今當同文同軌之時"라고 논한 것은 몽골 지배로부터 벗어나 다시 한민족의 왕조로서 명이 흥성하던 때를 가리킨다. 조선 왕조는 명으로부터 책봉을 받았으며 연호 또한 명을 따랐다.

결국 훈민정음의 용도는 한정적이었다고 말할 수밖에 없다. 물론 한글이 민중을 위한 문자로서 한자와 병용된 점은 틀림없으며, 한자음을 학습하는 데도 유효하게 기능했다. 근대에 이르기까지 완전히 파묻힌 존재였다고 말하는 것이 아니다.(野間, 2010) 그러나 파스파 문자처럼 왕의 명령을 모두 한글로 적고 옆에 한자를 첨가하는 식의 상황은 전개되지 않았다. 몽골이 한자를 '국자'의 하나라고 한 것과 같은 상대화도 발생하지 않았으며, 중심적인 문자로서의 한자의 지위는 흔들리지 않았다. 19세기 말에 이르러 동아시아 근대화가 시작되기까지 그들은 한자 세계에서 살았다.

가나假名의 세계

가차에서 가나로

자, 여기서 이야기를 다시 일본으로 가져오자.

앞서 보았듯이 한자권에서 문자와 언어를 어떻게 결합하여 운용하는가 하는 것은 중요한 일이었다. 일본에서는 훈독과 가나라는 두 가지 방법을 통해 한자를 받아들였으며, 한자와 한자로부터 파생한 문자를 사용해서 문장을 엮었다. 훈독에 관한 검토는 제3장으로 미루도록 하고 여기서는 오로지 가나에 관해 논하도록 하자.

앞서 논했듯이 가나는 한자를 표음하는 방식인 가차의 용법으로 생겨났다. 원래 표현할 문자가 없는 말을 표현하기 위해 생겨난 이 기법은 한자문의 적용 범위를 일상 세계까지 확대시키는 데 크게 기여했다. 또한 지금껏 들어본 적이 없는 이역異域의 말을 기록해두는 데도 유효한 기법이었다.

가나란 이렇듯 한자가 범용 문자로 쓰이는 과정에서 생겨난 가차라는 기법에 의한 것이다. 확실히 두 시기의 가차, 즉 중국 대륙에서 한자문의 범용화와 통일화가 진행되던 시기의 가차와 한자문과 언어 간의 대응 관계에 웬만큼 질서가 잡힌 후 표음적 용법임을 의식하면서 이루어진 가차는 그 위상이 다르다. '我'나 '無'와 같은 가차가 표음성을 매개로 표어表語 기능을 획득한 것에 비해, '히미코卑彌呼'와 같이 다음절어를 표기하는 데 사용되는 가차는 기본적으로 표음 기능만 갖는다.[13]

그러나 주의해야 할 점은 한자의 표음 기능이 갖는 중요성이다. 한자는 그 사용 영역이 확대되면 가차라는 방법을 수반한다는 사실, 그리고 처음에는 편의적으로 사용되던 방법이 결국에는 한자 사용에 불가피한 방법으로 전환된다는 사실에 착목한다면, 가차가 한자 사용의 외재적인 방법이라고만 볼 순 없다. 또한 시대별로 가차라는 기법의 위상이 달라진 사실을 통해 한자권이 어떻게 확대되어갔는가를 추정할 수도 있다. 확실히 가차는 한자권을 확대시키는 동력으로 작용한다.

그리하여 일본 열도에서 가차는 지속적으로 발달하여 결국 말 그 자체를 표기하기 위해 쓰이게 되었다. 이른바 만요가나萬葉假名다.

---

13 단, 어떠한 글자를 선택하는가에 관해서는 말이 지닌 성질에 따라 일정한 선호도가 작용한다. '卑'가 사용된 것은 이민족을 가리키는 명칭이었기 때문이라는 추측은 아마도 옳다.

만요가나萬葉假名

만요가나란 한자를 수단으로 왜어倭語(和語)를 표기하는 방법을 총칭한 용어로, 일반적으로는 음가나音假名와 훈가나訓假名로 나뉜다. 음가나는 왜어를 표기할 때 한자음을 사용하는 방식으로, 가차 그 자체다. 흥미로운 쪽은 훈가나다. 예를 들어 사람 이름 중에 '아리마ぁりま'를 '阿利眞'[14]로 표기하는 것은 '아阿'와 '리利'가 한자음을 빌린 반면 '마眞'는 한자음인 '신'[15]이 아닌 새김訓인 '마'를 빌린다. 이것이 훈가나다. 또한 이는 추측건대 조선 반도에서 유래한다는 점, 일본에서는 6세기 후반에 축조된 오카다야마岡田山 1호 고분에서 출토된 철검鐵刀 명문에 새겨진 고유명 '누카타베노오미額田部臣'를 표기한 '各田マ臣'이라는 문자가 현존하는 가장 오래된 훈가나라는 점이 지적되어 있다.(沖森, 2009) 뜻이 아닌 소리를 표기하기 위해 한자의 뜻새김을 이용한 특징을 지닌다.

본래 '훈訓'이란 '훈고訓詁'라는 말에서 알 수 있듯이 한자의 뜻을 설명하는 것이다. 고어를 오늘날에 쓰이는 말로 설명하는 일도 '훈'이며, 한자권이 확대되면서 현지어로 한자를 해석하는 일도 '훈'의 연장선상에서 파악할 수 있다. 또한 현지어에 의한 해석이 한 글자 한 글자에 대해 고정되면 이것이 의미가 되는 동

---

14 '眞'은 한국어에서 '참'으로 뜻을 새길 수 있듯이, 일본어에서는 '마'로 훈독한다.―옮긴이
15 일본에서는 '진眞'을 '신シン'으로 음독한다.―옮긴이

시에 현지어로 읽을 때의 소리가 된다.[16]

'眞'이 왜어로 '마'에 해당한다는 새김이 성립되었다는 것은 왜어의 소리와 의미가 동시적으로 한자와 결합했다는 사실을 의미한다. 뒤집어 말하자면, 해당 문자가 없었던 왜어가 소리와 의미를 동시에 나타내는 문자로써 한자를 이용한 것이다. 범용 문자인 한자는 소리音와 뜻義을 한 글자로 표시하는 것이 가능한 문자(표어문자)이므로 이러한 표어성을 왜어로 실현한 것이 '왜훈倭訓(와쿤和訓)'이다. 표어表語, 즉 문자가 형태소를 나타내기 위해서는 왜어의 음이 거의 고정적으로 쓰이지 않으면 음성 언어와의 대응 관계가 고정되지 않는다. 원초적인 가차와는 반대로 표어 기능을 매개로 표음 기능을 획득한 것이 와쿤이었다.[17]

왜훈[18]이 성립하면서 이번에는 왜훈에 의해 가차가 행해진다.

---

16 예로 천자문 소독에서 "하늘 천, 땅 지, 검을 현, 누를 황, 집 우, 집 주"로 한자를 학습하는 것 또한 한자의 한 글자 한 글자에 대한 현지어의 해석이 고정된 예일 터다.—옮긴이

17 '표어 기능을 매개로 표음 기능을 획득했다'는 말은, 두 단계로 나누어서 생각해보면 쉽게 이해된다. 일본이나 한국의 고유어를 문자로 표기할 수 있다는 의미에서 한자는 표어문자인데(이는 한자가 중국말과 대응하는 측면에서 중국에서도 한자는 표어문자라 할 수 있는 것과 같다), 한자가 각각의 고유 언어에 대하여 표어적인 기능을 가지게 되는 단계를 먼저 생각해보자. 일본어에서 새김 글자가 정착되기 시작한 시기는 6세기 중반으로 추정되는데, 이 시기에 '山'를 '야마(뫼)'로, '手'를 '데(손)'로 읽거나, '야마(뫼)'를 '山'으로 표기하거나 '데(손)'를 '手'로 쓰거나 하는 정착이 보인다. 이렇게 획득한 표어 기능을 매개로 표음 기능을 획득한 것이 와쿤이다. 말하자면 본문에서 저자가 설명하듯이 원래 한자를 설명하거나 해석하던 '훈'에서 더 나아간 상태, 즉 일본어가 획득한 표어 기능을 도구로 하여 '山'이라는 한자를 앞에 두고, 경우에 따라서는 '야마(뫼)'라고도 읽고, 경우에 따라서는 '잔(산)'이라고도 읽는 것과 같은 일본어 방식의 한자 읽기를 넓게 와쿤이라고 한다. 다시 한 번 강조하지만 글자가 지니는 표음, 표어, 표의 기능이라는 것을 각각 다른 것으로 구별하여 생각해서는 안 된다. 말을 특정 글자로 표기하고, 글자를 고정된 음성으로 읽는 현상은 표어와 표음, 표의가 뫼비우스의 띠처럼 어느 지점에서 서로 연결되고 교차되는 감각으로써 상상할 수 있다.—옮긴이

18 앞 단락에서 '倭訓'이라고 한자를 병기했듯이 일본어 훈독인 '와쿤和訓'을 말한다. 용어의 역사성을 중시하여 원문 그대로 '왜훈'이라고 번역한다.—옮긴이

가차의 전통적인 용법에서 '眞'이라는 글자는, 예를 들면 6~8세기에 걸쳐 동남아시아에서 번영했던 '첸라眞臘국의 '眞'처럼 쓰였으나, 이에 비해 '아리마阿利眞'에서 '眞'은 '마'라는 새김을 이용한 가차다. 한자와 왜어倭語 간의 거리가 매우 가까워져서 그 한자를 원래 음으로 읽었는지 아니면 왜어에서 유래한 왜훈으로 읽었는지의 구별이 애매해진 현상으로 파악하는 것도 가능하다. 문자와 지역 음성 언어 간의 결합, 즉 현지화가 급속히 진행된 뚜렷한 예라고 할 수 있다.

그러나 음가나든 훈가나든 만요가나는 한자를 그대로 사용하여 '진가나眞假名'라는 명칭으로도 불렸는데, 이렇듯 고유명사 등의 표기에 한정되면 한자 문장에 섞여 있어도 독해에 별 어려움은 없었다. 하지만 왜어倭語에 대응하는 문장을 쓸 때 진가나를 자주 사용하게 되면서부터는 한자 문장으로서의 전체적인 균형이 깨져 읽기 어려워지는 사태가 발생했다. 와도和銅 5년(712), 오노 야스마로太安萬侶가 『고지키』 서문에서 밝힌 내용도 이러한 곤란함을 표현한 것이리라.(山口·神野志, 1997)

> 상고에는 언어도 그 의미도 소박하여 문장으로 쓰려고 하여도 문자로 표현하기 어려웠다. 모두 훈을 이용하여 기술하면 그 말은 말하고자 한 바와 어긋나버리고 모든 음을 나열하면 서술이 길어진다. 그래서 지금 어떤 경우에는 하나의 구 안에 음과 훈을 섞어 사용하고 어떤 경우에는 하나의 사항을 기록하는 데 모두 훈을 이용하여 기록하기로 한다.

然上古之時 言意並朴 敷文構句 於字卽難. 已因訓述者 詞不

逮心 全以音連者 事趣更長. 是以今或一句之中 交用音訓 或

一事之內 全以訓錄.

한자에는 표어와 표음이라는 두 가지 기능이 있다. 표음이라고 해도 파스파 문자나 한글처럼 음소까지 분절할 수는 없고 음절 단위에 그치는데, 이렇게 되면 음절은 주로 형태소(의미를 갖는 요소)를 뜻하기 때문에 표어 기능에 시선이 집중되는 경향이 있다. 그러나 표음 또한 한자가 지니는 중요한 기능이다. 여기서 야스마로는 표어와 표음 사이에서 서성거린다.

"언어도 그 의미도 소박하여 문장으로 쓰려고 하여도 문자로 표현하기 어렵다言意並朴 敷文構句 於字卽難"라는 문장은 서기 언어의 질서가 확립되지 않은 상태를 가리킨다. 이 서문이 쓰인 8세기, 즉 중국 당대唐代의 문언은 문언으로서의 서기 언어 질서를 가졌으며, 그 안에서 과하거나 부족함 없이 의미 교환이 이루어졌다. 기록하고 싶은 내용이 있을 때 어떻게 엮으면 되는지에 관한 공통된 인식이 있었던 것이다. 그러나 왜어를 기록하는 서기 언어는 그렇지 않았다.

위 인용글에서 '훈'은 훈가나가 아닌 왜어에 대응하는 한자(한어)를 사용한 것, 즉 표어 기능을 가리키는데, 이 대응 관계가 아직 정착되기 전이었으므로 말과 글자의 관계는 불안정했다. 한어의 경우, 한자가 지니는 발음이 구두 언어와 연동되므로 말과 글자의 관계가 지탱된다. 1장에서 논했듯이 문자는 음성 언어와의 결합을 통해서 표어 기능을 견고히 한다. 그러나 여기서의 '훈'이란 아직 소리가 지탱하고 있지 못한 상태다. 이러한 의미에서는 표어가 아닌 표의였다.

한편으로 '음ᅟᅳᆷ'이란 소리를 빌려 왜어를 직접 표기하는 가나다. '새김'만으로는 불안정하고 '소리'만으로는 서기 언어가 될 수 없다. 어느 한쪽만으로 기록하는 일의 곤란함을 밝힌 뒤, 일자일음一字一音으로 '음'을 섞으면서 전체적으로는 '훈'을 중심으로 쓴 것이 『고지키』였다. 표음 문자에 의한 표기 시스템이 보급되고 구어문이 발달한 현대적인 감각으로 보자면, 또는 그 정도까지는 아니더라도 파스파 문자나 훈민정음 식의 발상으로 보자면, 모두 '음'으로 적어서 '서술이 길어진다'고 해도 불합리하지 않다고 할 수 있으나, 8세기 한자권에서 문자가 사용된 상황에 비추어보면 그렇게 해서는 문장으로서의 구성 질서를 이룰 수 없다고 여겨졌다. 문자와 언어, 즉 문자열의 세계와 입말의 세계는 닿아 있으면서도 서로 다른 것이었다.

특권화된 '음音'

야스마로가 쓴 『고지키』 서문에 관해서는 다음 장에서 다른 방식으로 검토하기로 하고, 여기서는 첫 번째 절에 대해 확인해 보기로 하자. 야스마로는 문장을 엮는 일 자체의 곤란함을 밝히면서 "오랜 옛날上古之時"에는 문자로 미처 표현할 수 없는 '말言'과 '뜻意'이 존재했다고 생각했다. 한자라는 문자 질서가 잡히기 이전에 말과 뜻이 존재했다는 주장이야말로 첫 번째 절의 요점이 아닐까? 또한 이 말과 뜻에 다다르는 통로는 새김訓이 아닌 음音에 있다고 여긴 것이 아닐까?

잘 알려져 있듯이 『고지키』에서 '음'은 신의 이름이나 노래를 표기하는 부분에 집중적으로 나타난다. 모두 음성이 주술적인 효력을 표시하는 기능을 한 것으로 짐작된다. 또한 이는 "오랜 옛날"을 상징하는(또는 불러일으키는) 음성이었다고 볼 수도 있다. 훈을 사용하면 "그 말은 말하고자 한 바와 어긋나버리고詞不逮心"라는 말은, 반대로 훈과 음을 한 쌍으로 대치시키는 식으로 표기하면 그러한 폐단을 피할 수 있다는 기대를 낳게 한다. 음은 문장이 될 수 없는 것을 살며시 들여다보는, 그것을 시도해볼 만한 것으로 생각하게끔 하는 수단으로써 존재한다. 바로 여기서 음 표기는 실용적인 것에서 특권적인 것으로 전환하는 계기를 획득하고 있다고 파악할 수 있다.

이러한 점은 『만요슈萬葉集』에서 노래 부분이 새김 자를 주체로 하고 부분적으로 음 표기를 섞는 방식이 다수이며, 일자일음의 진가나로 기록된 부분은 오히려 적다는 것과도 관련이 있다. 음가나든 훈가나든 이러한 방식이 한반도나 일본 열도에서 상당히 빠른 단계에서 실용화되었다고는 하나, 문자 표기에서 음이 중심이 되는 일은 없었다. 만약 가나를 문자 표기의 중심으로 정착시키고자 했다면 신의 이름이든 노래든 그것이 음 표기가 아니면 안 된다는 어떠한 법칙이 필요했을 터다. 『만요슈』에서 일자일음 표기가 매우 의식적으로 채용된 것도 그 때문이다.(沖

森, 2000) 가나가 실용적 수단 차원에서 발생했다는 점은 부정할 수 없으나, 어떠한 국면에 이르러서는 그것이 특별한 것으로 전환되었다는 데 주의하지 않으면 일본어 표기에서 가나의 존재 방식을 이해할 수 없다. 이는 파스파 문자나 한글을 낳은 사고 —글자=소리에의 희구—와도 관련된다고 생각한다.[19]

가나와 초서草書

한자를 그대로 사용하는 진가나는 한자 초서체에서 유래한 초가나草假名로 발전한다. 그러나 이 또한 단순히 적기 쉬워서가 아니라, 중국 육조 시기에 나타난 서사書寫 기교의 발전과 왕희지王義之와 같은 권위 있는 서가書家의 등장과 관련이 깊다. 육

---

19 『만요슈』의 노래 부분을 예로 들어 보충할 필요가 있을 듯하다. "渡津海乃豐旗雲尓伊理比弥之今夜乃月夜淸明己曾(권1·15, 沖森, 2000, 176쪽)"는 총 5구로 이루어진 노래로, 부분 부분을 나누어 노랫말을 붙이면 다음과 같다. "渡津海乃와타쓰미노 豐旗雲尓도요하타쿠모니 伊理比弥之이리히미시 今夜乃月夜고요히노쓰쿠요 淸明己曾기요쿠테리코소/사야니테리코소/마사야카니코소/사야케카리코소." 한글로 발음을 표기한 글자 수에서도 알 수 있듯이, 5·7조의 노래를 한자로 표기한 것이 만요슈의 노래이듯 제1구만 보면 "豐旗雲尓도요하타쿠모니"에서 "豐旗雲도요하타쿠모"까지는 훈가나이고(豐를 '도요' 또는 '유타카', 旗를 '하타', 雲을 '쿠모'로 훈독한다), '니尓'는 음가나다. 그리고 일자일음의 진가나로 기록된 부분은 "伊理比弥之이리히미시"로, 한자가 지닌 뜻과는 상관없이 모두 이, 리, 히, 미, 시라는 음을 한자로 표기한 것이다. 그런데 여기서 마지막 구절인 "淸明己曾"에서 "己曾코소"를 제외한 앞부분인 "淸明"은 아직까지도 어떤 소리를 표기한 것인지 정설이 없으며, 이러한 의미에서 "淸明"에 대한 훈독은 유동적이었다고 말할 수 있다. 즉 훈독이 유동적인 상황에서 위의 "淸明"은 '표의적으로' 사용되었다고밖에 할 수 없다.(沖森, 2000, 177쪽) 그런데 만요가나는 단순히 한자를 수단으로 이용했다고 할 수만은 없다. 저자도 논하고 있듯이 한자를 빌려 쓰는 일을 하다 보면 그렇게 만요가나로 표기하는 것 자체가 중심적인 부분을 차지하는 단계가 오는 것이다. 달리 말하면, 만요가나는 곧 소리를 분명하게 나타내고자 하는 필요성과도 부합하게 되면서 위의 노래 제3구를 예로 들면, '지는 해'를 의미하는 "이리히"라는 말을 항상 "伊理比"로 기록하면 발음도 표기도 안정되지 않을까, 하는 생각을 초래하면서 표기 자체가 고정되는 결과를 낳는 것이다.— 옮긴이

조 시기에는 해서와 초서가 분명히 구별되어 각자 독자적 기법이 발달했으며 따라서 이 둘은 서사 문자로서 나름의 질서를 구성하고 있었다. 양나라 사람 유견오庾肩吾의 『서품書品』은 서書의 두 주류를 예서(해서)와 초서로 보았다.(興膳, 2011) 또한 각각의 서체는 아무 때나 자유롭게 사용할 수 있는 것이 아닌, 공과 사를 구분하여 사용되었다. 음을 표기하는 목적으로 초서를 사용한 것은 이러한 기반 위에서 고안된 것이지, 단순히 한자를 허물어뜨린 것이 아니다.

또한 해서와 초서는 서사 기교로는 상하 차이가 없으며 오히려 일류 서가라면 두 서체에 모두 능숙해야 했음에 주의할 필요가 있다. 뛰어난 초서는 "글자의 체세는 일필로 완성되며 이어지지 않는 부분이 간혹 있다 할지라도 혈맥은 단절되지 않으며, 연결되는 경우에는 글씨의 품격이 행을 사이에 두고 통한다字之體勢 一筆而成 偶有不連而血脈不斷 及其連者 氣候通而隔行"(당나라·張懷瓘, 『서단書斷』)고 이야기되었다. 연결해서 쓰는 초서는 서書의 기운이 막히지 않기에 뛰어난 것이었다. 『서보書譜』를 지은 당의 손과정孫過庭은 왕희지의 초서를 칭양했는데, 이 『서보』 또한 초서로 쓰인 것이었다.(福永, 1971) 즉 새롭게 탄생한 초서라는 서체를 용케 이용한 것이 초가나였다.

표음이 중심이 되면 문자 수가 비약적으로 증가하므로 초서를 사용하는 편이 합리적이라는 측면도 작용했을 터다. 가타카나의 기원이 된 약가나略假名 또한 한자와의 변별성과 서기의 실용성이라는 면에서 약체 한자로부터 생겨난 것이었기에 기능면에서 둘은 공통된다. 어느 쪽이건 한자와는 별개의 질서를 구성하는 문자가 되어 초가나는 한층 더 허물어져 히라가나平假名가 되었으며 약가나는 가타카나로 발전했다.

실용이라는 측면에서 보자면 가나는 어디까지나 음성 언어를 표기하기 위해서 특화된 한자 서체의 한 종류일 뿐 그 이상도 이하도 아니다. 모든 가나는 원칙적으로 그 기원이 되는 한자로의 변환이 가능하다. 또한 가나로 쓰였다고 해서 반드시 일본어 문장和文인 것도 아니다. 약가나는 한문을 왜어 음성으로 읽기 위한 보조 수단이었으며, 초가나로 한자음을 표기한 예도 많다. 히라가나나 가타카나가 널리 쓰이면서부터는 가나의 음성 표기 기능을 활용하여 한자음을 배우기 위해 먼저 가나를 학습하는 시스템이 생겨났다.

가나와 화한和漢

한편 가나는 한자를 표기하는 보조 수단에 그치지 않고 한자 표기와 대치되는 존재로서의 세계를 형성했다. 이러한 대치성은 초가나에서 히라가나로 이르는 과정에서 현저히 나타난다.

앞서 논했듯이 가나 표기, 즉 표음 방식으로 기록하는 일은 문자와 언어 간의 직접성을 보증하여 특권적 성격을 갖는 계기를 함축했다. 이러한 특권성이 가나와 한자를 대조시켜 가나를 화和, 한자를 한漢으로, 마치 화한이라는 이중성이 존재하는 것처럼 간주하는 시선을 낳았다. 그리고 이러한 이중성은 『고지키』

에서 "오랜 옛날上古之時"이 하나의 가정으로 존재하는 것과 같이 허구로 봐야 한다.

허구로서의 이중성은 다양한 국면에서 연출된다. 『고지키』에 등장하는 노래를 보면, 진가나가 노래를 담당함으로써 한자문 세계와 노래 세계가 대치되는 상황이 가능해진다. 물론 기록된 노래는 한자가 가진 가차 용법에 의해 표기된 문자열에 지나지 않지만 표기된 세계의 내부에서는 특권적인 존재처럼 기능한다. 서문에서 특별히 음과 훈의 대비에 관해 논한 것은 이러한 허구 와 무관하지 않다.

더 나아가서 초가나의 특권화가 일어난다. 즉 초가나가 와고和語를 담당함으로써 '와和'다운 성질의 문자화와 정착이 시도된 다. 자주 이야기되듯이 히라가나의 탄생은 '와和'의 탄생이기도 하다. 그러나 '와'다운 성질이 자연스럽게 히라가나를 탄생시킨 것이 아니라 한자라는 문자를 변형하여 이에 스스로를 대치시 키는 작업을 통해 간신히 성립했다는 점을 잊어서는 안 된다.

초가나에서 히라가나에 이르는 이와 같은 흐름에 비하여 약 가나에서 가타카나로 이르는 과정은 어디까지나 한자문의 보조 기호로 기능했으며 화한의 이중성이라는 가상적 구조에서는 한 漢의 쪽에 가까웠다. 근세 후기에는 서구어를 수용할 때에도 요 긴하게 쓰였으며, 메이지 이후에는 외래어를 표기하는 원천이 되었다는 사실도 잘 알려져 있다. 그러나 가타카나가 지니는 이 러한 실용적인 측면도 고정적이지는 않다. 히라가나든 가타카나 든 한자권 내에서의 표음적 표기는 두 가지 층위, 즉 실용적 측면과 관련된 층위 그리고 문자와 언어의 관계와 관련된 층위가 존재한다는 데 유의해야 한다. 바꾸어 말하자면, 한자를 읽고 쓸 수 없는 사람을 위한 문자로서의 측면과, 한어로는 표현할 수 없는 입말을 나타내기 위한 문자로서의 측면이 있다는 말이다.

예를 들면 가마쿠라 시대의 승려였던 지엔慈圓(1155~1225)은 사론서史論書인 『구칸쇼愚管抄』를 가나로 적는 일에 관하여 권7에서 다음과 같이 논한다.(岡見·赤松, 1967)

> 이 책은 가나로 쓰인데다가 말의 쓰임도 비근卑近하나, 그럼에도 여기에는 굉장히 깊은 뜻이 담겨 있는 법이다. 더군다나 이러한 재미있고 이상하며 천박한 방법으로 인심을 끌어내고 올바른 도리를 깨우치고자 일부러 알기 어려운 이야기는 삭제하고 그 의미만을 전달하고자 했으며, 세상의 도리가 순차를 바꾸어가며 만들어지고 세상을 지탱하며 인간을 지켜준다는 점을 말하고자 하는 것이 이 책의 의도다. 만일 나의 본심을 알아채고 이 책에 만족하지 않고 고전을 조금이라도 직접 읽어봐야겠다고 생각하는 사람이 나온다면 그야말로 내가 바라는 바다. (…) 이 책은 쓸데없이 경박스러운 말이 많고 하타토, 무즈토, 기토, 샤쿠토, 교토[아, 막, 꽉, 꼭, 쾅 등과 같이 한자말로 표현할 수 없는 고유어 부사] 등과 같은 표현을 많이 쓰고 있으나 나는 일본어의 본체는 이러한 말에 있다고 생각하는 바다. 한자의 훈은 그 글자의 뜻을 추구해서 해석을 한 것이므로 어떻게 해도 내포된 의미를 모두

표현할 수 없음을 느낀다. 한자로 써도 훌륭한 말이라고 여겨지지 않는, 특별히 내세울 만한 것이 없는 듯한 말이야말로 일본국 말의 본체다.

コレダニモコトバコソ仮名ナルウヘニ, ムゲニヲカシク耳チカク侍レドモ, 猶心ハウヘニフカクコモリタルコト侍ランカシ. ソレヲモコノヲカシクアサキカタニテスカシイダシテ, 正意道理ヲワキマヘヨカシト思テ, タベースヂヲワザト耳トヲキ事ヲバ心詞ニケヅリステ丶, 世中ノ道理ノ次第ニツクリカヘラレテ, 世ヲマモル, 人ヲモル事ヲ申侍ナルベシ. モシ萬ガ一ニコレニ心ヅキテコレコソ無下ナレ, 本文少々ミバヤナド思フ人モイデコバ, イトゞ本意ニ侍ラン. (…) ムゲニ軽々ナル事バ共ノヲ丶クテ, ハタト・ムズト・キト・シヤクト・キヨトナド云事ノミヲホクカキテ侍ル事ハ, 和語ノ本體ニテハコレガ侍ベキトヲボユルナリ. 訓ノヨミナレド, 心ヲサシツメテ字尺ニアラハシタル事ハ, 猶心ノヒロガヌナリ. 眞名ノ文字ニハスグレヌコトバノムゲニタゞ事ナルヤウナルコトバコソ, 日本國ノコトバノ本體ナルベケレ.

"이 책은 가나로 쓰인데다가 말의 쓰임도 비근卑近하나" 도리를 깨우치게 하고자 알기 쉬운 방식을 취했다고 지엔은 말한다. 그리고 혹여나 이에 만족하지 않고 직접 고전을 읽어본다면 그야말로 본래의 뜻에 합당하다고도 말한다. 한편 이런 식으로 사용한 "하타토·무즈토·기토·샤쿠토·교토" 등의 경박스러운 말이야말로 사실은 "화어和語의 본체"이지 않은가. 한자를 훈독하는 말은 한자에 얽매어서 시야가 넓어질 수 없다며, "한자로 써도 훌륭한 말이라고 여겨지지 않는, 특별히 내세울 만한 것이 없는 듯한 말이야말로 일본국 말의 본체"라고 말한다.

알기 쉬움이 곧 화어和語라는 의식으로 이어진다. 가나를 둘러싼 이러한 이중성은, 한자를 난해하고 외래 것으로 파악하는 시선과 정확하게 대치하는 식으로 성립한다.

문자와 문화의식

와슈와 가나는 둘 다 일본만의 독특한 것이라고 생각하기 쉽다. 그러나 한자권에서 문자와 언어의 존재 방식을 넓게 조망해본다면 이 둘이 반드시 일본만의 성질이 아니라는 점을 알 수 있다. 한자로 문장을 쓰는 일 자체에 이미 이러한 체제가 내포되어 있는 것이다.

그러나 이 같은 사실을 지적하는 것만으로는 충분치 않다. 일본 고유의 성질이 아님에도 불구하고 어째서 일본 고유라는 식으로 쭉 인식되어 왔을까? 여기에도 역시 이유는 있다.

한자권에서 문자와 언어 사이에는 필연적으로 거리가 존재하는데, 이것이 의식되기 시작하면 문자와 언어 사이에 거리가 존재하지 않는 직접성을 추구하게 된다. 이러한 기대가 어떤 식으로 구현되는가는 각각의 시대나 지역 특성에 따라 다르리라. 파스파 문자도, 훈민정음도, 문자와 언어 간의 일치를 지향했다.

파스파 문자는 다언어를 처리할 수 있는 문자로 구상되었으며, 훈민정음은 음성을 본뜬 문자로 구상되었다.

일본의 가나는 문자가 도래하기 이전의 일본을 형상화하고 이를 희구하는 계기로 정착해 갔다. 히라가나는 한자를 학습하기 전 단계에서 배워야 할 문자인 동시에 마음에 직접 떠오른 말을 표현하는 문자가 되었다. 여기서 마음속 말로서 와고라는 개념이 형성되었으며 자연스러우면서 그 자체로 존재하는 일본이라는 관념이 성립한 것이다.

보조적 수단으로 성립한 가나가 장기간에 걸쳐 널리 사용되어 온 것은 이러한 가상적 구조가 일찌감치 성립했기 때문이라고 여겨진다. 와카和歌[20]나 가나 문학의 발전은 단순히 가나 사용의 계속성을 보증한 게 아니라 화한和漢이라는 대비 속에서 가나가 한자와는 다른 질서를 갖는 문자라는 점을 드러냈다.

근대에 들어오면서 한글이 널리 사용된 가장 큰 이유는 한글이 민족의 상징으로 재발견되었기 때문임을 부정할 사람은 없을 것이다. 거꾸로 보자면, 일찍이 한韓과 한漢의 대비와 같은 성질 속에서 훈민정음이 정착되었다면 그 보급은 더 빨랐을지도 모른다. 한자권에서 문자와 지역 언어의 관계를 논할 때 그 지역에서 생성된 문화 의식을 빼놓을 수는 없다.

---

20 일본 문학에서 가장 오래된 역사를 지닌 시가 형태로, 한시에 대한 일본 열도의 노래를 일컫는다. 고대에는 단순히 '歌우타(노래)'라고 불렸으나 『만요슈』에서는 '漢詩가라우타(한시)'와 구별된 '倭謌야마토우타'라는 명칭이 보이며, 헤이안시대 이후에는 이 '야마토우타'에 '和歌'라는 한자를 붙이는 것이 통례가 되었다. 즉 『만요슈』에 나오는 '和歌'라는 명칭은 '和歌고타우루우타(답하는 노래)' 등으로 훈독했으며, '와카'의 의미는 '倭謌'라는 한자 표기가 담당하고 있었다.—옮긴이

제 3 장

문자를
소리 내어 읽는다 :

훈독의 음성

훈독 부정

훈독과 번역

예전에는 훈독을 일본만의 독자적인 기법으로 파악하던 경향이 있었지만, 최근에는 한자권에서 보편적으로 나타난 현상으로 이해되고 있다.(김, 1988; 김, 2010; 中村 외, 2008; 中村 외, 2010) 이 장에서는 이러한 연구 성과에 입각하여, 사실 지적에만 머무르지 않고 이러한 현상을 낳은 구조는 어떠한 것이었는가, 훈독이 한자권에서 널리 보인 현상이었다고 해도 일본에서 특히 장기간에 걸쳐 계승되고 정착하게 된 원인이 무엇인가에 관하여 생각해보자.

먼저 무엇보다도 훈독은 한자 세계에서 문文과 말言의 관계, 즉 쓰인 것과 발화된 것 사이의 관계로 파악할 필요가 있다. 일반적으로 훈독은 번역의 일종 혹은 아종亞種으로 여겨지는 경우가 많으나, 먼저 번역(구두 언어 간의 통역)과 훈독(서기 언어의 현지화)을 같은 행위로 파악해도 되는지를 물어야만 한다. 근대에 등장한 언문일치체는 구두 언어와 서기 언어 간의 거리를 좁혀서 양자 간의 본질적인 차이를 찾지 않는 것을 전제로 성립했으며, 훈독을 번역의 일종으로 파악하는 사고 또한 이러한 관념을 배경으로 한다. 즉 현대 번역론은 근대 유럽의 언어관과 언문일치체(근대문近代文)를 전제로 한 이론으로, 애초에 훈독과 같은 행위는 상정하지 않는다.

현재 우리는 문文과 말言의 거리가 매우 짧은 시대를 살고 있기 때문에 문장과 말 사이의 관계에 대해 그다지 의식하는 일은 없다. 발화된 말을 어느 정도 정돈하면 그대로 문장이 되어버린다. 물론 문장에는 문장 나름의 규칙이 있으며 정돈 방식도 다양하나, 문장과 구어가 과거만큼 다르지는 않다.

그러나 근대 이전의 한자권에서는 대개 한자로 쓰인 문장(서기 언어)과 각각의 지역에서 발화되는 말(구두 언어)에는 일정한 거리가 있었다. 좀더 정확히 말하자면, 서기 언어는 계층화되어 있었으며 그중에서도 정격이라 불린 문장(고전문)은 구두 언어와 반드시 거리를 유지했다. 구두 언어에 가까운 문장, 즉 백화白話나 가나문 혹은 한글은 그 거리가 가까웠기에 정격으로 취급되지 않았다.

이러한 세계였기 때문에 생겨난 행위가 훈독이다. 그것은 한쪽에 존재하는 문자의 나열을 읽는 자가 사용하는 언어와 어떻게 관련지어서 읽을 것인가 하는 행위였으며, 따라서 쓰인 것(문장)과 발화된 것(언어)의 괴리가 전제되어 있었다. 이러한 의미에서 훈독은 번역과는 이질적인 성질을 핵심에 둔다. 번역이란, 단적으로 말해서 언어와 언어 간의 변환이며 문자라는 인자가 없어도 그 행위가 성립된다. 영어를 일본어로, 일본어를 중국어로, 이러한 언어상의 변환이 곧 번역이라는 설명에 반대할 사람은 없다.

확실히 훈독을 번역으로 파악하는 사고, 즉 어떠한 변환이 거기에서 일어났다고 상정하는 사고는 어느 정도 유용하다. 왜냐하면 전통적인 훈독은 한문을 소리 내어 읽는 기법이라고만 인식하는 경우가 많으며, 이러한 인식 아래에서 훈독은 원문의 의미를 그대로 전달한다고 오해되기도 하여서, 의미 대응뿐만 아니라 훈독에 의한 의미 변환까지 일어나는 가능성에 자각적이지 못한 경우가 많기 때문이다.

그러나 그것이 단순한 의미에서의 대응이나 변환을 의미할까? 훈독을 번역이라고 파악한다면 의미 변환이 되겠으나, 훈독은 오히려 문자열을 계기로 의미를 창출하는 행위처럼 여겨진다. 훈독=번역이라고 말해버리면 그 과정이 잘 보이지 않을 것이다. 이러한 점을 밝히기 위해서 우선 훈독을 번역이라고 파악하는 논의에 관해 검토해보자.

오규 소라이의 훈독론

전형적인 예로 오규 소라이荻生徂徠(1666~1728)의 훈독론에 관하여 생각해보자. 이는 문자와 언어 간의 거리를 언어와 언어의 거리로 대치시켜서 훈독을 번역 문제로 접근함으로써 훈독의 전경화前景化를 초래했다. 『야쿠분센테이譯文筌蹄』제언 제2측에서 그는 다음과 같이 말한다.[1]

이곳 학자가 이곳 말로 책을 읽음을 가리켜 와쿤和訓이라고 일컫는다. 이는 훈고의 뜻에서 취했으나 실은 역譯인데 사람들은 이것이 역임을 알지 못한다. 고인이 말하길 책을 천 편 읽으면 그 뜻이 스스로 보인다고 했다. 내가 어릴 적에 계속 읽어도 고인이 말하는 그 뜻을 알지 못하여 대체 어떻게 하면 제대로 읽을 수 있는가 의심했다. 중화에서는 독서할 때 종두직하從頭直下[쓰인 것 그대로 읽어 내려가는 일]하기 때문에, 이것이 사람이 오로지 불경 다라니陀羅尼[번역하지 않고 음독하는 범문]에 전념하여 그 의미를 알지 못하고 읽는 것과 다름을 알 수 없었다. 이곳의 독법, 즉 순역회환順逆迴環[훈독처럼 순서를 바꾸어 읽는 일]하여 중화 문자에 반드시 이곳 말을 붙여서 읽는 방법이니, 읽는다는 것은 즉 안다는 것이므로 알지 못하면 읽을 수 없다. 그야말로 와쿤이라는 명칭이 합당하며 배우는 자에게도 이것이 또한 힘을 쏟기에 쉬우니라. 그러나 이곳에는 이곳에서 유래한 언어가 있으며 중화에는 중화에서 유래한 언어가 있어, 그 체질이 본래 다른 것을 무엇으로 합치하랴. 와쿤으로 순서를 달리하여 읽

---

1 『譯文筌蹄』의 인용은 『漢語文典叢書』(吉川 외, 1979), 쇼토쿠正德 5년(1715) 간본刊本 영인본 수록에 의거했으며, 가에리텐 및 오쿠리가나는 생략했다. 이하 같음.

음으로써 그 뜻을 통하게 한다고는 하나 실은 억지다.

此方學者 以方言讀書 號曰和訓 取諸訓詁之義 其實譯也 而人
不知其爲譯矣. 古人曰 讀書千遍 其義自見. 予幼時 切怪古人
方其義未見時 如何能讀. 殊不知中華讀書 從頭直下 一如此方
人念佛經陀羅尼 故雖未解其義 亦能讀之耳. 若此方讀法 順逆
迴環 必移中華文字以就方言者 一讀便解 不解不可讀. 信乎和
訓之名爲當 而學者宜或易於爲力也. 但此方自有此方言語 中
華自有中華言語 體質本殊 由何脗合. 是以和訓迴環之讀 雖若
可通 實爲牽強.

'차방此方', 즉 일본의 배우는 자들은 이 지역의 말인 '방언(와
고)[2]로 쓰고 읽는 일을 '와쿤和訓'이라고 말한다. 이는 '훈고', 즉
문자를 해석한다는 뜻에서 취한 말이지만 실제로는 '역譯'임을
사람들은 모른다고 소라이는 말한다. 2장에서 논했듯이 원래 '훈
고'란 뜻을 알기 어려운 고어를 보다 쉬운 말로 해석하는 행위
로, 특정 글자를 다른 글자로 설명하는 형식이 많다. 예를 들면
"流, 求也"(『毛詩訓詁傳』, 周南, 「關雎」)라고 함으로써, '流'라는 글자
를 보다 일반적인 글자로 해석하면 '求'가 된다는 식이다. 이에
비해 '와쿤'은 한자를 현지어인 와고로 해석하는 행위다. 둘 다
해석이라는 점에서는 같으나 '훈고'는 한자와 한자, 즉 동일 언

---

2 소라이의 한문 문장에 나오는 개념은 한자 그대로를 음독해서 번역해야 하나, '和語'를 음
독 그대로 '화어'라고 번역하면 '중국말'과 혼동하기 쉽기에 일본말을 뜻하는 경우에는 모두
'와고'로 통일해서 번역한다. 다음에 나오는 '화훈'도 마찬가지로 일본어로 훈독하는 행위를
뜻하나, 여기서는 '화'라는 음독자를 피하여 와쿤으로 직역한다.—옮긴이

어 간의 해석을 말하며 '와쿤'은 다른 언어 간의 해석이라는 점에서 그 성질이 다르다고 소라이는 말한다.

나아가 소라이는 천 권의 책을 읽으면 저절로 뜻을 알게 된다는 말을 어릴 적에는 이해할 수 없었다고 말한다.[3] 뜻을 모르는데 읽을 리가 없으며 알기 때문에 읽을 수 있다고 생각한 것이다. 그러나 자라면서 중화에서는 문자열을 어순 그대로 읽기에 뜻을 몰라도 읽을 수 있지만 일본에서는 중화 문자를 이 지방 언어의 어순으로 고쳐 읽기 때문에 의미를 모르고선 읽을 수 없음을 깨달았다. '이곳'에서 '중화' 문자를 읽기 위해 취하는 '와쿤'이라는 방법은 문자열을 '방언', 즉 와고의 순서로 고치기 위한 과정으로, 이를 위해서는 문자열을 해석하는 행위가 전제된다. 이 때문에 "읽는다는 것은 안다는 것이며一讀便解" "알지 못하면 읽을 수 없다不解不可讀." '훈'이란 본래 문자를 해석하는 일을 가리키므로("取諸訓詁之義") 문자열 해석이 불가피하다는 점에서 와고로 한적을 읽는 일을 '와쿤'이라고 칭하는 것은 옳으며("信乎和訓之名爲當"), 그것은 배우는 자에게도 적절하고 쉬운 방법이다("學者宜或易於爲力也"). 그러나 여기에 그쳐서는 안 된다고 소라이는 말한다. 읽어야 할 한적의 문자열은 어디까지나 '중화 언어'이며, 이를 '이곳 언어'의 통사 구조에 따라 읽는 "화훈회환지독和訓迴環之讀"으로 해석하는 것은 통하는 것 같으면서도 실은 무리가 있다.("雖若可通 實爲牽強") '훈'이라고는 하지만 실제로는

---

3   주희, 「訓學齋規」, 讀書寫文字第四에 "古人云, 讀書千遍, 其義自見"라고 있다. 『삼국지』 「魏書」 권13, 裴松之注引, 「魏略」에 董遇의 말로 "讀書百遍而義自見"이라고 있음에 그 근거를 둔다.

중화 언어를 일본 언어로 변환하는 일이므로("其實譯也") '훈'이
아닌 '역'에 철저해야 한다는 것이 소라이의 주장이었다.

소라이는 '훈'을 '불완전한 역'으로 위치 지음으로써 사람들
로 하여금 더 완전한 역으로 나아가도록 촉구했다. 제4측에서는
'와쿤'과 '역'은 다르지 않다고도 말한다.("曰和訓曰譯 無甚差別")
다른 점이 있다면 와쿤은 고대 귀인의 입으로부터 나온 것으로
조정에서 암송된 것이며, 비속함을 가려낸 아언雅言이라는 점뿐
이다.("但和訓出於古昔搢紳之口 侍讀諷誦金馬玉堂之署. 故務揀雅言
簡去鄙俚")

단, 쓰는 행위라고는 하나 "고대 귀인의 입으로부터 나왔다"거
나 "시독풍송侍讀諷誦"이라고 말하듯이, 소라이도 문자열을 일정
한 음성에 결합시키는 일이 와쿤을 가능하게 한다는 인식을 가
지고 있었다. 즉 와고로 한문을 읽는 와쿤이라는 행위에서 '해석
解'과 '읽는 일讀'이 불가분의 관계에 놓이는 것이다. '읽는' 행위
는 발음이며 '해석'은 의미다. '훈'에서는 발음이 중요한 의미를
가진다. 현대 번역 이론은 음성을 거의 고려하지 않는데, 이는
묵독을 전제로 한 근대적 언어관에서 비롯된 것이다.

그러나 소라이는 와쿤에서 '시독풍송侍讀諷誦'을 빼고 '역'을
지향한다. 그가 역점을 둔 것은 '역'이었지 '읽는 행위'는 아니었
다. 그는 나은 '해석解'을 위해서 '독讀'을 수반하는 '훈訓'에 기대
지 않으며, 중화 언어와 이곳 언어와의 차이를 명확하게 의식하
고 역譯에 의한 해석解을 추구하는 방향으로 나아간다. 이렇게
되면 문자열을 음성화하는 '읽는讀' 행위 없이 서적은 어떻게 다

루어야 하는가? 이에 대한 해답은 '간서看書'였다. 제6측에서 다음과 같이 말한다.

> 중화 사람이 곧잘 말하길, "독서, 독서"라 한다. 내가 생각건대 책을 읽는 것과 책을 보는 것은 같지 않다. 이는 중화와 이곳 말이 같지 않음에서 비롯하는 것으로, 그러므로 이곳은 귀와 입이 함께 힘을 얻지 못한다. 단 한 쌍의 눈만은 삼천 세계의 사람 모두가 같으며 다를 것이 없다. 한 번 독송으로 건너가면 곧 와쿤을 하고 순서를 바꾸어 읽는다. 또는 종두직하하여 부처의 경을 외는 방법도 태어나면서 얻은 말소리가 아니기에 반드시 사념에 잡혀버린다. 조금이라도 사념이 생겨버리면 무엇에 의거해서 자연스레 중심을 얻을 수 있으랴.
>
> 中華人多言 讀書讀書. 予便謂讀書不如看書. 此緣中華此方語音不同 故此方耳口二者 皆不得力. 唯一雙眼 合三千世界人 總莫有殊. 一涉讀誦 便有和訓 迴環顚倒. 若或從頭直下 如浮屠念經 亦非此方生來語音 必煩思惟 思惟纏生. 緣何自然感發於中心乎.

책은 읽는 것이 아니라 보는 것이다.("讀書不如看書") '중화'와 '이곳'은 말소리語音가 다르기에 '이곳'의 귀나 입은 도움이 되지 않는다. 그러나 눈은 다르다. 눈이라면 중화와 일본, 아니 전 세계가 다를 것이 없다. 글자는 글자로서 당연히 같은 형태로 보이는 법이다. 그러나 '독송讀誦'해버리면 와쿤이나 가에리요미返讀 [한문을 훈독할 때 아랫글자에서 윗글자로 순서를 바꾸어 읽는 것] 때문에 직접성이 훼손되며, 불경처럼 음독해도 태어나면서부터 습득한 음성이 아닌 이상 아무래도 머리로 생각하게 된다. 그렇게 되면 이 역시 직접성이 훼손되어서 마음을 움직이는 것을 얻을 수 없다. 소라이는 이렇게 말하는 것이다.

현지어로 '읽는' 행위를 배제하고 문자 그 자체를 직접 '이해'하는 일이야말로 소라이가 지향한 역譯이었다.[4] '읽는' 행위를 방기하고 훈訓에서 역譯으로 전환하는 일. 여기에 서적은 모두 문자, 문자는 모두 중화 언어("蓋書皆文字 文字卽中華語言", 제3측)라는 인식이 있다.

문자가 언어 그 자체라면 이를 음성화하지 않아도 문자로부터 직접 역譯을 낳는 것이 가능하다. 문자가 언어 그 자체라면 문자, 즉 중화 언어와 일본 언어는 등가 관계에 놓이고 이로써 번역이 가능해진다고 말할 수 있다. 철저한 안광지배眼光紙背, 이것이야말로 진정한 번역을 가능케 한다.("譯之眞正者 必須眼光透

---

4 田尻祐一郎, 「〈訓讀〉問題と古文辭學: 荻生徂徠をめぐって」(中村 외, 2008)는 소라이가 화음에 의한 음독을 가장 근본적이었다고 한 요시카와 고지로吉川幸次郎의 설에 대하여, 이 '간서看書'론에 주목함으로써 유효한 반박을 가했다. 또한 '역譯'을 "속어로 바꾼다"는 설에 관해서도 "주어진 한문을 '당인唐人'의 다원적 언어생활 안에서 적확하게 읽고, 이와 똑같이 자신들의 다원적인 언어생활 속에서 상용하는 말로 바꾸어가는 작업이 '역'인 것이다"(231쪽)라고 정정을 제기한다. 동의할 만하리라. 단, "一涉讀誦 便有和訓 迴環顚倒"에 관하여, "가에리텐 등을 사용한 음독조차도 공로가 인정된다고 말하고 있다. (…) '쌍안雙眼'에 의한 '간서看書'로 인정人情에 가까운 역을 얻으면 이를 가에리텐 등을 써서 '迴環顚倒'하여 음독하면 되는 것이다"(244쪽)라고 해석하는 것은 타당하지 않다. '一~, 便~, 若~, 亦~'란 '~하면 ~가 되고, ~하여도 ~가 된다'는 말이기에, 소라이는 오히려 훈독도 음독도 '독송讀誦'은 폐해가 크다는 점을 말하고 있는 것이다.

唔背者始得", 제6측) 여기에 문자의 음성화는 존재하지 않는다. 소라이가 훈독을 부정한 문제의 핵심은 바로 여기에 있다. 또한 음성을 개입시키지 않고 의미를 이끌어내는 것이 가능하다는 것은 근대 번역론과 공유하는 인식이다.

소라이는 고대 성현의 문장은 성현이 하는 말 그대로라고 생각했다. 물론 이러한 인식은 소라이만 가졌던 것은 아니다. 애초에 '독서', 즉 독송讀誦의 중요성을 설파했던 성리학도 그렇게 생각했다. 예를 들면 주희는 "'귀에 곧잘 들어오고 마음으로 이해되며 자기의 말로 읊는 듯하'고 하는바, 노력을 다하면 성현의 말을 읊는 것이 대개 자기의 말과 같게 된다"("'耳順心得 如誦己言' 功夫到後 誦聖賢言語 都一似自己言語", 『주자어류』 권10 「독서법」 상, 제95측, 興膳 외 2009)라고 말한다. "귀에 곧잘 들어오고 마음으로 이해되며 자기의 말로 읊는 듯하"라는 표현은 윤돈尹焞의 독서에 관하여 그 문인이 평한 말로, 주희는 이를 인용하여 제자들을 가르쳤다. 이는 경서 문장이 곧 '성현의 말聖賢言語'이라고 여긴 증거이리라. 여기에서 '문자'와 '언어' 간의 거리는 고려되지 않는다. 그렇기에 소라이도 지적했듯이 독서, 즉 문자열을 소리 내어 읽는 행위가 성현에 다가가는 최상의 방법으로 강조된 것이다.

이러한 인식을 표면 그대로 받아들인다면 경서에 담긴 문장은 그 당시의 구두 언어와 가까운 것이라고 파악될 수 있다. 오늘날에도 일반적으로는 그렇게 생각될지도 모른다. 그러나 과연 문장이란 구두 언어를 서기로 표현한 것일까? 또한 여기서 말하는 '송誦'이란 단순히 말을 입 밖으로 내뱉는 일만을 가리킬까?
좀더 과거로 돌아가서 생각해보자.

『논어』의 리듬

문자의 언어화

물론 언어는 문자에 선행하여 존재해왔다. 언어를 갖지 않은 사회는 없으나 문자 없는 사회는 있다. 그렇기에 언어를 표현하기 위해 문자가 생겨났다고 생각하는 경우가 많다. 확실히 문자가 기호 일반과 구별되는 일반적 기준은 언어와 긴밀한 관계를 맺고 있는가의 여부다. 문자는 일정한 질서를 따라 문자열로 배치되면서 비로소 기호가 아닌 문자로 인식되며, 배치 질서는 언어와 어떤 식으로든 관계를 맺는 것이 통례이리라. 그러나 이것이 곧 문자가 언어 때문에 존재함을 의미하지는 않는다.

단적으로 말하자면, 문자열이 갖는 질서가 그 언어의 통사적 구조와 서로 닮은 것은, 일상적으로 사용하는 언어 구조에 따라서 문자열을 배치하는 것이 효율적이기 때문이다. 복잡하게 조합된 의미를 표현하는 문자열을 이해하기 위해서는 문자열 배치 규칙을 이해하지 않으면 안 된다. 그러기 위해서는 이미 습득한 언어의 통사적 구조에 준거하는 것이 확실하다. 이는 정확하게 소라이가 '와쿤'에서 느낀 위화감과 표리일체한다. 그러나 문자열의 질서가 그 언어의 통사적 구조를 본뜨고 있다고 해서 문자열이 곧 발화되는 언어 자체를 의미하는 것도 당연히 아니다. 또한 구두 언어를 표기하기 위해서 문자가 생겨났음을 의미하지도 않는다.

제1장에서 논했듯이 갑골문자로 쓰인 문장은 점복을 행한 날짜와 집행관의 이름(전사前辭), 점복의 내용(명사命辭), 점괘의 판단(점사占辭), 점복의 결과(험사驗辭)라는 구성을 지니며, 동사 뒤에 목적어를 배치하는 등 문언(고전문)과 구조가 같으므로 이체異體가 많은 자형을 금문 등의 후대 문자로부터 유추해서 해독할 수 있다면 그 뜻을 파악할 수 있다.

그러나 이들 문장을 어떻게 음성화할 것인가에 관해서라면 매우 곤란한 일이라 할 수 있다. 음을 유추할 수 있는 형성자와 같은 글자가 적고 운문韻文을 기록했다고 보기 어려우므로 운율로 그 당시 음을 재구성하는 수단도 결여하고 있다. 문자와 구두 언어 간의 거리가 매우 멀었다고 보아야 한다.

이미 설명한 바와 같이, 금문에서 전국시대의 문자로 전개되는 과정에서 문자는 구두 언어와의 대응을 견고히 하면서 문자로서의 표기 시스템을 확립했으며, 중국 대륙 대부분을 망라하는 넓은 권역, 즉 한자권이 형성되었다. 그리고 많은 입말이 문자화되었으며 서적이 되었다. 유가 경서, 제자백가서, 역사와 설화가 간독簡牘[종이가 없던 당시 중국에서 글씨를 쓰는 데 사용한 대쪽과 얇은 나무쪽]과 같은 매개를 통해 기록되었으며, 수장收藏되어 전파되었다. 통치는 문서 행정을 통해 이루어졌으며, 이렇게 형성된 한자권은 동시에 한적의 유통권이기도 했다.

이 권역에서 중요한 역할을 했던 것이 '사士'라고 불리는 계급이었음은 앞서 논했다. 이들은 문자와 구두 언어 간의 관계에도 큰 역할을 했다. 통치를 담당하는 신하로서 왕을 섬기려면 문서를 읽고 쓸 줄 알아야 함은 물론이고 자신의 생각을 왕에게 호소하는 변설의 기술도 요구되었다. 전국 시기에 활약한 제자백가의 서적은 문답식으로 설득하는 형식을 취했으며, 이렇게 하여 구두 변설하기에 좋은 문체가 확립되었다. 이전 시대의 문체를 전하는 『상서』와 같은 책에 비하여 제자백가 서적이 훨씬 이해하기 쉽다는 점은 누가 보아도 틀림이 없다. 말의 기운이나 억양을 표시하기 위해서 많은 조사가 사용되었고 이러한 문체는 이후의 고전문에도 계승되었다.

의례의 언어

그렇다고 해서 제자백가의 서적이 그들의 일상 언어를 그대로 옮겼다고 볼 수는 없다. 『논어』의 문장을 떠올려보아도 대구對句가 많이 사용되거나 리듬이 고려되는 등 문체가 상당히 정돈되어 있음을 알 수 있다. "공자가 말하기를, 배우고 때때로 익히면 이 또한 즐겁지 아니한가? 먼 곳에서 찾아올 친구가 있으니

이 또한 즐겁지 아니한가? 남들이 알아주지 않아도 화내지 않으면 이 또한 군자라 할 수 있지 않겠는가?子曰 學而時習之 不亦說乎. 有朋自遠方來 不亦樂乎. 人不知而不慍 不亦君子乎"라는 말머리 문장은, 확실히 음성으로 소리 내어 읽힌 문체이기는 하나, 일상어 그대로는 아니다. '而'나 '不亦~乎' 등이 불러오는 억양은 일정한 형식을 가진바, 말하자면 구상口上[많은 사람 앞에서 선대의 이름을 피로하거나 제목의 유래를 설명하거나 출연자를 소개하는 것]으로서의 구두 언어인 것이다. 중국 고전문을 이루는 기본적인 문체가 전국시기에 형성되었고, 그것은 분명히 문자를 언어화하는 과정에서 생겨났다고 볼 수 있다. 그러나 그 언어화의 실상을 고찰하기 위해서는 구상으로서의 구두 언어를 포함하지 않으면 안 된다.

사실 입말을 직접화법으로 기록하는 문체는 제자백가로부터 비롯된 것은 아니다. 왕의 언행록인 『서書』(『상서』)는 물론이고 청동기에 주조된 명문銘文도 처음에는 제작 유래를 기록했으나 점차 왕이나 신하의 말을 '왈曰'로 인용하는 형식으로 퍼져갔다는 사실이 지적되어 있다.(松井, 2009) 이들 명문은 관직을 받는 책명冊命(策命)의 의례 등을 재현하는 식으로 기록되었으며, 이러한 의식에서 입으로 표현된 말은 일상 언어와는 다른 효력을 지니는 것이었다. "책명을 둘러싼 모든 행사에서는 의례 장소에서 발설되는 말이 큰 힘을 지니고 있었다. '명命'의 내용도 주왕의 말이 입 밖으로 표현되면서 처음으로 효력을 지니게 되었고 축사 또한 참가자들이 큰 소리로 합창했을 것이다. 의례의 핵심 내용이 적힌 책서를 주고받는 행위 역시 침묵 속에서 이루어지는 후세의 문서 전달 행정과는 성격이 크게 달랐을 것이다."(小南, 2006, 147쪽) '왈'이라는 직접화법은 이러한 의례적 구두 언어를 기록하는 것에서 시작되었으며, "선조 제사 때에 바치는 청동기에 주조된 왕의 말 또한 단순한 사실 기록으로 묵독된 것이 아니며, 제작자의 정치적 지위가 유효하다는 점을 의례적인 장소에서 확인했음을 재현(재연)하는 것으로서 몇 번이고 소리 내어 읽었다"(松井, 2009, 173쪽)고 추측된다. 여기에는 '읽는' 행위의 기원과 핵심이 드러나 있다. 특별한 말이 입 밖으로 표현되고 문자라는 형태로 전달되어 이것이 또다시 구두로 읽히는 행위를 통해 그 효력이 발휘된 것이다.

변설의 언어

그렇다면 제자백가의 변설 또한 일상 회화와는 다른 발성과 억양을 수반하는 하나의 기술이었음을 상상하기란 어렵지 않다. 『논어』의 말머리 문장에서도 '不亦~乎'를 세 번 연달아 적는 형식은 그 말이 구두로 발화되었음을 강하게 연상시키지만, 이 역시 일상적 구두 언어가 아닌 연기적 성격을 지니는 구두성이다. 예를 들면 「자로子路」편에 나오는 다음과 같은 문답을 보자.

> 자공이 물었다. 어떤 사람을 '사士'라고 말할 수 있습니까?
> 공자가 말하기를, 부끄럽지 않은 행동을 하며 사신으로 가
> 서 군주의 명을 욕되게 하지 않는 이야말로 '사'라고 할 수

있다. 그다음의 조건을 여쭙겠습니다. 종족으로부터 효孝라고 칭해지고 가까운 사람들로부터 공손하다고 칭해지는 자다. 그다음을 여쭙겠습니다. 말한 것은 지키며 행동이 과감하며 원만하지 않은 소인이기는 하나, 이런 자는 다음에 위치할 만하다 하겠다. 지금 정치를 행하는 자는 어떻습니까? 공자가 말하길, 아, 도량이 좁은 그런 자들은 말할 것이 못 된다.

子貢問曰 何如斯可謂之士矣. 子曰 行己有恥 使於四方 不辱君命 可謂士矣. 曰 敢問其次. 曰 宗族稱孝焉 鄉黨稱弟焉. 曰 敢問其次. 曰 言必信 行必果 硜硜然 小人哉 抑亦可以爲次矣. 曰 今之從政者何如. 子曰 噫 斗筲之人 何足算也.

 이 장을 읽어보면 공자의 답변이 처음에는 4구, 다음은 5구, 그리고 그 다음은 3구, 마지막은 4구로 정돈되어 있음을 알 수 있다. 또한 "종족칭효언宗族稱孝焉 향당칭제언鄉黨稱弟焉"과 "언필신言必信 행필과行必果"는 명확한 대구를 이루고 있다. 그리고 "감문기차敢問其次"라는 구절 반복은 장 전체의 리듬을 구성한다. 한편 "하여사가위지사의何如斯可謂之士矣"나 "억역가이위차의抑亦可以爲次矣" 등의 경우 조사를 충분히 사용한 표현은 마치 문답하는 장소에 있는 듯한 효과를 발휘하며, 마지막에는 "희噫"라는 탄식까지 사용하고 있다. "하여사가위지사의"라는 구절은 「자로」편의 다른 장에도 보이는 만큼 상투적인 표현이었던 것으로 추측된다. 이러한 표현은 공자의 가르침이 이루어진 곳에서 쓰인 연기적 문답법으로, 선비라면 이에 숙달되는 것이 중요한 요건이었다. "부끄럽지 않은 행동을 하며 사신으로 가서 군주의 명을 욕되게 하지 않는다使於四方 不辱君命"라는 말은, 그 구절 자체로 정연된 말이면서 동시에 사신으로서 선비는 정연된 말을 할 책무가 있음을 표현하고 있다.

「자로」편에는 "使於四方"이라는 말을 포함하는 장이 또 있다.

> 공자가 말했다. 『시』 삼백 편을 암송한들 행정을 맡아 제대로 하지 못하고 사방에 사신으로 보내져도 자신의 판단으로 대응하지 못한다면 시를 많이 아는 것을 무엇에 쓸 것인가.
> 子曰 誦詩三百 授之以政 不達 使於四方 不能專對 雖多 亦奚以爲.

이와 같은 공자의 말에서 『시경』은 단지 시구를 암송하기 위한 것이 아니라 응용해야 할 말들의 집적으로 인식되었다는 사실을 짐작할 수 있다. 형병邢昺은 "옛날에는 사신이 다른 나라로 가서 제후의 회합이 있으면 시를 지어서 의사를 논했다古者使適四方 有會同之事 皆賦詩以見意"고 말했으며, 실제로 『춘추좌씨전』 등의 문헌에 비추어보면 이러한 예는 충분하다. 이러한 점을 고려할 때 외교 장소에서 임기응변으로 『시』의 구절을 쓸 수 있는 자가 '전대專對[사신을 말함]'였을 것이다. 또한 "수지이정授之以政"이란 문서나 포령을 통해 정치 실무를 관장하는 것이나 이에 '달하지 못하는 것不達' 또한 문서 작성 현장에서 『시』의 말을 자유자재로 구사하지 못함을 의미한다고 할 수 있겠다.

『시詩』의 말

　『시』는 4구를 기조로 하는 운문으로, 고대에는 가장 정연된 음성 언어였다. 이를 자유자재로 구사하는 것이 사士의 요건이었으며, 독송讀誦이 수련 방편이었다. 공자가 제자인 백어伯魚에게 논한 "시를 배우지 않으면 말할 수 없다不學詩 無以言"(「이씨李氏」편)라는 유명한 구절도 '언言'이 어떠한 것이었는가를 시사한다. 공식적인 자리에서 바른 말을 하는 행위가 '언'이며, 이는 의례에서 사용되는 말을 계승한 것이리라. 공문사과孔門四科의 하나인 '언어'는 변설을 뜻하는데, 이는 단순히 말을 잘하는 능력이 아니라 정연된 말을 임기응변에 사용하는 능력을 가리키는 것이었다.

　'언어'에 탁월했다고 하는 자공은 공자에게 대답할 때 『시』 위풍衛風 「기욱淇奧」의 구절인 "여절여차如切如磋 여탁여마如琢如磨"를 구사함으로써 공자로부터 "사(자공의 이름)야, 너라면 함께 『시』를 말할 수 있겠다. 지나간 것을 말해주니 도래할 것을 아는구나賜也 始可與言詩已矣. 告諸往而知來者也"라는 칭찬을 받았다. 또한 자하子夏에도 다음과 같은 이야기가 있다.(「팔일八佾」편)

　　자공이 묻기를, '고운 얼굴에 어여쁜 미소, 흑백이 선명하여 아름다운 눈, 소를 가지고 채색을 한다'란 무엇을 말하는 것

입니까. 공자가 말하기를, 그림이라는 것은 흰 것이고 색은
나중에 입히는 것이다. 대답하기를, 과연 그렇군요. 예가 뒤
에 오는 것이네요. 공자가 말하기를, 나를 놀라게 하는구나.
상(자하의 이름)아, 너라면 함께 시를 말할 수 있겠다.

子夏問曰 巧笑倩兮 美目盼兮 素以爲絢兮 何謂也. 子曰 繪事
後素. 曰 禮後乎. 子曰 起予者 商也 始可與言詩已矣.[5]

　자하가 인용한 구절 중에 "교소천혜巧笑倩兮 미목반혜美目盼兮"
란 『시』「위풍·석인碩人」의 한 구절로, 웃는 얼굴은 사랑스럽고
눈 또한 선명하다는 뜻이다. 이어지는 구절인 "소이위현혜素以爲
絢兮"란 오늘날 전해지는 『시』에는 없으나 바탕을 아름답게 채색
한다는 말로 해석할 수 있으리라.

　"여언시與言詩"라는 구절은 일반적으로 "함께 『시』에 관하여
이야기하다"라고 해석된다. 『시』의 어떠어떠한 성질을 알고 있
는 상대에게 하는 말이다. 그러나 여기서의 '언시言詩'란 오히려
『시』 어구를 직접 읊는 일로서 『시』를 암송하면서 응답을 주고
받는 행위를 가리키는 것은 아닐까? 특별히 『시』의 어구를 적절
하게 구사할 수 있는 능력이야말로 "가여언시可與言詩"라는 평가
를 받았을 것이다. 시 삼백 편을 암송하는 것만으로는 소용이 없
었다.

5　"起予者商也"에 관해서는 "사私를 계발啓發하는 것은 상商이다"라고 이해하는 것이 통례이
나, 吉田賢抗, 『論語』(吉田, 1976)의 설을 참조하여, 또한 「학이」 편의 "賜也, 始可與言詩已矣"와
의 상동相同을 고려해서 본문과 같이 해석했다.

아언雅言

더 나아가서 「술이述而」 편에는 "공자가 아언하신 것은 시서집례이니, 이는 모두 아언이다子所雅言 詩書執禮 皆雅言也"라고 논하는 장이 있다. 어떠한 주석에서도 '시서집례詩書執禮'가 경서인 『시詩』와 『서書』와 『예禮』를 가리킨다는 데는 대체로 일치하지만 '아언雅言'에 대해서는 고주古注[한나라 시기 학자들의 주석]와 신주新注[주자와 그 학자들의 주석]에서 그 해석이 나뉜다. 정현鄭玄[127~200, 중국 후한 말기의 유학자]의 주석에서는 경피敬避[공경, 삼가의 뜻을 표시하기 위해 획의 일부를 생략하거나 뜻이 통하는 다른 글자로 대치하는 것]에 의한 바꿔 읽기를 하지 않고 바른 음으로 읽는다고 해석하고, 주희의 주석에서는 '항상 말하다' 또는 '항상 화제로 삼다'로 해석한다. 또한 '아언'을 공자의 출신지인 노나라 음이 아닌 주왕의 도시에서 쓰이던 말투로 해석한 경우도 있다.(유보남劉寶南, 『논어정의論語正義』 권8) 각각의 논거는 있으나 지금까지 논한 내용으로 보자면, 바르고 정연된 음조로 소리 내어 읽는 것으로 해석할 수 있으리라.

이미 보았듯이 『시』의 구절이 외교를 비롯한 공적 의례 장소에서 암송되었음은 의심할 여지가 없는바, 『서』 또한 의례에서 왕이 한 말을 주로 싣고 있다. 물론 『예』도 의례와 깊은 연관이 있다. 즉 어떠한 서책도 의례 장소에서 있었던 말의 집적으로 사용될 수 있었다. 오경 중 『역易』과 『춘추春秋』가 거론되지 않는 것도 반드시 의례 장소에서만 암송된 것이 아니었기 때문은 아닐까? 어찌되었든 낭송이라는 방법에는 일상 언어와는 다른 전승이 존재하며, 이는 의례를 통해 계승되었으리라 추측된다. 또는 실제로 주나라 음을 규범으로 삼았을 가능성도 있으나 이 또한 지역적인 차이로서가 아닌, 전승된 바른 음이라는 인식으로써 이루어졌을 터다. 그것이 가상의 것으로 구축되어 있었을 가능성조차 있다. 이러한 독송을 '아언'이라고 불렀던 것은 아닐까?

총괄하여 말하자면, 문자의 언어화란 일상 언어에 의한 것이 아니라 의례 혹은 연출 성질을 지닌 음성 언어와의 대응으로서 이루어졌다고 보는 것이 타당하다. 전국 시기에 볼 수 있는 다양한 지역성도 각 지역의 말이 직접 영향을 끼쳤다기보다는 여러 나라에서 궁정을 중심으로 사용된 의례 언어에서 비롯된 것이 아닐까? 금문이든 간독이든 문자는 의례와 통치에 수반된 형태로 여러 나라에 전파된 것이지, 일상적 대면에서의 의사소통에 따른 것이 아니었다. 문자와 언어의 관계를 생각하고자 한다면, 먼저 문자가 쓰였던 장소의 말이 어떠했는가를 염두에 두어야 할 것이다. 각 나라의 궁정에서 쓰인 의례 언어가 어떠한 것이었는가에 관해서는 분명하지 않은 점이 많으나,『초사楚辭』와 같은 문헌을 통해서 초나라 궁정에서 사용된 언어의 양상을 살펴보는 것은 불가능하지 않다.

덧붙여서 말하자면, 산문이 4구를 기본 리듬으로 한다는 점, 대구법이 발달했다는 점 등도 이와 같이 의례적 장소와 매개된 음성 언어가 형식에 깊게 관여되었음을 나타내는 것이다. 문자열의 리듬은 문자열 내부에서만 발생하는 것이 아니라 소리 내어 읽히는 것이라는 성격이 부여되면서 리듬을 갖춰나갔다. 또한 구승에 의해서 전달된 고대 의례적 음성 언어는 문자를 통해 정형화되어 문장어로서의 성격을 강화해간다. 이렇게 해서 문자와 구두 언어 사이에 소리 내어 읽어야 할 문장으로서의 서기 언어가 성립된 것이다.[6]

---

6 고노 로쿠로河野六郎는 문어의 성립과 관련하여 "어떤 시기의 제의라든가, 일반적으로 모여서 축사를 연주하는 것 등, 그러한 의식에서 사용된 구두 언어의 전승이 있고, 이를 문자가 생겼을 때에 기록한 것은 아닐까"라고 말하며, 니시다 다쓰오西田龍雄는 이에 응하여 소수 민족의 "아언적雅言的인 것"의 존재를 지적한다. 金水 외 편, 『日本語史のインタフェース』(金水 외, 2008)는 "음성 언어와 서기 언어를 연결하는 형태로서 서기 언어의 낭창朗唱이라는 현상" (7쪽)에 주목한다.

서책의 도래

문자의 전래

『고지키』에 따르면 처음으로 일본에 전래된 서책은 『논어』와
『천자문』이었으며 그 시기는 오진應神 천황 때였다.

또한 백제국의 소고왕照古王[초고왕肖古王]은 아지길사阿知吉
師를 시켜서 수말牡馬과 암말牝馬을 한 마리씩 바치게 했다.
또한 칼과 큰 거울을 헌상했다. 나아가서 백제국에 혹시 현
명한 사람이 있으면 헌상하라고 명했다. 그는 명령을 받들
어 사람을 바쳤으니 그 이름, 화니길사和邇吉師라 하여 『논
어』 10권, 『천자문』 1권, 합쳐서 11권을 이 사람과 함께 바
쳤다.

亦百濟國主照古王 以牡馬壹疋 牝馬壹疋 付阿知吉師以貢上.
亦貢上橫刀及大鏡. 又科賜百濟國 若有賢人者貢上. 故 受命以

貢上人 名和邇吉師 即論語十卷 千字文一卷 幷十一卷 付是人
即貢進.

주지하듯이 이는 어디까지나 전승이며 사실 그대로라고 생각
하기 어렵다. 양나라 주흥사周興嗣가 『천자문』을 지은 것은 6세
기 초이므로 3~4세기로 추측되는 『니혼쇼키』나 실제로는 4세기
말~5세기 초로 추정되는 오진 천황 시기와도 그 격차가 크다.
또한 『니혼쇼키』에는 "16년 2월 봄, 왕인이 왔다. 태자 우지노와
키이라쓰코가 그를 스승으로 하여 여러 전적을 배웠는데 통달
하지 않음이 없었다. 이른바 왕인은 서수書首 등의 시조다 十六年春
二月 王仁來之 則太子菟道稚郎子師之 習諸典籍於王仁 莫不通達. 所謂王仁者 是書
首等之始祖也"(권10)라고 하여 우지노와키이라쓰코菟道稚郎子가 '여
러 전적諸典籍'을 왕인(和邇吉師)에게 배웠다고 기록되어 있으며,
책명은 밝혀져 있지 않다. 더군다나 앞선 해에 관한 조목에서는
"15년 임술년 8월 가을 정묘일에 백제왕이 좋은 말 두 필과 함께
아직기를 보냈다. (…) 아직기는 또한 능히 경전을 읽었다. 그래
서 태자 우지노와키이라쓰코의 스승으로 삼았다 十五年秋八月壬戌朔
丁卯 百濟王遣阿直岐 貢良馬二匹. (…) 阿直岐亦能讀經典 即太子菟道稚郎子師焉"
고 하여, 우지노와키이라쓰코가 아직기(阿知吉師)에게 '경전'을
배웠다고 기록하고 있다. 이와 관련하여 『수서隋書』 「왜국전倭國
傳」에는 "문자가 없어서 나무에 새기거나 매듭을 엮어 기록했다.
불법을 공경하여 백제로부터 불경을 구했으며, 이때 처음으로
문자를 갖추었다無文字 唯刻木結繩. 敬佛法 於百濟求得佛經 始有文字"고 기

록되어 있듯이, 불경에 의해서 문자가 생겨났다고 할 수 있다.

『천자문』을 '경전經典' 혹은 '전적典籍'이라고 부르기는 어렵고 『논어』 또한 초학자를 위한 책이었으므로 '경전'이라 하면 우선 오경이 떠오른다. 즉 『고지키』와 『니혼쇼키』의 기술에는 무시할 수 없을 정도의 차이가 존재한다고 보아야 한다. 단적으로 말해서 『니혼쇼키』는 '전적'이나 '경전'을 학습했다는 대목을 통해 일본이 한자권이라는 정통을 따른다는 사실을 드러내고 있는 데비해, 『고지키』는 서적이 전래된 시초에 『논어』와 『천자문』을 둠으로써 이 두 책을 문자 학습의 기본으로 사용한 근거를 나타내고 있다. 나라 시기에 『논어』와 『천자문』이 교과서課本로 널리 사용되었다는 점은 이미 문서나 목간을 통해 확인되고 있는 바 (東野, 1977), 『고지키』의 기술은 이러한 제도를 보강하는 역할을 하고 있다. 이 점이야말로 중요하다.

식자서識字書의 풍송諷誦

한편 『천자문』은 글자를 익히기 위한 책으로 알려졌으나, 4자구 운문이라는 점에서도 알 수 있듯이 낭송을 전제로 한 서적이다. 『논어』는 공자와 그 제자의 말을 풍부하게 담고 있다는 점에서 이 또한 낭송되기에 마땅한 책이라 할 수 있겠다. 불경에 의해서 문자가 전래했다는 『수서』의 기술에 따른다 해도 불경 역시 낭송이 요구되는 서적이었다. 결국 식자와 낭송은 본래 분리될 수 없는 것이다. 한나라 때 편찬된 식자서 『급취편急就篇』

은 인명이나 사물명을 열거한 책인데, 이 역시 7자구를 중심으로 3자구나 4자구를 섞어서 운을 따라 낭송하기 쉬운 형식으로 되어 있다. 또한 서적으로서는 행방을 알 수 없는『창힐편蒼頡篇』도 4자구의 운문이었다는 사실이 출토 자료에 의해 밝혀져 있다.(福田, 2004)『한서』「예문지藝文志」는『두림창힐훈찬杜林蒼頡訓纂』과『두림창힐고杜林蒼頡故』(『수서』「경적지經籍志」에는 이미 '망亡'으로 되어 있다)에 관하여 다음과 같이 기록한다.

『창힐편蒼頡篇』에는 옛 글자가 많아서 일반 교사들은 읽는 법을 몰랐으나 선제 때에 제나라 사람 중에 정확하게 읽을 줄 아는 사람을 구한바, 장창張敞이 그 읽는 법을 부여받아 이를 외손자인 두림에게 전했다. 두림이 그 훈고를 만들었기에 여기에 적어둔다.

蒼頡多古字 俗師失其讀 宣帝時徵齊人能正讀者 張敞從受之 傳至外孫之子杜林 爲作訓故 幷列焉.

이를 보면『창힐편』에서도 음독이 중요했으며 이 또한 구승을 통하여 가까스로 전달될 수 있었음을 알 수 있다. 또한 출토된 단편 잔간殘簡[떨어져나가거나 빠져나가서 완전하지 못한 글이나 책 따위]을 통하여 복원된『창힐편』말머리는 다음과 같다.

창힐이 서를 짓고 후생을 가르쳤다. 어린 자식들은 가르침을 받아 삼가 몸을 다잡는다. 부지런히 글과 시를 읊으며 밤낮

게을리 하지 말지어다.

蒼頡作書 以教後嗣. 幼子承詔 謹愼敬戒. 勉力諷誦 晝夜勿置.

"창힐편"이라는 제목은 이 첫머리에서 유래하는데, 이 말머리 글을 통하여 문자가 먼저 풍송諷誦하는 것이었음을 알 수 있다. 나아가서 『한서』「예문지」는 『창힐편』이나 『급취편』과 같은 소학서의 배경을 설명하기 위해 한나라 승상이었던 소하蕭何가 정한 법을 인용한다.

한나라가 융성하여 소하가 율법을 적고 또한 이 법을 지었다. 그 내용은 이렇다. 태사는 배우는 아이들을 시험하고 구천 자 이상을 읊고 쓰는 것이 가능한 이를 사史(하급 서기관)로 삼는다. 나아가서 육체(고문古文, 기자奇字, 전서篆書, 예서隸書, 무전繆篆, 충서蟲書)의 시험을 행하여 성적 우수자를 상서어사尙書御史, 사서영사史書令史로 삼았다. 또한 지방 관리와 백성吏民이 상서한 것 중에 틀린 글자가 있으면 바로 지적했다.

漢興 蕭何草律 亦著其法 曰 太史試學童 能諷書九千字以上 乃得爲史. 又以六體試之 課最者以爲尙書御史 史書令史. 吏民上書 字或不正 輒舉劾.

"능풍서구천자이상能諷書九千字以上"란 "서書 구천 자 이상을 바르게 읊는다"가 아니라 "구천 자 이상을 바르게 읊고 쓴다"는 의

미일 것이다. 즉 '풍서諷書'란 음독과 서사書寫를 가리킨다.[7]

중앙뿐만 아니라 변방의 문서 전달에서도 풍송諷誦이나 풍독諷讀은 중시되었다. 여기서 풍송이라는 행위는 전달받은 규약을 "다 같이 소리를 내어 읽음으로써 글을 읽지 못하는 자들도 내용을 숙지하게 하고 일종의 의식적인 행위를 통하여 명령을 철저히 수행하게 하는 것이었다"(富谷, 2010, 418쪽)고 추정된다. 문자는 소리 내어 읽음으로써 효력을 발휘한다는 통념이 문서 행정상 말단으로 갈수록 강했다는 사실에 주의할 필요가 있겠다. 문자를 소리 내어 읽는 행위가 '일종의 의례적인 행위'로 여겨졌다는 점도 서기관으로서 사직史職의 유래를 상기시킨다.

글자를 익히는 행위와 관련하여 낭송은 쉽게 기억하기 위한 것이기도 했지만 실제로 그 문자를 활용하는 현장에서도 필요한 것이었다. 물론 "공자는 오로지 주나라의 시를 취했으나 위로는 은나라, 아래로는 노나라 시도 취사하여 모두 305편으로 했다. 진 시대에 분서焚書가 있었지만 완전히 전해질 수 있었던 것은 그것이 대나무나 비단에 보존될 뿐만 아니라 읊어졌기 때문이다孔子純取周詩 上采殷 下取魯 凡三百五篇 遭秦而全者 以其諷誦 不獨在竹帛故也"(『한서』 「예문지」)라고 기록되어 있듯이, 경서도 애초에 읊어진

---

7   富谷至, 『文書行政の漢帝國』(富谷, 2010)는 장가산 247호 묘에서 출토된 한율漢律에 "能風書五千字以上, 乃得爲史"라고 적힌 것에 대하여, 같은 율律에 "諷書史書三千字"라고 있는바, 이를 "사서 삼천 자를 풍서한다"로 읽을 수밖에 없다는 점을 근거로 "서 오천 자를 풍風(諷)한다'가 아니라 '오천 자를 풍서한다(읽고, 쓰다)'로 읽어야 한다"고 주장한다.(111쪽) 또한 같은 책 109쪽에서는 『한서』 예문지의 같은 기사를 인용하여 "능숙하게 서 구천 자 이상을 왼다能〈書九千字以上を諷す"라고 훈독하고 있으나 이것도 "구천 자 이상을 외고 쓴다九千字以上を諷書"이지 않을까?

것이었다. 후세로 전해지는 경서에서 변방의 문서까지, 무릇 공公과 관련된 문자가 있는 곳이라면 이를 울려 퍼지게 하는 소리 또한 필요했다.

새로운 말

일본 열도에서 사용된 언어는 통사도 발음도 중국 대륙과 달랐으므로 『천자문』이나 『논어』와 같은 서적의 전래는 새로운 말의 전래와 같았다. 그러나 이는 오늘날의 외국어와 같은 것이 아니었다. 물론 서적이 전래되기 이전부터 중국 대륙이나 한반도에서 그 지역 언어를 사용하는 사람들이 서로 접촉하고 섞여 살았던 것은 분명하다. 외국어라고 한다면 오히려 이쪽을 가리키리라. 그러나 서기 언어와 이에 수반하는 의례적인 음성은 일상 언어와는 위상이 다르다. 서적의 전래는 곧 문자의 전래인 동시에 이를 소리 내어 읽는 음성의 전래이기도 했다. 이러한 의미에서 금으로 만든 도장이나 구리거울에 문자가 얼마나 기록되어 있었는가에 상관없이, 그것이 공적인 장소에서 소리 내어 읽히지 않았다면 문자는 효력을 충분히 발휘할 수 없었다는 말이 된다.

이렇게 본다면 『고지키』에 『급취편』과 같은 소학서가 아닌 『천자문』이 언급된 것은 역시 의미가 있다고 생각된다. 지적되듯이 『급취편』은 "역인이 행정 문서를 작성할 때에 배운 식자서"였던바, 그 용도는 전적으로 서기관으로 입신출세하기 위한 것이었다. 그러나 『천자문』은 귀족 자제들을 위해 만들어진 것으로, 내용면에서도 "배움에 뜻이 있는 초학자가 문자를 익히고 교양을 쌓기 위하여 배우는 교과서"(富谷, 2010, 132~133쪽)였다. 애초에 『천자문』은 『양서梁書』 「주흥사전周興嗣傳」의 "차운왕희지서천자次韻王義之書千字"라는 기록, 『법서요록法書要錄』 권3에서 인용하는 당나라 무평일武平—의 「서씨법서기徐氏法書記」에 "양나라 대동연간에 무제가 주흥사에게 칙서를 내려 천자문을 만든바, 신하 은철석에게 왕희지의 서적을 모사하도록 명하여, 이를 여덟 명의 왕자에게 하사했다梁大同中 武帝勅周興嗣撰千字文 使殷鐵石模次義之之迹 以賜八王"는 기록에서 보듯이, 글씨를 베껴 쓰는 미적 요소도 요구되었던 것이다.(小川·木田, 1984; 小川, 1997) 오늘날에도 천자문이 서예의 본보기임은 두말할 필요가 없다. 다른 식자서識字書와는 그 격이 달랐다고까지 할 수 있다.

어찌되었든, 그리고 당연하게도 왕인은 서적뿐만 아니라 바른 독송법도 전달했다. 『니혼쇼키』에 아직기가 "역능독경전亦能讀經典"하는 자로 기록되어 있는 것도 그가 경전의 문자열을 소리 내어 읽는 능력을 지녔다는 사실을 나타낸다. "습제전적어왕인習諸典籍於王仁"이란 왕인의 글소리를 따라 문자열을 배우고 읽었다는 뜻으로, 단순히 강석講釋만 받은 것이 아니다.

동시에 문자열의 의미를 해석하고 보이는 행위도 교사의 중요한 역할이었으며 이에 상응하여 전해지는 서적도 주석 행위를 동반하는 것이 상례였다. 이미 보았듯이 두림은 전승을 받아서 『창힐편』의 훈고訓詁(訓故)를 지었다. 『천자문』에도 양나라 소자운이 쓴 주석이 있으며 『일본국견재서목록日本國見在書目錄』[일본에서 가장 오래된 한적 목록. 성립 시기는 875~891년으로 추정]에도 기록되어 있다. 『논어』도 마찬가지로 정현鄭玄의 주나 하안何晏의 집해集解를 비롯하여 많은 주석서가 배에 실렸다. 학습은 서적을 소리내어 읽고 해석하는 방식으로 이루어졌다.

훈訓과 역譯

앞서 소라이가 "이곳 학자가 이곳 말로써 책을 읽음을 가리켜 와쿤和訓이라고 일컫는다. 이는 훈고의 뜻에서 취했다此方學者 以方言讀書 號曰和訓 取諸訓詁之義"라고 했듯이 훈독의 '훈'은 '훈고訓故(訓詁)'의 '訓'이다. 그 자체로는 이해하기 어려운 자구를 보다 쉬운 말로 설명하는 행위가 '훈'인 것이다. 오경五經은 말할 것도 없고 글자를 익히는 식자서일지라도 일상에서 일반적으로 나누는 말이 아닌 이상 해설이 필요했으리라. 한자권이 확대되면서 통사나 발음이 다른 지역으로 서적이 전해질 때에는 당연히 그 지역 말에 입각한 형태의 해석이 덧붙는 사태가 발생한다. 하물며 문자가 없는 지역에 문자가 전달되는 경우에는 더욱더 그러했을 것이다. 예를 들어 7세기 후반으로 추정되는 기타오쓰北大津 유적에서 출토된 목간에 '채采'에 '취取'라는 주석이 달려 있고 '찬贊'에는 '전수구田須久'라고 주해한 예가 보인다.(沖森, 2009) 전자는 예로부터 전해오는 훈이며 후자는 현지어를 통해서 해석하는 새로운 방식의 훈이었다.

훈은 서기 언어로 기록된 문장 내에서 한 글자 한 글자의 문자 혹은 단어에 다는 것이 기본이다. 구두 언어에는 해당되지 않으며 문장 전체를 다른 문장으로 바꾸는 것도 아니다. 이에 비해 '역譯'은 "오방의 사람은 말이 통하지 않고 바라는 것도 같지 않다. 의사나 바람을 통하게 하는 것을 동방은 '기寄', 남방은 '상象', 서방은 '적제狄鞮', 북방은 '역譯'이라고 한다五方之民 言語不通 嗜欲不同. 達其志 通其欲 東方曰寄 南方曰象 西方曰狄鞮 北方曰譯"(『예기』「왕제王制」)라는 기록이 있듯이, 원래 언어 간의 통역을 뜻하며 문자의 유무는 문제가 되지 않았다. 『설문해자』에서 '역譯'을 찾아보면 "사방 이족들의 말을 전달하는 사람傳四夷之語者"[8]이라고 주석이 붙어 있듯이 구두 전달에 중점을 둔 말이었다.

또한 불전 번역이 시작되면서 이를 '역'으로 칭하는 통례가 형성되었다는 점도 외국 승려가 구술로 번역한 것을 중국 승려가 필기하여 정리한 형식과 관계한다. 예를 들면 후한 말에 번역된 『도행경道行經』에 대하여 "광화 2년(179) 10월 8일, 강남 낙양의 맹원사는 인도의 보살축삭불로부터 (『도행경』을) 구수口授받았다. 그때 말을 전달한 자는 월지의 보살지참이었다. 그때 옆에서 시중 든 사람은 남양의 장소안과 남해의 자벽, (역경 사업을) 원조한 이는 손화와 주제립이다光和二年十月八日 河南洛陽孟元士 口授天竺 菩薩竺朔佛. 時傳言者月支菩薩支讖. 時侍者南陽張少安 南海子碧. 勸助子孫和 周提立"(『出三藏記集』권7 「道行經後記」)[9]라는 구절, 서진 초 무렵에 번역된 『수진천자경須眞天子經』에 대해서 "(『수진천자경』은) 태시 2년

8 　大徐 본에서는 "傳譯四夷之言者"라고 하나, 段玉裁, 『說文解字注』를 따랐다.

9 　『出三藏記集』의 인용은 中嶋隆藏 편, 『出三藏記集序卷譯注』(中嶋, 1997)를 따랐다.

(266) 11월 8일에 장안성의 청문 안에 있는 백마사에서 천축 보살 담마라찰(축법호)이 구수하면서 역출했다. 그때 그의 말을 전한 이는 안문혜, 백원신이며 그것을 적어 받은 이는 섭승원, 장현박, 손휴달이다. 12월 30일 미시[오후 2시경]에 완성했다太始二年十一月八日 於長安靑門內白馬寺中 天竺菩薩曇摩羅察口授出之. 時傳言者安文惠帛元信. 手受者聶承遠 張玄泊 孫休達. 十二月三十日未時訖"(같은 책,「須眞天子經記」)라는 구절에서 알 수 있듯이, 먼저 '구수口授'가 있고 다음으로 '전언傳言'이 있으며, 그 뒤에 '시侍' '권조勸助' 또는 '수수手受'('필수筆受'라고도 한다)가 이루어짐이 통례였으며, 각각 호어胡語로 송독한 뒤에 구술을 번역, 기록하고 수정하는 역할 분담이 이루어졌다.(船山, 2013) 이러한 일련의 행위는 확실히 문자로 주석을 다는 '훈'이 아닌 구두 언어로 번역하는 '역'이라고 하는 것이 적합하다. 원래의 문자열은 보존되지 않고 전혀 다른 언어 체계에 옮겨 담기면서 새로운 문자열이 생성되는 것이다. 이것이야말로 '역'이다.

그러므로 처음에 일본 열도에서 이루어진 한자문의 해석은 어디까지나 '훈'이었지 '역'이 아니었다. 이것이 '역'으로 느껴지게 된 것은 자구의 대응이 아닌 한자문의 문자열에 문장 전체로서 대응하는 말이 생겨나면서부터다. 소라이가 '와쿤'을 "실은 역이었다其實譯也"라고 딱 잘라 말한 것은 한자문을 훈독한 말 자체를 '이곳 말(방언)'로 느낄 수 있게 되면서부터였음이 틀림없다. 어째서 이러한 일이 가능해진 것일까?

『고지키 古事記』와
『니혼쇼키 日本書紀』

허구로서의 훈독

이미 지적되어 있듯이(김, 1988; 김, 2010) 현지어로 한자를 해석하는 방법은 한자권에서 널리 볼 수 있는 현상이라고 할 수 있다. 이것이 '훈訓'이라는 방법의 확대로 이루어졌다는 점은 앞서 논한 기타오쓰 유적 출토 목간의 사례로도 확인할 수 있다. 현지어와 한자와의 대응 관계가 정착되면 '훈'으로 음성화하는 것이 기대되지 않았던 문자라 해도 일단은 '훈'으로 읽는 게 가능해진다. 나아가서 통사적 구조가 서로 일치하게끔 하는 방식이 정해져서 가에리요미返讀 규칙[훈독할 때 아래를 먼저 읽고 위를 나중에 읽는 일]이 확립되면 문장 단위로 새겨 읽는 일이 가능해진다. 일반적으로 훈독이란 이러한 방식을 가리키는 것이다. 한눈에 보아도 읽는 측의 언어를 나타낸다고 생각할 수 없는 문자열을 읽는 측의 언어와 대응 가능한 형식으로 읽는 일, 이것이 훈독이다.

그러나 『고지키』의 오노 야스마로太安萬侶 서문에서 말하는 '훈'이란 그러한 것이 아니다.

(겐메이元明 천황은) 구사舊辭가 왜곡됨을 애석하게 여기어 선기先紀가 잘못되고 문란해진 것을 바로잡고자, 와동 4년 9월 18일에 신하 야스마로에게 명하여 히에다노 아레가 암송하는 칙어의 구사를 찬록하여 헌상하라고 말씀하셨기에 삼가 분부하신 대로 사실을 채록했다. 그러나 상고에는 언어도 그 의미도 소박하여서 어떻게 문자로 바꾸어 기록하면 좋을지 곤란한 점이 있다. 모두 훈을 이용하여 기술하면 그 말은 말하고자 하는 것과 어긋나버리고, 모두 음을 나열하면 서술이 길어져버린다. 그래서 지금, 어느 경우에는 하나의 구 안에 음과 훈을 섞어 사용하고 어떤 경우에는 하나의 사항을 기록하는 데 모두 훈을 이용하여 기록하기로 한다. 於焉惜舊辭之誤忤 正先紀之謬錯 以和銅四年九月十八日 詔臣安萬侶 撰録稗田阿禮所誦之勅語舊辭以獻上者 謹隨詔旨子細採摭. 然上古之時 言意並朴 敷文構句 於字即難. 已因訓述者 詞不逮心 全以音連者 事趣更長. 是以今或一句之中 交用音訓 或一事之內 全以訓録.

야스마로는 '구사舊辭'와 '선기先紀'의 잘못됨을 바로잡고자 히에다 아레稗田阿禮가 예부터 소리 내어 읽었던 '옛 칙어勅語舊辭'를 채록하여 헌상하라는 겐메이 천황의 조서를 받들어 이 책을 썼다. 인용문의 앞 문단에는 제가諸家에 소장되어 있는 '제기帝紀'(先紀)와 '본사本辭'(舊辭)를 덴무天武 천황이 아레阿禮에게 '송습誦習'하게 했다는 내용이 기록되어 있다. 아레는 구두 전승을 받은 것이 아니라 어디까지나 문자열을 소리 내어 읊은 것이다. 또한 이는 단순한 문자열 암송에 그치지 않고 낭송될 문자열을 완성하기 위한 준비, 즉 문자열을 공적인 것으로 삼기 위한 준비였다. 야스마로는 그 음성을 받들어 다시 문자열로 변환을 시도한다. 이 곤란함과 방법을 "인훈술因訓述"과 "이음련以音連"이라는 두 가지로 논한 것이다.

이때의 훈은 위에서 논했듯이 문자를 다른 글자나 현지어로 해석하는 행위가 아니다. 방법 면에서는 완전히 반대로, 해석된 현지어로써 문자를 사용하는 행위, 즉 현지어를 표기하는 방법으로서의 훈이다. 말하자면 언어화된 문자를 바탕으로 언어의 문자화가 시도된다. 그리고 야스마로는 이러한 훈의 존재 방식을 전제로 하고 아레의 '암송誦'을 기반으로 '기록錄'했다며, 『고지키』의 문자열이 이미 존재하고 있는 말을 표기한 것임을 제시했다. 읽기로서의 훈이 문자 저편에 있는 음성에 귀를 기울이는 장치로 사용되는 것이다.[10]

---

10 神野志隆光, 『漢字テキストとしての古事記』(神野志, 2007)는 이 문제에 관하여 다음과 같이 말한다. "중요한 것은 아레阿禮의 '송습誦習'과 관련시켜서 『고지키』의 성립을 보는 것이 아니라, '송습'을 기준으로 삼아 '상고上古' 때의 '언言과 의意'를 문자화하는 것처럼 말하고 있다는 점(바로 의제擬制입니다)이 가진 의미를 묻는 일입니다. (…) 바꾸어 말하자면, 성립한 『고지키』가 '상대上代의 언의言意'를 업은 것으로서 '송습'을 의미 짓고 그것이 근원인 것처럼 말하는 점입니다."(182~183쪽).

그러나『고지키』본문의 주석에서 읽기로서의 훈은 어디까지나 문맥을 이해하기 위해서 쓰인다는 점, 야스마로 서문에 "사리辭理를 알기 어려우면 풀이로 밝히고 의미를 알기 쉬우면 풀이하지 않는다辭理叵見 以注明 意況易解 更非注"('叵'란 '불가不可'의 합자)라고 있듯이,『고지키』자체는 어디까지나 문자 텍스트로서 제시되고 있다. 이전부터 가메이 다카시龜井孝가「고지키는 읽기 가능한가」(龜井, 1985)에서 지적했듯이, 새김 중심으로 쓰인『고지키』에서 산문 부분은 어디까지나 '읽기', 즉 한자 문장의 의미를 알기 위해서 쓰인 것이지 '소리 내어 읽기', 즉 음성으로 변환하는 것까지 내포하고 있지는 않다. 문자 텍스트로서『고지키』는 그 기원이 되는 음성을 제시하면서도 그것이 읽힌 음성을 복원하기 위해 쓰인 것은 아니며(음성이 중요한 기능을 하는 노래나 신명 등은 음 표기가 적혀 있다), 어디까지나 서기 질서 안에서 쓰이고 있다는 점에 유의할 필요가 있다.

"모두 훈을 이용하여 기술하면 그 말은 말하고자 하는 것과 어긋나버린다已因訓述者 詞不逮心"고 논하고 있듯이, 일단 훈에 입각해서 문자열을 구성하면 문자열은 그 나름의 질서를 갖추게 되므로 언어와는 거리가 생겨버린다는 점을 자각하고 있었다. 혹시나 훈이 언어 읽기 방식으로 문자열을 완전히 통제하여 언제든지 하나의 음성으로 환원할 수 있다면 "말하고자 하는 것과 어긋나버리는詞不逮心" 사태는 일어나지 않는다. 고어를 기원으로 두되 고어 그 자체는 아닌 것으로, 음성을 기원에 두면서도 그 음성을 완전히 복원할 수 없는 것으로서『고지키』의 문자열

은 존재한다. 이는 문자 이전에서 기원을 찾는 문자 텍스트로서
『고지키』가 취한 방법인 셈이다.[11]

한편 현지어 표기법으로서의 훈이 이를테면 군가나訓假名[12]라
고 불리는 방법을 낳았다는 점은 이미 논했다. 문자의 뜻과는 관
계가 없는 고유명사 등을 표기하고자 할 때, 즉 '소리'만을 표시
하기 위해 문자의 훈을 이용한 것이다. 이러한 기법이 성립하기
위해서는 훈이 이미 해석된 것으로서가 아닌 음성으로 의식되
지 않으면 안 된다.

해석으로서의 훈에서 음성으로서의 훈으로. 처음에는 '아我'
나 '야也' 등과 같이 언어를 문자화하기 위해 쓰인 가차의 방법

---

11 필자가 논하는 『고지키』의 훈독 방식을 이해하기 위해 『고지키』의 서기 형태에 관하여
보충해둘 필요가 있겠다. 저자가 예문을 통해 밝히고 있듯이 오노 야스마로는 『고지키』를 집
필하는 데 한자의 '훈'만으로는 일본어로서 전달할 수 없는 것이 있으며(표현 주체의 의도를 표
현하는 조사나 조동사 등) '음'만으로는 서술이 길어질 뿐만 아니라 문장으로서 이해 곤란한 사
태를 낳는다고 판단했다. 그래서 "음과 훈을 섞어서 사용하거나 어떤 사항에 있어서는 전적
으로 훈 방식으로 기록한다交用音訓, 或一事之内, 全以訓錄"고 정한 것이었다. 그 결과 『고지
키』의 문장은 다음과 같이 기록된다. "故二柱神立訓立云多多志天浮橋而指下末沼矛以畫塩許々袁
々呂々邇此七字以音畫鳴訓鳴云那志而引上時自其矛末垂落塩之累積成嶋是游能碁呂嶋此五字以音" 이 문장은
오노고로섬이 생겨난 연유를 설명하고 있다. 여기서 보듯이 문장 전체는 훈자로 쓰이면서
도 '훈'으로 쓸 수 없는 부분이 많았다는 점 역시 한눈에 보인다. 즉 '오노고로섬'은 모두 훈
으로 쓸 수 없으므로 '오노고로'는 음차하고 '섬'은 훈차하는 방식으로 '游能碁呂嶋'라고 썼으
며, '許袁呂許袁呂/邇오고오로고오로/니(일본어 'に'는 부사)'라는 소리를 내는 부분도 음차로 기
록하고 있다. 또한 이렇게 기록하는 것만으로도 전달되지 않는 조동사와 같은 것은 주석까
지 달아가면서 뜻을 제대로 이해하도록 하고 있다. '立訓立云多多志'가 그 예인데 이는 '立'에
'다타시'로 음독되는 '多多志'를 주석으로 달아서 '立'을 '세우다' 혹은 '서다' 등의 뜻이 아닌,
'立つ'의 미연형에 'し'라는 존경을 나타내는 조동사의 연용형을 붙여서 '(아메노우키 다리 위에)
서시다'라는 의미로 읽도록 한 것이다. 『고지키』는 이렇듯 전체적으로 '훈'을 사용하여 기록
하면서도 훈차할 수 없는 고유명사나 신의 이름은 한자 '음'을 빌려 표기했으며, 나아가서는
주석을 달아 문맥을 제대로 이해하도록 했다.—옮긴이

12 그 글자의 훈을 한자가 가진 뜻과 상관없이 일본어 음절에 대응시켜서 사용하는 가나.
예로 '垣津旗'는 '제비붓꽃'을 표기한 한자인데 한자의 뜻과 상관없이 제비붓꽃의 일본어인
'가키쓰바타カキツバタ'를 'カキ'라 훈독하는 垣, 'ツ'로 훈독하는 津, 'ハタ/バタ'로 훈독하는 旗
를 빌려 표기한 방식을 가리킨다.—옮긴이

이 한자권이 확대되면서 현지어를 표기하는 데 채용되었으며, 불전 번역에도 적극적으로 사용되었다. 물론 직접 가차를 쓰는 대목에서는 문자 본래의 뜻이 고려될 때도 있으나 중요한 것은 소리다. 문자는 소리를 표기하기 위한 것이라고 파악하는 방식이 관습화되면, 처음에는 해석상 대응 관계에 있던 훈도 그러한 고정화를 거쳐서 음을 표시하는 것으로 기능한다 해도 이상할 것은 없다. 이러한 과정에서 가나가 탄생했다는 점은 제2장에서 논한 바다.

이렇게 되면 훈은 의미이면서 소리가 된다. 오늘날 우리에게도 익숙한 '군요미訓読み'[13]라는 명칭은, 그것이 음성으로서 '읽기'라는 점을 정확하게 시사한다. 이렇듯 문자와 언어를 둘러싼 복잡한 기제가 교차하는 과정 속에서, 음성을 마땅히 동반하는 방식의 훈독이 성립했다. 이러한 성질이 극단까지 간 예가『니혼쇼키』의 훈독이라고 할 수 있다.

『니혼쇼키』의 훈독

고대 왜어의 통사적 구조나 발음을 반영한『고지키』와는 달리,『니혼쇼키』는 처음부터 주로 한적을 이용하여 한적다운 문체를 지향하는 방식으로 쓰였으며, 와고로 읽히는 것이 전제되지 않았다. 오히려 일본을 모르는 이들에게 일본을 알리려는 목

---

13 훈독을 뜻한다. 이를 일본어로 '훈독'(군도쿠クンドク)이라고 음독할 수도 있으나 저자는 '군요미'라고 음독과 훈독을 섞어서 부르고 있는 이 자체를 문제시하고 있는 것이다.—옮긴이

적에서 쓰인 텍스트라고까지 할 수 있다. 전 30권 중 11권은 중국 대륙 언어를 모어로 하는 도래계渡來系 필자에 의해 쓰였다고 추정된다.(森, 1999) 그러나 9세기 초에서 10세기까지 조정에서 시행된 '일본기강서日本紀講書', 즉『니혼쇼키』강독은 "「니혼쇼키 권제일日本書紀卷第一」을 야마토후미노마키노쓰이데히토마키니아타루마키ヤマトフミノマキノツイデヒトマキニアタルマキ라고 읽는 것처럼(『釋日本紀』「秘訓」1에서 인용하는 「私記」),『니혼쇼키』의 한자 한문을 철저히 와고로 읽었기에"(「神野志」, 2009, 185쪽) 해석 방법을 고려하는 동시에 나아가 이를 어떻게 와고로 복원하여 읽을 것인가가 중대한 문제였다. 본문의 해석도 와고를 복원하기 위해서 행해졌으며 복원의 커다란 논거가 된 것이『고지키』였다.[14]

여기에는 훈의 방법적 전환, 즉 문자의 언어화에서 언어의 문자화로의 전환이 이미 성립해 있었다는 점이 크게 작용한다. 야스마로도『고지키』서문에서 그러한 기제를 바탕으로 송습을 문자화한 것으로서『고지키』를 논했다. 강서講書가 와고를 전달하는 도구로『고지키』를 최대한 이용했던 사실도 당연하리라. 그러나『고지키』가 아닌『니혼쇼키』라는 서적에서 이러한 언어적 구도가 철저하게 재연된 것은 왜일까? 여기에는 강서가 무엇보다도 문자열을 소리 내어 읽는 행위였다는 점과 관련이 깊다.

---

14 「日本紀講書」는 고닌弘仁 3~4년(812~813), 조와承和 10~11년(843~844), 간교元慶 2~5년(878~882), 엔기延喜4년(904)~6년, 조헤이承平 6년~덴교天慶 6년(936~943), 고호康保 2년(965)~종료 연도 불명으로, 6번 행해짐이 확인된다. 「日本紀講書」의 훈독 문제에 관해서는 福田武史, 「「倭訓」の創出: 講書の現場から」(福田, 1999) 및 神野志隆光, 『變奏される日本書紀』(神野志, 2009) 참조.

10세기 조정의 의례 모습을 전하는 미나모토 다카아키라源高明의 『사이큐키西宮記』에 따르면, 대신이나 박사, 상복尙復(보좌) 등이 자리에 앉은 다음의 순서를 다음과 같이 적는다.(『고실총서故實叢書』本, 권15 「강일본기사講日本紀事」)

다음으로 박사, 상복, 대신 이하가 모두 서적을 편 뒤, 뒤이어 상복이 문장을 일성, 높고 긴 어조로 읊는다. 이어서 박사가 강독을 끝내고 상복이 읽기를 마친 후 상복과 박사가 물러난다.

次博士尙復大臣已下皆披書卷 次尙復唱文一聲音 其體高長之 次博士講讀了 尙復讀訖 尙復博士退出.

여기에서 "문장을 일성, 높고 긴 어조로 읊는다唱文一聲音, 其體高長之"는 대목은 강서 과정에 의식적인 낭송이 있었음을 알려준다. 물론 이는 와고에 의한 훈독이다. 『니혼쇼키』는 변려체騈儷體로 쓰인 고전문이었기에 이에 맞서는 권위를 지닌 와고를 통해 의례상 소리 내어 읽었다. 이러한 권위를 확보하기 위하여 와고는 문자 이전의 말로써 상상될 필요가 있었다.

와고라는 가상의 구조

이러한 시도가 『고지키』가 아닌 『니혼쇼키』를 통해 철저히 이루어졌다는 점에 주의해야 한다. 『고지키』는 한문 서적으로서가 아닌 천황 세계의 기원을 말하는 것으로 존재했기에 문자 자체에 권위를 부여하지는 못하고 소급적으로 와고라는 것을 상상할 수밖에 없었다. 어디까지나 와고 세계 속에서의 문자였다. 한편 『니혼쇼키』는 한문 서적으로 쓰였다. 이를 한자음 그대로 읽지 않고 와고로 소리 내어 읽는 전환을 통해서, 나아가 『고지키』에서 엿볼 수 있다고 여기는 옛 말을 섞고 엮어서 전체적인 음성을 구성하는 방식으로 한문 서적을 와고 세계 속에 재정립시키는 일이 가능했던 것이다.

이렇게 되면 중국에서 전래된 한문 서적을 훈독할 때에도 같은 기제를 작용시키는 일이 가능해진다. 소라이가 "단, '와쿤'은 고대 귀인의 입에서 나온 것으로 조정에서 암송된 것이며 비속함을 가려낸 아언이다但和訓出於古昔搢神之口 侍讀諷誦金馬玉堂之署. 故務揀雅言 簡去鄙俚"라고 한 것은 '훈'과 '역'의 차이를 말하기 위해서였으나, 실은 그 이상의 의미가 있었다. 훈독의 음성은 풍송諷誦에 연원한다. 이러한 의식이 훈독이라는 행위의 한 흐름을 형성했으며 근세의 소독素讀이나 시음詩吟[15]에까지 영향을 미쳤음은 쉽게 상상할 수 있다. 소라이는 이러한 허구된 기제를 꺼려했기에 다시금 중화에서 기원을 구하고자 한 것이다.

전체적으로 본다면, 일본의 훈독은 주어진 문자 질서를 계기

---

15 훈독한 한시에 절을 붙여서 읊는 것을 '시음'이라 한다. 시가를 읊는 습관으로 보자면 헤이안 중기 무렵에 정착한 '낭영'이 그 유래가 깊다. '낭영'이란 한시나 와카를 가사로 하는 궁중 가요를 말하는데, 이러한 습관이 본문에서 자주 언급되는 쇼헤이코라는 관학적 성격의 학문소와 결부되면서 '시음'을 정착시켰다고 볼 수 있다. 즉 '시음'은 쇼헤이코의 발전과 더불어 주자학 경전을 훈독하는 방식의 정착과 밀접한 관련을 지니며, 주자학 이외의 학문은 금지했다고 해도 시음의 유행은 다른 유학 학파나 국학의 와카까지 영향을 미쳤다.—옮긴이

로 지역 언어 질서를 재편하고 권위 있는 음성을 창출하는 기법으로 발달한 것이었다. 훈독의 언어가 조작적으로 사용되거나 고어를 계속 사용하는 방식은 일상 언어와의 거리를 유지하고 낭송에 어울리도록 하는 데 매우 유효했다. 바꾸어 말하면 이는 그 지역에서 '아언雅言'을 낳기 위한 기법이었다.

훈독은 한자권이 공유하는 과제, 즉 한자라는 문자를 어떻게 다룰 것인가 하는 과제 속에서 생겨난 행위다. 그러나 이는 단순히 표의적 문자를 어떻게 다룰 것인가 하는 문제에 국한되지 않는다. 한자권에서 한자란 권위를 수반하는 문자다. 그 문자의 권위를 가지고 권위 있는 음성을 창출해내는 일. 일본의 한문 훈독이 넓은 범위에 걸쳐 오랫동안 시행돼온 이유를 여기에서 구할 수 있지 않을까?

제 4 장

눈과 귀와 글文：

라이 산요賴山陽의 새로운 문체

근세의 소독素讀

한시문을 이끌어가는 자

일본에서 한시문이 가장 널리 읽히고 쓰인 시기가 근세 후기에서 근대에 이르기까지였다는 사실에는 의심의 여지가 없다. 중세까지 대체로 한문 서적을 읽고 한시문을 엮는 사람은 귀족이나 승려로 제한되어 있었다. 인쇄된 간본刊本이 보급되기 이전까지는 한적을 손에 넣는 것 자체가 특권이었다. 가마쿠라 시기 이후, 승려들이 대륙을 자주 왕래하고 때마침 중국에서 서적 인쇄가 번창하면서 많은 전적이 일본으로 유입되었으며, 한시문 학문은 오산五山[1]의 선림禪林을 중심으로 이전에는 볼 수 없을

---

[1] 일본에서 중국의 오산 제도를 처음으로 도입한 것은 가마쿠라 시기 말이었으나 관사로 정비된 것은 남북조 시기부터였다. 1299년에 조치사淨智寺가, 1311년 무렵에는 겐초사建長寺, 엔카쿠사円覺寺, 주후쿠사壽福寺가, 1323년에는 교토의 겐닌사建仁寺가 오산으로 확정된 초기의 예이나, 이들이 얼마나 관사적 성격을 지녔는가는 의문이다. 무로마치 시기 이후에는 오산을 새롭게 편성하여, 5개의 사찰에 한정되지 않고 이때부터 오산이라 함은 곧 최고에 위치하는 사격寺格을 의미하게 되었다.—옮긴이

만큼 융성을 이루었다. 무로마치 시기에 아시카가足利 가문이 설립한 아시카가 학교 또한 가이 겐快元과 같은 선승들에 힘입은 바가 컸다.

많은 학승을 거느렸던 오산의 학예도 머지않아 시들해지는데, 근세 유학의 시초가 된 후지와라 세이카藤原惺窩(1561~1619)는 원래 쇼코쿠사相國寺의 승려였으며, 그 제자인 하야시 라잔林羅山(1583~1657)도 소년 시절에 겐닌사建仁寺에서 배웠다는 사실에서 볼 수 있듯이 근세 유학을 이루는 기반은 중세 선림의 학예였다.

이렇듯 한문 서적을 주축으로 하는 학문적 흐름이 끊어지는 일은 없었으나 상당히 한정된 범위에서 계승되고 향수되었다는 사실은 부정할 수 없다. 그 양상이 크게 변화한 시기가 바로 근세 후기, 즉 간세이寬政 개혁 이후부터였다. 또한 막말 유신幕末維新 시기(1850~1870년대)에 큰 영향력을 드리웠을 뿐만 아니라 일본에서 한문이 갖는 지위라는 관점에서 볼 때 가장 중요한 한시문 작자가 바로 라이 산요賴山陽였다.

간세이 이학寬政異學의 금지

라이 산요는 안에이安永 9년 12월 27일(1781년 1월 21일)에 태어났고 세상을 떠난 것은 덴포天保 3년 9월 23일(1832년 10월 16일)로 메이지로 연호를 바꾸기까지 36년이 남은 시기였다. 로주老中[에도 막부의 최고 직위로 쇼군에 직속하여 막부 정치 전체를 총

괄]였던 마쓰다이라 사다노부松平定信에 의해 개혁이 이루어진 덴메이天明 7년(1787)~간세이 5년(1793) 무렵에 산요는 소년기를 보냈다. 간세이 개혁에 관해서는 여러 측면에서 논할 수 있으나, 이 책의 주제와 관련하자면 간세이 2년(1790)에 있었던 간세이 이학의 금지가 중요하다고 할 수 있다.

간세이 이학의 금지란, 막부의 학문소였던 쇼헤이코昌平黌(쇼헤이자카가쿠몬조昌平坂學問所)[2]의 교학 체제를 바로세우기 위하여 양명학이나 고학古學[3] 혹은 절충파[4]와 같은 주자학 이외의 유학 강의를 금지한 것을 말한다. 아울러 중국의 관리 등용 시험인 과거제를 참고한 '학문음미學問吟味'라 하는 시험이 시행되었는데, 교육=등용 시스템을 통하여 관학官學을 강화하는 것이 목적

---

2 정식 명칭은 學問所로, 昌平坂(지금의 도쿄 지요다구와 분쿄구의 경계선에 있는 언덕)에 걸쳐 있었기에 昌平坂學問所라고 했다. 도쿠가와 이에야스가 하야시 라잔을 등용하여 막부 내에 교육 시설을 정비한 초기의 학문소는 막부 직할 교육시책으로 시작된 것은 아니었다. 그러던 것이 막부의 고위 자제들을 교육하는 관할 교육 시설이 된 시기는 1790~1797년 무렵이었다.—옮긴이

3 넓게는 에도 시기에 일어난 학문으로, 주자학이나 양명학의 경전 해석을 비판하고 『논어』 『맹자』 등의 경서를 본문 그대로 연구하여 그 진의를 탐구하고자 하는 유학의 일파를 일컫는다. 고학파라 하면 대표적으로 야마가 소코山鹿素行의 성학聖學, 이토 진사이伊藤仁齋의 고의학파古義學派, 이 책에서 자주 언급된 오규 소라이의 고문사파古文辭派를 일컫는다. 그러나 이 셋을 묶어서 고학파라고 칭한 것은 이노우에 데쓰지로의 『日本古學派の哲學』(1902)가 처음이다. 에도 중기로 가면서 일본의 고전, 즉 『니혼쇼키』 『고지키』 『만요슈』 등을 연구하는 국학을 의미하기도 했다. 대표적인 인물은 모토오리 노리나가라 할 수 있다.—옮긴이

4 주자학, 양명학 등의 선학에 치우지지 않고 이들 장점을 취하면서 다양하게 발전한 학파를 총칭한다. 소라이학이 유행한 뒤 18세기 중기부터 후반까지 배출된 가타야마 겐잔片山兼山, 이노우에 긴가井上金峨 등에 의해 제창된 신학풍으로, 일정한 학설에 머무르지 않는 일인 일학설一人一學說이라는 특징을 지닌다. 공통점으로는 중국 한·당의 고학으로부터 성리학, 노장학까지 다양한 학설을 취사선택하여 자신들만의 학설을 내세웠다는 점, 소라이의 학설을 비판하면서 주자학적 윤리를 중시했다.—옮긴이

이었다.[5]

라이 산요의 부친인 라이 슌스이賴春水는 산요가 태어날 무렵 오사카에서 사숙을 열어 주자학을 강의하고 있었으나, 이듬해에 는 히로시마 번의 유자儒者로 채용되었다. 또한 이 시절 슌스이 는 주자학을 통하여 번학藩學을 통제할 것을 주장하여 번에 학문 소를 설립했다. 이것이 간세이 이학 금지의 선례다. 사실 슌스이 는 마쓰다이라 사다노부로부터 실력을 인정받고 있었던바, 히로 시마 번의 예가 사다노부에게 하나의 모델이 되었던 것은 틀림 없다.

산요 또한 간세이 9년(1797)에 히로시마에서 에도로 나온 뒤, 쇼헤이코에서 배웠다. 아버지인 슌스이는 에도즈메江戶詰[6] 직책 으로 에도에 정기적으로 체재하고 있었는데, 마침 같은 시기에 숙부인 라이 교헤이賴杏坪가 에도즈메를 명령받아서 산요를 데 리고 에도로 간 것이었다. 또한 간세이의 세 박사 중 한 명으로 알려진 쇼헤이코 교수인 비토 니슈尾藤二洲가 산요의 이모부였기 에 관저에서 쇼헤이코를 통학하던 산요는 얼마 지나지 않아 쇼 헤이코 안에 있는 니슈 집에 기숙하게 된다. 이러한 점에서 산요 가 쇼헤이코에서 배운 시기는 일 년밖에 되지 않지만 그 관계는

---

5   근세 일본의 교육에 관해서는 石川謙, 『學校の発達』(石川, 1951); 같은 저자, 『日本學校史の 研究』(石川, 1960); 武田勘治, 『近世日本學習方法の研究』(武田, 1969); 橋本昭彦, 『江戶幕府試驗制度 史の研究』(橋本, 1993) 참조.

6   참근교대參勤交代 제도에 의하여 각 번의 다이묘와 가신이 에도에 있는 번저藩邸에서 근 무하는 것을 말한다. 일반적으로 참근교대 제도는 쇼군에 대한 다이묘의 주종 관계의 표시로 서, 배알하고 근역하는 것을 전제로 한 참부參府를 가리킨다. 이 제도를 계기로 당사자 간에 어은御恩―봉공奉公이라는 주종 관계가 성립했다.―옮긴이

깊다.

이학의 금지에 의한 교학 체제 강화는 구체적으로 주자학 이외의 학파를 배제한 커리큘럼 정비로 나타난다. '학문음미', 나아가 그 초급 단계인 '소독음미素讀吟味'[7]라 불리는 시험이 치러진 것도 그 일환이었다고 볼 수 있다. '소독음미'란 15세 이하를 대상으로 10세까지는 사서 소독, 그 이상은 사서 및 오경 소독을 시험하는 것이다. '학문음미'란 15세 이상을 대상으로 경학·역사·문장을 시험하는 것이었다. 교육을 통일하지 않으면 시험을 치르기 어려웠으며 또한 역으로 교육의 통일은 여러 차례의 시험에 의해 지탱되었다. '학문음미'에서는 습득한 유학 지식이나 사고를 물었고 '소독음미'에서는 한적을 읽는 방식을 물었다. 한적의 소독이란 초학자가 한문을 배울 때 의미는 일단 접어두고 오로지 소리 내어 읽는 것으로서, 예전부터 전해 내려온 방식이지만 커리큘럼으로 자리 잡은 것은 이 시기가 처음이었다. 소독이 전국 방방곡곡에서 시행된 것도 실은 이 무렵부터였다.

쇼헤이코의 교학 체제가 정비되자 각 번에서도 이를 모방하고자 했다. 히로시마 번의 경우는 오히려 앞섰으나 그것이 막부 교학 체제의 일환으로서 차지하는 의미는 컸다. 각 번은 솔선해서 번에 학문소(번교)를 창설했으며 교육 제도 정비에 힘썼다. 이것이 메이지 이후 일본에서 공교육을 이루는 기초가 되었다

7　학문음미라는 시험 제도 안에 소독음미가 있었던 것은 아니다. 본문에서도 설명되어 있듯이 소독음미는 15세 이하를 대상으로 한 시험으로, 동과童科라고도 불렀다. 학문음미는 1792년에, 소독음미는 1793년에 처음으로 시행되었다.—옮긴이

는 점은 잘 알려진 바다.

훈독의 소리

이학의 금지로 인해 유학을 해석하는 방침은 하나로 정해지고 교육 커리큘럼이 정비되었다. 또한 경서를 읽는 방식도 하나로 정해져서 전국으로 퍼져나갔다. 기초 학문으로서의 한학 보급은 교육 제도의 정비와 따로 떼어서 생각할 수 없다. 덴포天保 이후, 즉 막부 후기에 소독이라는 행위는 지극히 일반적이었으나 소독이 폭발적으로 늘어난 경위에 관해서는 이러한 구도 속에서 이해해야 한다. 이를 소독의 제도화라고 부를 수 있겠다.(中村, 2002)

라이 산요는 유학자의 자제였으므로 이러한 제도화를 기다릴 것 없이 어릴 때부터 소독에 익숙했을 터다. 또는 산요를 교육한 유학자들이 소독이라는 습관을 제도화해갔다고 볼 수도 있겠다. 그리고 산요에게 한문을 소리 내어 읽는 행위는 단순한 입문 과정이 아니었다. 그는 다음과 같이 말한다.(「跋手寫項羽紀後」)[8]

『사기』 130편은 편마다 그 모습이 다양하게 변화하는바, 기복이 크고 구성이 긴밀한 것은 「항우본기項羽本紀」다. (…) 나는 예전에 이 한 편을 베껴 적고 이를 읽으면서 방점을 붙

---

8 인용은 天保七年春和堂刊, 『山陽先生書後』, 卷下를 따랐으며, 가에리텐은 생략했다.

이거나 단락을 잘랐다. 『니혼가이시日本外史』[9]를 쓰면서부터 매일 아침 이 편을 낭독한 것이 큰 힘이 되었다. (…)

史記百三十篇 篇篇變化 然求其局勢尤大 法度森嚴者 在項羽紀. (…) 余嘗手寫一通 隨讀批圈勾截. 及修外史 每晨琅誦一過 覺得力不少. (…)

『사기』도 『니혼가이시』도 한문으로 쓰인 역사서이므로 『니혼가이시』가 『사기』를 참고했다는 사실 자체는 의아하지 않다. 그러나 위에서는 역사를 기록하는 문장의 호흡에 대해 말하고 있다. 『니혼가이시』를 쓰기 전에 「항우본기」를 낭송한다. 그 리듬을 신체에 각인하고 그리하여 처음으로 붓을 잡는다. 더군다나 이 부분에서 생각할 점은, 산요는 훈독으로써 『사기』를 읽었으며 또한 훈독의 리듬으로 『니혼가이시』를 쓰고 있었다는 사실이다.

물론 『사기』를 쓴 사마천은 훈독 같은 것은 하지 않았다. 당시의 한자음으로 직독한 것으로 생각할 수밖에 없다. 말하자면 사마천이 쓴 문장 리듬은 라이 산요가 훈독한 리듬과는 달랐을 것이다. 리듬으로 말하자면 현대 중국음 혹은 일본식 한자음으로 음독한 편이 가까웠을 터다.

그리고 『니혼가이시』도 한문으로 쓰였을 뿐 한자와 가나가 섞

---

9 본문에서도 언급되고 있는 라이 산요의 역사서. 전 22권으로 11세기 말부터 12세기 말까지 겐페이源平 시대부터 도쿠가와에 이르는 무가武家들의 역사를 그렸다. 1827년에 탈고하여 마쓰다이라 사다노부에게 헌정했으며, 산요가 죽은 뒤인 1836년에 처음으로 출판되었다. 막부 후기부터 메이지 이후까지 그 영향력이 매우 컸다.—옮긴이

인 훈독체는 쓰이지 않았다. 가상적으로 사마천이 음독하는 것을 상상할 수도 있다. 실제로 광서 원년(1875) 광둥에서도 간행되었듯이 『니혼가이시』는 중국에서도 읽혔다. 즉 애초에 훈독이 아니었다.

그렇다고 해도 『니혼가이시』는 일본에서 읽히는 것을 전제로 훈독할 만한 서적으로 쓰였다. 말하자면 훈독하는 음성을 한문으로 변환한 것이 『니혼가이시』의 문자열을 구성했으며 읽는 측도 훈독을 통해서 라이 산요가 지향했던 리듬을 복원했다.

훈독이란 본래 중국 고전문 격인 한문을 해석하기 위해서 발생한 것이므로 한문에 대해서는 어디까지나 이차적인 것임에 틀림없다. 그러나 『니혼가이시』에서는 한문이라는 서기가 훈독 음성에 대하여 오히려 종속적인 위치로 뒤바뀌어 있는 듯하다. 앞장에서 논한 바와 같이, 여기에도 낭송으로서의 훈독이 있다.

예를 들면 다음과 같은 에피소드까지 나올 정도였다.(中村, 1971, 546쪽)

메이지 초에 태어난 내 외할머니는 문자 그대로 배운 적 없는 시골의 한 노파에 불과했다. 그러나 할머니는 중학생이었던 내가 한문 과목의 부속 독본인 『외사초外史鈔』를 머리를 싸매며 읽고 있으면 부엌에 선 채로 내가 읽고 있는 부분을 술술 암송해서 들려주었다. 메이지 초 시골에 살던 소녀에게는 『니혼가이시』를 암기하는 일이 초등 교육이었던 셈이다. 이는 『니혼가이시』가 전국 방방곡곡에 널리 퍼져 있었다는 증거가 되면서 동시에 그 문장이 암송에 적합한, 즉 인간 호흡과 자연스레 합치하는 훌륭한 웅변조로 성공했다는 점을 드러낸다. 이러한 유창함eloquence이 뿜어내는 아름다움에 관하여 근대 구어는 결국 그러한 수준에 도달하는 문체를 발견하지 못했다. (…)

나카무라 신이치로中村眞一郎는 1918년에 태어났으므로 1930년대 초반에 중학생이었다. 전전戰前의 많은 중학교가 그러했듯이 나카무라가 다녔던 도쿄가이세東京開成 중학교에서도 『니혼가이시』 선본選本은 한문 독본으로 이용되었다. 아마도 초등교육밖에 못 받았을 그의 외할머니가 나카무라가 읽다 지친 『니혼가이시』를 암송하고 있는 것이다. 『니혼가이시』가 메이지 초기 교육에서 보급된 정도를 알 수 있으리라. 더 나아가 나카무라는 『니혼가이시』의 훈독이 "인간 호흡과 자연스럽게 합치하는 훌륭한 웅변조"였다고 말하면서 근대 구어는 아직까지도 그러한 미를 실현하지 못했다고 생각했다.

『니혼가이시』가 서민에게까지 널리 침투된 이유에는 확실히 한문체의 훌륭한 가락이 크게 관련되어 있다. 예를 들어 "충을 행하려 한즉 효하지 못함이요, 효를 행하려 한즉 충하지 못함이라. 시게모리의 진퇴, 그리하여 극에 달했느니라欲忠則不孝 欲孝則不忠. 重盛進退 窮於此矣"란, 고시라카와 법황後白河法皇을 유폐하고자 한 다이라노 기요모리平淸盛에게 그 자식인 시게모리가 간언하는 대사인데, 바로 이와 같은 문장이 사람들의 입을 통해 회자되는 명문구였다고 하겠다.

또한 유신 지사들이 이 책을 즐겨 읽었고 메이지 시기에 들어서면서부터 국민 필독서라고 불릴 만한 위치를 얻게 되었다는 사실도 초등교육에 사용될 수 있었던 이유일 것이다. 『니혼가이시』는 겐페이源平에서 도쿠가와에 이르는 무가武家들의 흥망을 가문과 인물 중심으로 논한 역사서로, 변천하는 무가들의 역사를 그리면서도 황실의 변함없는 존속에 가치를 두는 자세는 사족 계급의 자의식을 보강함과 동시에 막부 후기에서 메이지에 이르는 근왕勤王 사상을 지탱했다. 전전에는 교과서에 준하는 대접을 받았지만 전후가 되면서 거의 잊힌 것도 시대상 당연했다.

『니혼가이시』가 지니는 위치

와슈 비판

라이 산요의 한시문은 대중에게 사랑받는 명곡조였지만 와슈 和習(和臭)가 강하고 속되다는 학자들의 비난도 적지 않았다. 산요와 거의 동년배였던 유학자 호아시 반리帆足萬里(1778~1852)는 평판이 자자하던 『니혼가이시』를 포구에서 처음 입수해서 읽고는 다음과 같이 말했다.(『西崦先生餘稿』하,「復子庾」, 호아시 기념도서관, 1928)

나는 나카이 지쿠잔 선생이 쓴 『이쓰시逸史』(한문으로 쓴 도쿠가와 이에야스德川家康의 전기. 간세이 11년, 막부에 헌상되었다)의 문장이 별로 좋지 않음을 안타까워했으나 이 책(『니혼가이시』)을 읽으니 그러한 『이쓰시』보다도 훨씬 뒤떨어져 있다. 『이쓰시』는 거칠고 잡스러운 부분은 많으나 새롭게 고치면 정사의 결함을 보충하는 일이 가능하다. (그러나) 라이가 쓴 것은 문장이 속되고 와슈 투성이인 것은 물론이고 고증도 대충이며 논의도 한쪽으로 치우쳐 있다. 이는 된장 단지를 덮는 뚜껑으로밖에 쓸 수 없겠다. 이런 물건으로 명성을 얻다니 실로 한심하다.

僕嘗恨竹山先生逸史文章未工 今觀此書 下逸史數等. 逸史雖多蕉累 改定一番 尙可以補史氏之缺. 賴生所作 無論文字鄙陋 和習錯出 加以考證疎漏 議論乖僻 眞可以覆瓴醬. 渠以是橫得重名 眞可怪嘆.

호아시 반리는 네덜란드 말을 배워 유럽의 자연과학 서적도 읽었던 만큼 완고하고 고루한 유학자는 아니었으나 일본어 어휘나 어법이 한문과 섞여드는 '와슈'를 꺼리고 있다.

이러한 비판은, 산요 입장에서 본다면 애초부터 훈독의 음성을 주축으로 하여 썼으므로 그것이 와슈인가 아닌가 하는 논의는 의미가 없었을 터다. 그러나 그렇다면 아예 훈독체로 써버리면 되지 않았을까? 한편 도쿠토미 소호德富蘇峰(1863~1957)가 산요와 『니혼가이시』를 높게 평가하면서도 "아직까지도 유감스러운 것은 산요가 부자유스러운 한문으로 역사를 엮은 일"(森田 외, 1898, 547쪽)이라고 한 것도, 소호가 훈독체를 기초로 한자와 가나를 섞은 문체인 메이지 보통문에 완전히 익숙한 평론가였다는 점에서 당연하다.

그러나 산요가 『니혼가이시』를 쓴 당시에 정격 문체는 한문이었다. 모리타 시켄森田思軒(1861~1897)이 소호에 반론하면서 "그렇기는 하나 산요가 살던 시대에서 독서 사회의 보통문이란 곧 한문이니, 베이컨 이전의 영국 독서 사회에서 라틴어가 보통문이었던 것과 같음이라"(森田 외 1898, 323쪽)고 말한 것은 정확했다. 다음 장에서 논하듯이 라이 산요의 문장은 훈독체를 주축으로 한 보통문(금체문今體文)의 성립에 큰 역할을 끼쳤으나 산요가 살던 시대는 아직 그렇지 않았다. 한문으로 쓰는 일이 요구되었던 것이다.

또한 단순히 한문이 정통 문체였다는 것 외에, 산요는 한문이라는 문체의 세계에 스스로를 동화시키고자 한문으로 적었다는 사실도 중요하다. 사마천과 같은 세계의 주인이 되기를 원했던 것이다.

한작문漢作文으로서의 『니혼가이시』

와쓰지 데쓰로和辻哲郎(1889~1960)는 『일본 윤리 사상사日本倫理思想史』 제5편 제8장 4 「라이 산요」(和辻, 1952)에서 "산요의 역사서가 근왕勤王 운동에 박차를 가하게 된 이유" 몇 가지를 들면서 다음과 같이 말한다.

세 번째로 그는 17세기, 18세기를 거치면서 고취된 한학 존중이라는 시류에 있었다. 구마자와 반잔熊澤蕃山은 17세기 중엽에 경학 등은 "시정市井 안에 그치고 사인의 학문이 되

지 못했다. 그 후 십년 동안 무사 중에서도 뜻 있는 이들이 여기저기서 나타났다"고 말했듯 19세기 초, 산요가 살았던 시대로 오면서 사정은 완전히 바뀌어 있었다. 무사는 기초적 교양을 중국[원문은 シナ(支那)로 중국을 의미]의 고전을 통해 습득했다. 한문에 대한 이해력, 한문을 짓는 능력 등도 현저히 높아졌으며, 이에 대응하여 한문에 대한 호감 또한 눈에 띄게 높아졌다. 이러한 정세 때문에 이미 와분和文으로 쓰여 알려진 사상 내용도 새롭게 한문으로 고쳐 씀으로써 강한 매력을 발휘하는 이상한 현상이 나타났다.

  지금까지 보아왔듯이 "한학 존중"이라는 풍조는 단순한 "고취"에 의해서가 아니라 교학 시스템이 보급되면서 생겨난 것으로 보아야 하나, 그것이 한문이라는 문체를 즐기게 된 배경이 되었다는 지적은 강조해둘 필요가 있으리라. 한문이라는 문체는 표준 문체뿐만 아니라 시대의 취향으로도 적합했다. 그리고 와쓰지는 고다이고後醍醐 천황이 구스노키 마사시게楠木正成에게 칙서를 내려 의견을 구하는 장면을 그린 『다이헤이키太平記』의 한 절과 여기에 상응하는 『니혼가이시』의 부분을 비교한 뒤, "현대인들은 대개 이렇게 한문으로 바꾸어 쓴 것이 다이헤이키의 묘사에 무언가를 더하고 있다는 점을 느끼지 못할 터"라고 말하면서, "그러나 한문을 읽고 쓰는 일에 훈련된 사람들은 여기에 별종의 묘미를 느낀 듯하다. 특히 이 한문이 일본어 문장 길이를 반 이상 단축시키면서도 거의 같은 내용을 드러낸다는 점은 그

묘미를 이루는 중요한 요소였던 듯하다"라고 논한다. '듯하다'가 반복 사용되었다는 데서 와쓰지가 느꼈던 거리감을 우리도 느끼는바, 참고로 위에서 말하는 두 문장을 나열해 보겠다. 먼저 『다이헤이키』권3이다.

주상, 마데노코지의 중납원[율령제의 태정관太政官 관직명] 후 지후사를 통하여 말씀하시기를 "동이東夷 정벌에 관하여 마 사시게에게 의견을 묻고자 칙서를 보낸바, 즉시 그대가 찾 아와준 것은 주상의 큰 기쁨이다. 그러나 천하 통일이라는 업을 이루고자 하는 지금 어떠한 방책으로 한 번에 승리를 결정하고 태평천하를 이룰 수 있을지 그 생각하는 바를 남 김없이 고하라"는 말씀이셨다. 마사시게는 삼가 아뢰었다. "동이 근간의 대역은 필시 천벌을 부를 것이니 그러한 쇠란 을 틈타 하늘을 대신하여 벌을 내리는 것은 아무런 곤란도 없으리라 생각하옵니다. 그러나 천하 통일의 업에는 무략과 지모, 두 가지가 필요합니다. 만약 세력을 합쳐 싸우고자 전 국 60여 주의 병사를 모아서 막부 측인 무사시, 사가미 두 나라의 세력에 대항한다면 이기는 것은 곤란할 것입니다. 그러나 만약 지모를 써서 합전한다면 동이의 무력을 부수고 두꺼운 장벽을 깨부수는 것은 해볼 만합니다. 이기고 지는 일은 합전상 언제나 있는 일이므로 한 번의 승패로 보지 마 시기를. 마사시게 이 몸 아직 살아 있으니 주상의 성운은 결 국 열릴 것이라 여겨주십시오.

主上萬里小路中納言藤房卿ヲ以テ被レ仰ケルハ、「東夷征罰
ノ事, 正成ヲ被二憑思食一子細有テ, 勅使ヲ被レ立処ニ, 時
刻ヲ不レ移馳参ル条, 叡感不レ浅処也. 抑天下草創ノ事,
如何ナル謀ヲ廻シテカ, 勝事ヲ一時ニ決シテ太平ヲ四海ニ
可レ被レ致, 所存ヲ不レ残可レ申ス.」ト勅定有ケレバ, 正成
畏テ申ケルハ、「東夷近日ノ大逆, 只天ノ譴ヲ招候ハ, 衰
乱ノ弊ヘニ乗テ天誅ヲ被レ致ニ, 何ノ子細カ候ベキ. 但天
下草創ノ功ハ, 武略ト智謀トノ二ニテ候. 若勢ヲ合テ戦ハヾ,
六十餘州ノ兵ヲ集テ武蔵相摸ノ両国ニ対ストモ, 勝事ヲ得ガ
タシ. 若謀ヲ以テ争ハヾ, 東夷ノ武力只利ヲ摧キ, 堅ヲ破
ル内不レ出. 是欺クニ安シテ, 怖ルヽニ足ヌ所也. 合戦ノ習
ニテ候ヘバ, 一旦ノ勝負ヲバ必シモ不レ可レ被二御覧一. 正成
一人未ダ生テ有ト被レ聞召一候ハヾ, 聖運遂ニ可レ被レ開ト
被二思食一候ヘ.」ト, 頼シゲニ申テ, 正成ハ河内ヘ帰ニケリ.

『니혼가이시』에서 이에 대응하는 장면은 권5에 있다.[10]

마사시게, 감격하여 말하길 "천주天誅[하늘을 대신하여 벌을 줌]도 때를 타면 어떤 적이 쓰러지지 않으리오. 동이, 용감은 하되 지략은 없으니 무력으로 60주 병사를 모은 즉 무사시, 사가미를 대하기 부족하리오. 지략에 견줄 것이 있겠

---

10 『日本外史』의 인용은 賴氏藏版本을 따랐으며 오쿠리가나는 생략했다.

소? 소신에게 책략이 있느니. 그러나 승패는 언제나 있는 것이니 작은 좌절로 그 뜻 바꾸시지 않기를. 폐하, 만일 소신 아직 죽지 않았다 하신다면 또 다시 신려[임금의 마음] 쓸 일 없으리.

正成感激 對曰 天誅乘時 何賊不斃. 東夷有勇無智 如較於勇 擧六十州兵 不足以当武藏相模 較於智乎 則臣有策焉. 雖然勝敗常也 不可以少挫折變其志 陛下苟聞正成未死也 則毋復勞宸慮 乃拜辭還.

원래 『니혼가이시』는 가나를 섞어서 쓰인 사료를 한문으로 고치는 한작문적漢作文的 측면을 지니고 있다. 앞서 인용한 "충을 행하려 한즉 효하지 못함이요, 효를 행하려 한즉 충하지 못함이라 欲忠則不孝 欲孝則不忠. 重盛進退 窮於此矣"는 문구도 원래는 『헤이케 모노가타리平家物語』 권2 「봉화지사태烽火之沙汰」에서 다이라노 시게모리平重盛가 고뇌하는 장면을 답습한 것이다.(梶原·山下, 1991)

아, 슬프도다. 법황을 위하여 봉공의 충을 다하고자 하니 메이로 팔만[수미산須彌山을 일컫는다] 정상보다 높은 아버지의 은덕을 저버리게 되는구나. 아, 아프도다. 불효의 죄로부터 벗어나고자 하니 법황을 위하여는 불충의 역신이 되어버리는구나. 진퇴 끝이 없도다. 이를 어찌하랴.

悲 哉君の御ために奉公の忠をいたさんとすれば, 迷盧八萬

の頂より猶たかき父の恩忽に忘れんとす. 痛 哉不孝の
罪をのがれんと思へば, 君の御ために既不忠の逆臣となりぬ
べし. 進退惟谷れり. 是非いかにも弁がたし.[11]

이처럼 『다이헤이키』와 『헤이케 모노가타리』는 구송성이 강한 화한혼효문和漢混淆文으로 기록된 반면 『니혼가이시』는 이를 간결한 한문으로 축약한다. 그러나 훈독해보면 이러한 구송성이 다른 형태로 계승되고 있음을 알게 된다. 19세기 일본에서 한문은 일단 소리 내어 읽는 것이었으며, 앞에서도 보았듯이 산요는 이 점을 의식하고 있었다. 즉 산요는 『다이헤이키』나 『헤이케 모노가타리』가 지니는 구송이라는 성격을 한문을 통해 계승했다는 이해도 가능한데, 한학자는 이러한 부분까지 '속된 냄새俗臭'가 난다고 비난했던 것은 아니었을까?

더 나아가서 와쓰지는 다음과 같이 말한다.

> 더군다나 이 한문은 "천주도 때를 타면 어떤 적이 쓰러지지 않으리오天誅時ニ乘ズ何ノ賊カ斃レザラン"라고 일본어로 읽힌 것이지, 한어로 읽힌 것은 아니었다. 그러므로 읽히는 문장 그대로는 눈으로 보는 것만큼 간결하지 않으며 다이헤이키 자체가 "보지 마시기를 御覧ざらるべからず"을 "不可被御覧"

---

11 한자 위에 달린 루비에 가타카나와 히라가나가 섞여 있는데 이는 원래 사료와 그 사료를 교정한 이의 루비를 구분하기 위한 방편이다. 여기서는 히라가나로 된 후리가나가 원본 사료의 교정자에 의한 것이다.—옮긴이

라고 쓰는 것과 근본적으로 다르지 않다. 그러나 눈에 작용하는 문장이라는 측면에서는 "不可被御覽"라고 일본식으로 쓰는 방식은 한문을 훈련받은 사람들에게 심히 거슬렸을 것이다. 그러나 한문의 형식을 갖춘 것만으로도 사람들은 유쾌하게 여겼으리라.

인상 비평에 치우진 부분은 있으나 『니혼가이시』의 한문이 눈과 귀 이중으로 향수되었다고 지적하는 점에서는 통찰력이 뛰어나다고 할 수 있겠다. 한문이 "눈에 작용하는 문장"이라는 점에 관해서는 미토학자 후지타 도코藤田東湖의 시문을 평가하는 단락의 뒷부분에서 조금 더 자세히 논하고 있다.

물론 소수의 예외를 제외하면 그 한문은 지나어シナ語로 읽히지 않고 일본어로 읽힌 것이다. 그러나 한문은 본래 음을 모사하는 문자가 아닌, 눈에 작용하는 언어이기에 일본인이 쓴 한문도 눈에 작용하는 언어로서는 지나의 문장과 같으며, 그러므로 지나의 고전과 같은 종류의 아름다움을 느끼게 한다. 더군다나 이를 귀에 작용하는 언어로서 일본어 풍으로 읽는 경우에는 고유의 일본어보다도 변화와 굴절이 많고 강함과 간결함이 뚜렷이 느껴지는 듯한 특수한 아름다움이 발휘된다. (…) 일본에서는 18세기를 거치면서 한문의 이해력이 증대되었고 19세기 전반에 걸쳐서 한문을 즐기는 특유한 방식이 유행하게 되었다.

와쓰지는 이러한 "한문을 즐기는 방식"의 이중성이 일본 한문에 본질적으로 내재해 있으며, 이것이 한문 이해력이 증대되면서 19세기 전반의 일본에서 유행하게 되었다고 논하나, 이 부분은 검토가 필요하다.

눈과 귀

먼저 한자는 확실히 표어 기능이 강하며, 이를테면 표음 문자는 아니지만 의미만을 나타내는 문자라고 볼 수도 없다. "본래 음을 나타내는 문자가 아니"라는 말은 음과 관련이 없다는 뜻이 아니다. 지금껏 논해왔듯이 한자는 그것이 한자로 확장되는 과정에서 표성자와 같이 음성을 나타내는 기능을 갖추게 되었다. 적어도 진한 이후부터 고전문 서기에 사용된 한자는 분명히 음과 결합한다. 4언·5언·7언과 같은 시도 문자수가 아닌 음절수를 갖춘 것이며, 사륙변려문四六駢儷文의 리듬도 음에서 시작한다. "눈에 작용하는 말"인 것은 아니다.

또한 훈독의 음조가 항상 "강함과 간결함이 현저하게 느껴지듯이 특수한 아름다움"을 가진 것이었느냐 하면 반드시 그렇지도 않다. 훈독은 시대에 따라 상당히 변화한다. 근세에도 처음에는 박사博士 집안에서 이어지던 훈독의 흐름을 이어받아 되도록 와고를 섞어 읽는 방식이 주류였으나, 18세기 이후에는 반대로 자음을 그대로 읽어 내려가는 방식이 주류가 된다.(齋藤, 2011) 즉 와쓰지는 근세 후기에 오면서 널리 퍼지게 된 훈독법을 염두에 두고 있다. 오쓰키 후미히코大槻文彦(1847~1928)는 국어학자의 입장에서 다음과 같이 논한다.(大槻, 1897, 19~20쪽)

> 사서오경에서도 도슌텐道春點 등과 같은 것은 틀린 곳이 없다고는 할 수 없고, 또한 옛날의 스가케菅家, 오케江家의 텐點 유산을 이어받아 스테가나捨假名[한문을 훈독할 때 한문의 뜻을 일본어로 바꾸기 위해 조사나 조동사, 활용어미 등을 나타내는 글자를 한자 아래에 작은 글자로 적은 것], 후리가나振假名[한자를 읽기 위해 그 발음을 가나로 적는 것]에도 자自, 타他, 능能, 소所, 과거, 현재, 미래 등과 같은 어격이 여전히 존재했다. 그런데 간세이寬政 산스케三助 선생 적부터 고훈점古訓點의 후리가나를 버리고 오로지 음독하는 일이 일어났다.

도슌텐이란 하야시 라잔이 창안한 훈점訓點을 가리키며, 간세이의 산스케 선생이란 앞서 언급한 간세이 삼박사, 즉 고가 세이리古賀精里, 비토 니슈尾藤二洲, 시바노 리쓰잔柴野栗山을 말한다. 도슌텐은 '불천적不踐迹'을 '발자취를 밟지 않는다迹をしも踐まじ'라고 읽듯이, 부정이나 추측, 과거 완료 등의 조동사나 부조사를 적극적으로 사용하여 일본어 문맥에 가깝도록 하거나, '자왈子曰'을 '공자께서 말씀하시기를子の曰く' 혹은 '자로왈子路曰'을 '자로가 말하기를子路が曰く'로 읽듯이, '께서, 가'와 같은 조사를 존비에 따라 구분해서 사용하는 특징이 있다.(田中, 1979) 이러한 보독補讀을 줄이고 글자 음 읽기를 늘린 것이 고토 시잔後藤芝山

(1721~1782)의 고토텐後藤點이다. 시잔은 시바노 리쓰잔의 스승이기도 했는데, 시잔의 훈점은 소독의 기준이 되었다.『니혼가이시』의 훈점 또한 이 계보에 위치한다.

그러므로 와쓰지가 말하는 눈과 귀에 의한 향수는 역사적 조건 속에서 가능해졌다고 이해해야 한다. 또한 한문을 '눈에 작용하는 말'로 의식하게 된 것과 훈독법에 큰 변화가 생긴 것도 실은 연동하고 있다.

한문 직독론直讀論

한자가 전래된 시기로 거슬러 올라가서, 훈독이라는 기법이 고안되기 전에는 직독 외에는 생각할 수 없었기 때문에 직독론은 훈독이 보급되면서부터 주장되었다고 할 수 있다. 빠른 예로는 기요 호슈岐陽方秀(1361~1424)나 게이안 겐주桂庵玄樹(1427~1508)와 같은 무로마치 선승이 창안한 직독론도 있으나, 오규 소라이의 직독론은 직독을 언어론적으로 자리매김했다는 점에서 획기적이었다. 제2장에서 이미 인용한 부분과 내용은 유사하나,「분케이文戒」에도 다음과 같은 문장이 있다.

> 문장이란 다름 아닌 중화 사람의 언어다. 중화의 언어는 이
> 곳과 다르다. 당시 와쿤으로 뒤바꿔 읽음으로써 그들 언어
> 와 통하게 한 것은 임시방편이었지 과연 좋은 방법은 아니
> 다. 그럼에도 불구하고 유자들은 이를 규범으로 묵수하고

있다.

文章非它也. 中華人語言也. 中華語言與此方不同也. 先脩有作
爲和訓顚倒之讀以通之者 是益當時一切苟且之制 要非其至
者. 而世儒箕裘守爲典常.

소라이는 훈독으로부터 벗어나 한문을 해석하는 안내서로
『야쿠분센테이譯文筌蹄』를 썼다. 이 책에서 그는 경서를 해석하기
위해서는 그 언어를 올바르게 이해할 필요가 있다, 그러기 위해
서는 그 언어가 일본이 아닌 중화 언어라는 점을 의식하지 않으
면 안 된다, 와쿤으로 가에리요미返り讀み를 하면서 마치 일본 언
어인 것처럼 읽어버리면 반드시 오해가 생긴다는 점을 강조했
다. 그러므로 중화의 학문을 익히고자 한다면 먼저 당나라 언어
를 외국어로서 배우고 문장은 중국 음으로 암송하며, 번역은 일
본의 구어로 해야 한다고 말한다.

새로운 훈독

그러나 오늘날과 달리 누구나 중국어를 배울 수 있는 환경이
아니었기에 훈독에 의한 학습도 인정하지 않을 수 없었다. 동시
에, 본래 이국의 언어 자체를 취급하면서 바른 해석을 구하고자
하는 취지였으므로 와고和語의 사용은 경계한다. 소라이의 제자
였던 다자이 슌다이太宰春台(1680~1747)가 훈독의 병폐를 누누
이 설명하면서도 "순서를 바꾸어 읽는 것은 우리 나라의 속습俗

帖이라 갑작스럽게 고치기는 어렵다"고 하면서 "단, 글자를 읽을 때에 왜훈으로 읽지 않으면 어긋나는 부분을 제외하고 그 외에는 음으로 읽히는 한에서 음으로 읽을 것"(『왜독요령倭讀要領』권中,「서법을 읽다讀レ書法」)[12], 즉 가능하면 훈이 아닌 음으로 읽으라는 주장도 그 예다.

이러한 슌다이의 생각은 간세이 이후의 훈독과 통하는 측면이 있다. 물론 쇼헤이코의 박사들은 주자학을 신봉했으므로 주자학을 부정한 소라이 학파를 사상적으로 받아들일 수는 없었으며, 화음華音 직독이 아닌 훈독이 정통이라고 생각했다. 이러한 의미에서 슌다이와는 반대 입장에 있었다. 그러나 한문으로 표현된 것을 과하거나 부족함 없이 이해하고자 했던 방향성에는 변함이 없다. 소라이 학파 외의 학자들은 음독이 아닌 훈독의 방법을 궁리함으로써 이 문제를 해결하고자 했다. 앞서 논했듯이 와고로 바꾸지 않고 글자 음으로 읽는다든지, 되도록 모든 글자를 읽으려 하는 훈독법이 등장한 것이다.

이렇게 본다면 오규 소라이가 제기한 문제는 입장을 넘어서서 18세기 이후의 학자들에게 공유되었다고 할 수 있다. 와고에 의존하지 않는 정밀한 읽기가 화음 직독이 아닌 오히려 훈독이기에 가능하다는 점을 보이기 위해서 극단적으로 보독補讀을 줄이고 모든 한자를 훈독으로 끼워 맞추고자 한 사토 잇사이佐藤一齋(1772~1859)의 훈점(잇사이텐一齋點)도 이러한 흐름 속에 위치 지

---

12 인용은 『漢語文典叢書』(吉川 외, 1979), 교호享保 13년(1728) 간본刊本 영인본 수록을 따랐다.

을 수 있다. 물론 이러한 훈독은 되도록 한문이 지닌 원래의 의미를 복원하고자 하는 행위였으므로 일본어 문법에 맞지 않는 부분도 나온다. 영어의 직역체와 비슷하다고 할 수 있을지도 모르겠다. 오쓰키 후미히코가 잇사이텐을 국문의 "어격 파괴 그 화근의 원흉"(大槻, 1897)이라고 단정 지은 것도, 와타나베 가잔渡邊崋山, 사쿠마 쇼잔佐久間象山, 나카무라 마사나오中村正直 등을 문하로 배출한 사토 잇사이가 쇼헤이코의 유관儒官으로서 큰 영향력을 지니고 있었다는 점을 생각하면 이해되지 않는 것도 아니다.

한편 제3장에서 보았듯이 소라이는 중화에서 "독서, 독서讀書讀書"라고 강조하는 것에 대하여, 자신이 생각하기에 '독서'는 '간서看書'밖에 되지 않는다고 말했다. '독서'란 소리를 내어 서적을 읽는 행위, '간서'란 눈으로 글자를 쫓아 읽는 행위다. 소라이에 의하면 중화와 일본은 글자 음이 다르기 때문에 중화의 책을 읽는 데 일본의 "귀와 입耳口二者"은 도움이 되지 않고 유일하게 '두 눈'만은 전 세계 공통이다, 또한 독송이라고 하면 와쿤으로 가에리요미를 하거나 불경처럼 음독으로 내리읽을 수밖에 없으나 와쿤으로 읽으면 본래의 의미에서 벗어나고 음독으로 내리읽으면 의미도 모른 채 쓸데없는 억측이 생겨난다, 그럴 바에는 차라리 눈으로 제대로 읽는 편이 낫다고 했다. 문장이 눈에 익으면 말 외의 기상氣象이 마음에 떠오르게 된다는 것이다. 이러한 "심목쌍조心目雙照"가 이상적이라고도 말했다.

이렇듯 화음 직독을 주장하면서 다른 한편으로는 눈과 마음으로 읽는 것을 주장한다. 그 현상은 다르나, 와쓰지가 말한 이중성과 구조적으로는 동일하다고 할 수 있지 않을까?

눈과 귀의 이중성

시를 음미하다

산요에게 이러한 이중성은 어떻게 의식되고 있었을까. 이 문제를 생각하기 위하여 산요와 관련된 언설 하나를 더 소개하고자 한다. 메이지 12년에 태어난 작가 마사무네 하쿠초正宗白鳥 (1879~1962)가 다이쇼 15년(1926)에 쓴 일기에는 산요 시에 관해 추억을 섞어 말한 부분이 있다.(正宗, 1968, 118~119쪽)

나는 집 안에 틀어박혀 공부하면서 생긴 가슴속 답답한 기분을 떨쳐버리고자 물가를 산책하면서 종종 시음詩吟을 할 때가 있다. 나의 시음 버릇은 사숙私塾에서 공부했던 소년 시절에 생겨난 것인데, 읊조리는 것은 대개 라이 산요의 시였다. 나는 지금도 '지쿠고가와를 내려가다筑後河を下る'라는 장시를 곧잘 읊곤 한다. 나의 소년 시절에는 많은 학생이 산요에 익숙했다. 지금도 중학 이상의 유식 계급에서 산요가 쓴 서화書畫는 인기 있는 물건이니, 유신을 전후로 십수년간 산요만큼 일본 국민성을 건드린 문인이나 시인은 없었던 듯하다. (…) 그러나 나는 다감한 소년 시절에도 산요 시문을 읽고 마음 깊숙이 동요한 적은 없었다. '지쿠고가와'를 읊으면서도 그 뜻을 생각하면 야담적이면서 통속적인 느낌이 든다. "저 멀리 살찐 산봉우리를 바라보면 남운에 닿는다遙かに肥嶺を望めば南雲に向ふ"라니, 옛 청년들은 좋아했을지 모르지만 산요의 시상이 조잡함을 보여준다. 남운을 통해 남조南朝를 연상하는 등 너무나도 유치하다.

'시음詩吟'이란 독특한 곡조로 한시를 읊는 행위인데, 중세 이후의 낭영朗詠를 잇는 흐름과는 별개로 근세 이후 주로 번교나 사숙을 통해 널리 퍼진 것을 말한다. "집 안에 틀어박혀 공부하면서 생긴 가슴속 답답한 기분을 떨쳐버리고자"라고 했듯이 시음에는 학교라는 장소에서 심신 건강을 유지하는 역할을 담당하는 측면도 있었다. 그리고 라이 산요의 시는 가락이 훌륭하여 '시음'에 적합했던 것이다.

그러나 하쿠초는 산요의 시를 읊조리면서도 내용에는 비판적이었다. 소년 시절조차도 "마음 깊숙이 동요한 적은 없었다"고 하면서 내용은 "야담적이면서 통속적", 즉 속정俗情에 호소하는 것으로 "시상"도 "조잡"하다고 말한다. 아마도 여기에는 근대 자연주의적 작가 의식이 어느 정도 작용했으리라. 호아시 반리가 산요의 시를 두고 한문으로 치면 매우 뒤떨어졌다고 단정했듯이 마사무네 하쿠초는 산요의 시를 훌륭한 문예로 생각하지 않았다. 그러나 오히려 그러했기에 훈독이 신체적 리듬으로서 긴 세월 살아 있었다는 사실이 중요하다.

또한 이러한 훈독 리듬은 시 자체의 5언 혹은 7언이라는 리듬과는 확실히 다르다. 문자 나열로 보자면 5언 혹은 7언의 리듬으로 향수되어야 할 시가 훈독 음성을 통해 감흥을 일으킨다는 점, 즉 눈으로는 다섯 글자나 일곱 글자의 리듬인데 귀로는 훈독하는 소리의 울림이라는 이러한 상태가 이중성을 뚜렷이 드러낸다. 와쓰지가 말한 '눈'과 '귀'다.

산요의 시는 시의 운율도 제대로 밟고 있다. 한시는 자수를 맞추는 것만으로는 되지 않고 운을 밟아야 하며 정형화된 율시나 절구라면 평측을 맞출 필요가 있다. 이것이 운율이다. 운이나 평측은 기본적으로 수·당의 표준음에 따라 정해진 것으로, 시대의 흐름에 따라서 또는 지역에 따라서 실제 발음되는 소리로는 맞아떨어지지 않는 경우가 생긴다. 이것이 수·당의 표준음을 따라서 글자를 배열한 운서韻書가 필요했던 이유다.

그렇다고 해도 녹음기와 같은 것이 없었던 시대였기에 옛 음古音을 음가로 복원하기란 어려웠으며, 결국 시를 낭송할 때는 금음今音에 의거하지 않으면 안 되었다. 소라이 학파에 속했던 사람들이 주장한 화음華音은 기본적으로 금음, 즉 근세 중국음이었다. 그럼에도 불구하고 이를 통하여 한문이 '중화의 언어'임을 의식하는 행위를 중시했던 것이다.

산요는 분세이文政 원년(1818)에 나가사키에서 청국 사람과 필담으로 사귀기도 했으므로 화음과 접촉이 전혀 없었던 것은 아니다. 물론 소라이 학파가 주장한 직독론도 세상에 널리 퍼져 있었으므로 당연히 이 또한 시야에 있었으리라. 산요에게 있어서 운율과 화음의 관계는 어떠했을까?

시율론

이 질문에 답하기 위해서는 산요가 시의 운율에 관하여 그의 문하생이었던 오노 센조小野泉藏와 주고받았던 문답, 그리고 이와 관련하여 산요가 추구했던 지우知友의 성률론聲律論이 실려 있는 『사우시율론社友詩律論』이 참고가 된다.[13]

과거에 산요가 나가사키에서 보고 들은 것들을 통해 "화음華音을 배울 필요가 없다"고 말한 사실에 대해 센조가 "그렇다면 평측에 관해서도 집착할 필요는 없지 않은가"라고 반문한 것이 이책의 중심적인 문답의 발단이다. 산요의 '화음을 배울 필요가 없음華音不足學'이라는 논의는 무엇보다도 시는 멜로디에 담아서 부르는 것이 아니므로 음성을 세심하게 고려할 필요가 없다, 화음을 주장하는 것은 통역관이 과시하기 위해서일 뿐 시를 짓는 일과는 관계가 없다는 것이었다. 그렇다면 평측은 확실히 음과 관계하므로 센조와 같은 의문도 생겼을 터다.

---

13 인용은 메이지明治 16년(1883) 奎運堂 간본刊本을 따랐다.

이러한 물음에 대해, 언어와 시세는 변화하고 음율 또한 변화하지만 그중에 변하지 않는 것도 있다, 모두 자연의 흐름이지만 변하지 않는 것은 5언·7언이라는 음수율과 평측 배열이라고 산요는 설명한다. 시가 노래되던 시대에는 가락에 맞추어 음송하는 것이 가능했으나 이미 시가 노래되지 않은 지 오래다. 이렇게 되면 평측을 갖추지 않으면 음송하는 일조차 불가능하다. 이는 곧 멜로디를 잃어버린 와카和歌가 31수가 아니면 노래될 수 없는 것과 같다고 말하는 것이다.

주의를 끄는 점은, 잃어버린 음의 대체로서 시의 규율이 있다는 주장이다. 즉 중국만 해도 옛날과 지금이라는 간격이 있으며, 일본으로 넓히면 더 나아가 한漢과 화和라는 간격이 존재한다. 음은 이미 잃어버렸다. 그러므로 이백이나 두보, 한유나 소식과 같은 독창적인 천재조차도 시의 규율은 따를 수밖에 없었던 것이다. 하물며 우리는 다른 나라의 언어를 통해 자신의 성정性情을 말하고자 하니, 그 음조가 모호한 저편에 있는 이상 규율에 의거하지 않으면 안 된다고 산요는 말한다.

이미 음을 잃어버렸기에 그저 복원하는 것 외에 방법은 없으며, 그 실마리로 시율이 존재하는 것이라면 마치 음을 잃어버리지 않은 양 화음을 배우는 일은 오히려 진실된 음을 얻는 데 방해가 된다는 이야기다. 지금 전해지는 소리에만 의지하려고 하면 그것이 화음이라고 해도 평측에 오류가 생기는 것이 사실이다. 산요는 "지금의 시인은 배울 필요가 없는 데도, 구애받아서 피해야 할 과오를 저지르는 자가 있는데, 이는 웃을 일이다. 내가 알고 있는 당 통사 중에도 성률을 풀이한다고 퍼뜨리는 자가 있는데 이 또한 같은 부류다今之詩人或泥其不必可學者 而犯其必可避者 是爲可哂耳. 僕所識舌官稱解聲律者 亦不免於此"라고 주장한다.

사실은 이미 오사카 가이토쿠도懷德堂[14]의 주자학자였던 나카이 지쿠잔中井竹山(1730~1804)도 산요의 이러한 주장과 같은 논의를 펼친 바 있다.(『시율조詩律兆』권11, 논5)[15]

근래에 시를 배우려면 화음華音 배우기를 주로 삼으라고 주장하는 학자가 있다. 이러한 주장은, 시는 풍영諷詠에 바탕을 두므로 화음을 알면 성율이 맞는지 어떤지를 알 수 있으며, 고인의 풍조도 화음의 풍영에서 구하면 어떠했는지 스스로 알 수 있다는 것으로, 화음을 모른 채 시를 지으면 모두 와슈가 되며 화인에게 보인다면 몰래 비웃을 것임이 틀림없다는 것이다. (…) 나로 하여금 말하라 한다면, 근체시近體詩에는 정해진 규칙이 있어서 이는 서적에 기재되어 있으며, 우리 나라의 잘못된 습관訛習을 없애고자 한다면 이 책에 의거하면 되는 일이다. 이를 행하지도 않고 중국이 아닌 나가사키의 통사가 말하는 화음(偏方之舌), 더군다나 당나라로부터 멀어진 지금의 음(影響之餘)에서 구하는 것은

---

14 1724년 오사카에서 조닌町人들이 유학자 나카이 슈안中井甃庵 등을 중심으로 설립한 사숙이다. 1726년에 막부의 인가를 받아 학문소가 되었다. 나카이 지쿠잔은 슈안의 장남으로, 2대 학주였던 슈안이 죽은 뒤를 이었으며 나아가 1782년에는 슈안과 같은 창시자였던 미야케 세키안三宅石庵의 아들인 미야케 슌로三宅春樓가 죽은 뒤를 이어 학주가 되었다.—옮긴이

15 인용은 『日本詩話叢書』, 第十卷(池田, 1920)에 수록된 것을 따랐으며, 가에리텐 및 오쿠리가나는 생략했다.

전혀 옳은 방도가 아니다. (…)

近時一二儒先言詩 以學華音爲主. 其意蓋謂詩原乎諷咏 華音
既通 則聲律諧否 古人風調 求之諷咏 皆自然而得焉. 苟不之
知所作 皆是邦習 令華人見之 不免匿笑. (…) 以予觀之 今體
一定之規 存乎簡冊 欲鐲我邦沿習之弊 宜稽於斯而已矣. 置之
弗問 特索諸偏方之舌 影響之餘 抑末也. (…)

이 문장은 중국 음의 학습을 장려하는 학자를 논박한 것으로,
먼저 중국 음을 배우지 않아도 시법서에 의하면 될 일이라고 말
한다. 그런데 그 뒤에도 지쿠잔은 계속해서 논의를 전개한다. 즉
시는 직접 부르는 것에서 외는 것이 되었으며 악보나 시여詩餘
도 함께 변화하는 것이라고 했다. 또한 당 시대의 소리와 지금의
소리가 같을 리 없으며 자연의 리듬을 중국 음의 음독에서 구하
는 것은 옳음에 닮아 있으면서 그른 것이라고 그는 단정한다.

나아가서 지쿠잔은 중국 음을 중시하라는 학자가 쓴 시문을
읽어보니 틀린 문장이 많고 성률도 와슈에서 벗어나 있지 않은
바, 이는 도움이 되지 않는 화음을 보이기에 좋은 예라고도 말한
다. 실제로 『시율조』에서는 오규 소라이나 핫토리 난카쿠服部南郭
(1683~1759)가 쓴 시를 하나하나 점검하여 시율에 맞지 않는 부
분을 세어보기도 했다.

지쿠잔은 반反 소라이 학자로 알려져 있으며, 중국 음의 학습
을 부정하는 일을 문호의 대문으로 삼았다고도 할 수 있겠다. 그
러나 이 논의 속에는 청객들과 자주 교류했던 나가사키 출신자

의 직화直話도 인용되어 있어서 논리를 진행하는 설득력이 있다. 물론 소라이로 되돌아간다면, 그가 지쿠잔이 비난하는 의미에서의 화음 직독을 장려한 것은 아니었다. 소라이는 배우고자 하는 언어와의 거리를 의식하는 일이 중요하다는 생각을 지니고 있었으며 중국 음만 배우면 그것으로 족하다는 식으로 말한 것은 아니었다. 그러나 표면적인 기교라는 면에서 화음을 숭경하는 일파로 비난받을 측면이 있다는 점은 상상하기 어렵지 않다.

귀를 버려라

산요는 지쿠잔이 펼친 반화음설反華音說을 배웠으리라. 그러나 산요의 시학詩學은 시율을 상세하게 분석하고 분류한 『시율조』를 쓴 지쿠잔과는 달리, 보다 감각에 의거한 것이었다. 다시 한 번 『사우시율론』으로 돌아가보자. 산요는 이렇게도 말한다.

> 일단 귀를 버리고 눈을 통하여 당, 송, 명, 청의 시문집을 앞에 두고 한 구 한 구를 확인해 나가면 바꿀 수 없는 시율이라는 것은 그 자체로 존재하는 것이지, 화음이나 팔병八病을 가리키는 것이 아님을 알 수 있다.
> 今且舍其耳而用其目 就唐宋明淸諸集 逐句推驗 可以知彼所謂不可變之律 別自有在 非是之謂也.

귀를 버리고 눈을 통해서 시율을 터득한다. 눈으로 얻은 시율이라면 확실히 훈독과 어긋나는 일은 없다. 그러나 운율을 이야기하는데 "귀를 버리라"고 하는 것은 아무리 봐도 역설적이다. 소라이가 귀가 아닌 눈으로 읽으라고 말한 것이 산요에게는 귀와 눈의 분리로 나타났다고 이해할 수 있다. 그리고 주의해야 할 점은, 이러한 생각이 훈독론 내부에서 나오지 않고 직독론에 의해서 야기되었다는 점이다. 즉 산요는 소리임이 분명한 운율에서는 귀를 버리고 의미임이 분명한 훈독에서는 귀를 사용한다. 화음 직독을 경유하면서 의식된 음성에의 강조가 산요에게는 훈독을 낭송하는 행위였다고 생각해도 좋다.

　더 나아가서 『사우시율론』의 발문으로 붙인 산요의 서간을 읽어보면 산요는 중국 음을 표면적이라고 배척하는 한편, 고금古今 화한和漢의 밑바탕에 깔려 있는 '성음지도聲音之道'의 존재를 확신하고 있었음을 알 수 있다.

　　음조가 맞는지 어떠한지를 보는 데 화음이 필요하지 않음에 관해서는 본편에서 논하고 있다. 더 나아가서 증거를 들자면, 명·청 사람이 고시를 평한 서적을 읽고 이 편에는 가락이 있다고 말하는 시는 나도 가락이 있음을 느끼고, 이 글자는 울림이 없다고 말하는 글자는 나도 울림이 없음을 느낀다. 두보 시에서 "첩첩 산골짜기 넘어 형문에 다다르니群山萬壑赴荊門"라는 부분을 원매袁枚가 논하기를 '군群'은 '천千'으로는 안 된다고 말했으니 이는 내가 읊어 맛보아도 과연 그러하다. 이는 의미가 달라서가 아니고 음조만의 문제다.

그러므로 시가 사람의 마음을 움직이는 것은 다 시를 읊조리는 데 있는 것일 뿐, 의미를 자세히 해석하지 않아도 눈물이 흐른다. 성음의 도에는 화한和漢이 크게 다를 바가 없음을 알 수 있다.

音節諧否 不待華音者 本書已言之矣. 更有一證 試取明清人評古詩者覽之 曰某篇有調者 我亦覺其有調 曰某字不響者 我亦覺其不響. 如袁倉山論群山萬壑赴荊門 不可改群爲千 誦而味之 信然. 非意有異同 所爭音節而已. 是故詩之驚心動魄 總在唫誦之際 不必待細繹其義 而涕已隆之 是知聲音之道 和漢無大異也.

"다 시를 읊조리는 데에 있는 것일 뿐, 의미를 자세히 해석하지 않아도 눈물이 흐른다"고 말하는 산요에게 음송은 물론 훈독이다. 그러나 이 훈독은 옛사람이 시에 담은 목소리를 끄집어내는 계기로 인식되고 있다.

훈독에 관하여 한문을 분석적으로 이해하기에는 직독보다 훈독이 유리하다는 설이 자주 언급되곤 하지만, 산요에게 시의 훈독은 그러한 것이 아니다. 앞서 보았듯이 시뿐만 아니라 『사기』에서도, 그리고 자신의 『니혼쇼키』에서도 훈독은 해석을 위한 행위라는 성질에서 이탈하여 문장으로부터 감흥을 이끌어내는 행위로 변해 있다. 제3장에서 논한, 낭송으로서의 훈독은 이렇게 퍼져간 것이다.

화한和漢을 넘어서

라이 산요는 낭송으로서의 훈독에 의거하여 "성음의 도에는 화한이 크게 다를 바가 없다"는 인식에 달했으며, 화한이라는 경계를 넘어서서 보편성에 이르렀다. 소라이에 의해 일단 제기되었던 '중화의 어언語言'이라는 한문 의식을 산요는 음송을 통해 넘어섰다고 할 수 있지 않을까?

산요에게 '와슈'가 회피해야 할 성질이 아니었다는 점은, 표면적으로는 평범하고 속됨을 취지로 했기 때문이라고 볼 수 있으나, 지금껏 논해온 내용에 입각해보면 오히려 '와슈'라는 관념을 지탱하고 있는 화한이라는 경계 의식이 '성음지도聲音之道'에 의해서 무화되었다고도 말할 수 있다. 그리고 이는 근세 후기의 일본에서 소독이나 시음이 보급된 상황과 확실히 관련이 있다. 이러한 상황에서 라이 산요는 한시문을 새로운 문체로 세상에 내보였다고 할 수 있지 않을까? 눈과 귀가 서로 버티고 대항하면서 내포된 비장한 문체. 공과를 논하기에 앞서 이는 확실히 메이지 언어가 탄생하는 실마리를 제공했다.

제 5 장

새로운 세계의 말:

한자문의 근대

번역의 시대

동아시아의 근대

한자 세계에서 근대란 무엇일까?

제5장에서는 이 문제를 두 가지 관점에서 다룰 것이다. 하나는 번역, 다른 하나는 훈독체다. 먼저 번역부터 생각해보자.

근대 동아시아는 번역의 시대였다. 번역에 의해서 근대가 시작되었는지 어떤지에 관해서는 논의할 여지가 있으나 번역이 근대를 가속시켰다는 점은 의심할 수 없다. 번역은 새로운 세계관과 문체를 불러왔다.

한자권에서 번역이 근대 이후부터 시작된 것은 아니다. 오랜 예로는 후한 시대의 불전 한역에서 시작하여 명·청 시기에는 기독교 선교사들이 서양서 번역에 임했다. 이들의 영향이 결코 작지는 않았으나, 육조 시기에 불교를 노장 사상 용어로 해석하거나(격의불교) 예수회의 선교사가 현지의 신앙이나 풍습을 배려하는 방식으로 포교하고 번역한 예(적응주의)가 전형적으로 보여주듯이 중국 사회나 문화의 근간을 변화시키지는 않았다. 근대의 번역은 전근대에서 행해졌던 번역과는 크게 다르다.

번역이 어떠한 문체로 이루어졌는지, 그 문체가 사회에서 어떠한 역할을 했는지를 본다면 그 차이는 더욱 명확해진다. 한역 불전과 명·청 시기의 번역도 확실히 종래와는 다른 어휘를 만들었고, 특히 불전의 경우 어법 면에서도 그 특징을 지적할 수 있다. 하지만 전체적으로는 문어문(한문)의 하나로 인식할 수 있으며 더구나 그것이 사회에서 중심적인 어휘나 문체가 되는 일은 없었다.

이에 반해 근대 번역이 초래한 어휘와 문체는 동아시아 각 지역의 전통적인 어휘와 문체를 대신했다. 그러나 당연하게도 이는 단순한 유입이나 교체가 아니다. 전통적인 지知나 문체가 방기되는 일 없이 번역에 의하여 새로운 요소가 더해져서 전체적으로 구성되고 재편됨으로써 새로운 지知와 문체를 형성했다.

이러한 경위를 살피기 위해 먼저 일본에서 난학蘭學[1]이 어떻게 번역되었는가에 관해 생각해보자.

---

1 네덜란드로부터 들어온 서적과 지적 양식의 총칭이다. 관련해서 '양학洋學'이라는 개념이 있다. '양학' 또한 간단하게 정의하기 어려운 말이지만, 일단 '양학'을 일본에 유입된 서양 학술이라 할 때 그 시기를 ①16세기 중엽~예수회에 의해 서양 학술이 직접 들어온 시기, ②17세기 중엽~예수회가 중국에서 한역된 양서를 수용한 시기, ③18세기 후반~네덜란드의 원서를 일본인이 직접 번역한 시기, ④19세기 중엽~유럽 각국의 원서를 직접 번역한 시기로 구분할 수 있다. '난학'이라고 하면 보통 세 번째 시기를 의미한다. 그러나 이 시기에도 한역 양서를 읽고 연구하는 이가 있었으며 한역 양서는 네덜란드어에 한정되지 않았으므로 난학과 양학을 구분 짓는 일은 어렵다.—옮긴이

난학蘭學의 번역

18세기 교호의 개혁享保の改革을 통해 공식적으로 인정받은 난학은 근대 일본에서 시행된 번역의 기점이 된다.[2] 번역이라는 개념을 넓게 본다면 지금껏 논했듯이 한문의 훈독이나 화역和譯도 번역의 범주에 속하지만 이들은 한자권에 속하면서 본문을 해석하는 한 형태였으므로 한자권의 외부 언어, 즉 서양어의 번역과는 그 성질을 달리한다. 이러한 의미에서 교호의 개혁으로 수입이 완화되어 들어온 한역양서漢譯洋書도 신지식의 도입이라는 측면에서는 큰 의미가 있으나 이미 한문으로 번역된 것이었기 때문에 한적의 연장선에 위치하는 것이었다.

네덜란드의 언어를 번역하는 일은 일본 지식인에게 새로운 경험을 가져왔다. 스기타 겐바쿠杉田玄白의 『난학사시蘭學事始』(1815)는 『해체신서解體新書』(1774)의 번역에 관하여 "진정 뱃머리를 돌릴 키잡이도 없는 배를 타고 대해로 나가는 듯 망양하여 좀처럼 들를 곳 없는 것에 무척 놀랍고 놀라울 뿐이다"라고 술회한다.(杉田·緖方, 1982) 주의할 점은 이 번역이 한역, 즉 네덜란드어를 한문으로 번역한 것이었다는 점이다.

2 교호의 개혁이란 에도 시기 8대 쇼군 도쿠가와 요시무네德川吉宗가 주도한 개혁이다. 1716~1745년에 걸친 요시무네의 집정 중에서 특히 난학과 관련해서는 1720년의 금서禁書 완화와 1740년 무렵의 난학 장려가 중요하다. 로마 가톨릭교회가 들어오는 것을 막기 위해 나가사키를 통해 들어오는 한적을 검열하는 쇼모쓰아라타메書物改이 1630년 이래 계속 시행되고 있었는데, 1720년 요시무네는 식산흥업 방침에서 마필 개량이나 국산품 장려 등을 위해 금서에 대한 검열 방식을 완화했다. 그리하여 18세기 중반에는 네덜란드 선박을 통하여 서양말과 독일인 마술사馬術師인 게즐(1697~1735)이 들어왔고, 이에 따라 서양식 마술馬術과 의학에 관한 한역 양서도 대량 유입되었다. 또한 1740년 무렵부터는 아오키 곤요靑木昆陽, 노로 겐조野呂元丈 등으로 하여금 직접 네덜란드어를 배우도록 한 결과, 곤요는 『和蘭貨幣考』『和蘭話譯』『和蘭文譯』 등의 책을 펴내고 겐조는 서양의 목초학을 익혔다.—옮긴이

왜 네덜란드어를 한문으로 번역했을까? 그 이유 중 하나는 이전까지의 의학서가 기본적으로 한적이었고 학술 문체로는 한자가 권위를 지니고 있었다는 점, 또 하나는 그들이 중국의 독자도 의식했다는 점을 들 수 있다. 오쓰키 조덴大槻如電은 할아버지인 오쓰키 겐타쿠(1757~1827)大槻玄澤가 쓴 문장을 모은 『반수만초磐水漫草』의 발문에서 다음과 같이 말한다.(大槻, 1912)

예전에 들은 일로, 스기타 선생이 『해체신서』를 번역했을 때 그 의도는 네덜란드의 실험이라는 설說을 통하여 의풍醫風을 일신하고자 하는 데 있었다. 그러나 국문으로 번역하지 않고 한문으로 쓴 것이 바로 저와 같았다. 이 또한 이유가 있다. 의인들은 모두 중국 의술을 신봉하기에 그 근저를 바꾸지 않으면 의풍을 일신하고자 하는 뜻을 이룰 수 없다. 한문으로 번역한 것은 중국에 이를 전하여 그 지역에 있는 의인들이 깨닫도록 하는 바람에서였다.

曾聞 杉田先生之譯定解體新書 意在執和蘭實驗說 一洗醫風. 然不翻以國文 而漢文記之 如彼. 抑亦有說. 醫家皆奉漢法 苟非革其根底 則不能果其志. 其譯用漢文 望傳之支那 而警覺彼土醫林也.

한방 의인들의 인식을 바꾸려면 중국 의인의 인식을 바꿔야 한다, 그러기 위해서는 한문으로 쓰지 않으면 안 된다는 주장이었다. 그러나 네덜란드어 번역이 언제나 한역이었던 것은 아니다. 그보다는 번역이 널리 시행되면서 한자 가나 혼용 문체가 주류가 되었던 것으로 보인다. 예를 들면 막부에서 시행한 사업으로 분카文化 8년(1811)부터 시작된 네덜란드 백과사전의 번역(『후생신서厚生新編』) 초고는 한자 히라가나 혼용 문체로 쓰였으며 지리서를 번역한 아오치 린소青地林宗 역『여지지략輿地誌略』은 한자 가타카나 혼용 문체로 쓰였다. 『하루마와카이ハルマ和解』(1798, 1799), 『역건譯鍵』(1810), 『개정증보역건改正增補譯鍵』(1857), 『화란자휘和蘭字彙』(1855, 1858) 등과 같은 화란사서和蘭辭書(永嶋, 1996)는 모두 그 번역어나 문장이 한자 가타카나 혼용으로 쓰였다.

그 예로 『화란자휘和蘭字彙』부터 살펴보자.

그림에서 보듯이 'natuur'를 성질, 생득이라고 번역했으며, "De gewoonte is eene tweede natuur"라는 예문은 "버릇은 두 번째 성질이다仕癖ハ二番目ノ性質ナリ"로 번역하고 있다. '시쿠세仕癖'에 대응하는 단어는 "gewoonte"이다. "gewoonte"란 'gewoon'의 파생어로 'gewoon'에 대하여 "길들여지다 혹은 버릇이 되다馴タル又仕癖ニナリタル"라고 번역되어 있으며, 예문 "Zÿ is gewoon zoo te handelen"은 "그녀는 그렇게 하는 것이 버릇이다彼女ハ左樣ニスルガ癖デアル"라고 번역되어 있다. 더 나아가서 'gewoonte' 항목을 보면 "풍의 혹은 습속 혹은 버릇風儀又習俗又癖"이라고 번역되어 있다.[3]

여기에서 사용되는 한어는 한적에서 볼 수 있는 것만이 아니

---

3 'gewoonte'의 번역어는, 『譯鍵』로부터는 "用習タル", 『改正增補譯鍵』으로부터는 『和蘭字彙』의 번역어를 받아들여 "用習, 風儀, 習俗, 癖"로 한다.

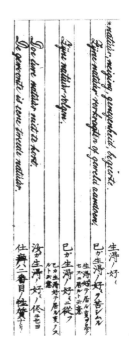

『화란자휘和蘭字彙』(桂川·杉本, 1974)

다. '성질'이나 '생득', '풍의'나 '습속'은 한적에서 유래하는 고전 한어이지만 "시쿠세仕癖"는 일본어에 한자를 붙인 것이다. "두번째二番目"라고 말하는 방식 또한 한문이 아니다. 한자 가타카나 혼용이라는 점에서 한눈에 보면 한문맥이라는 생각이 들지만 어휘 면에서 보면 화한혼효체和漢混淆體인 소로분候文에 가깝다. "그녀는 그렇게 하는 것이 버릇이다彼女ハ左様ニスルガ癖デアル"는 네덜란드 언어의 영향을 강하게 받은 것으로, "左様ニスルガ"에서 보듯이 역시 한문맥은 아니다.

흥미로운 점은 "De gewoonte is eene tweede natuur"라

는 예문이다. 당시 지식인이라면 이 예문을 보고 "습여성성習與性成"(『상서』太甲上)이나 "습관약자연야習慣若自然也"(『공자가어孔子家語』七十二弟子解)라는 고전 문구를 떠올릴 법하다. 그러나 여기에 나오는 예문은 "버릇은 두 번째 성질이다仕癖ハ二番目ノ性質ナリ"이다. 한적에서 유래하는 말이 아닌, 보다 와분和文에 가까운 번역어나 번역문을 썼다고 볼 수 있다. 이 점은 뒤에서 논하겠지만 오늘날 'Habit is second nature'라는 문장이 대개 "습관은 제 2의 자연" 혹은 "습관은 제2의 천성"이라고 번역되는 점과 좋은 대조를 이룬다. 그리고 이 '버릇仕癖'에서 '습관'으로의 전환이야 말로 근대에서 한자 한어가 지닌 위치를 상징적으로 보여준다고 생각한다.

영화사전英華辭典의 세찬 흐름

후쿠자와 유키치福澤諭吉는 「후쿠자와 젠슈 쇼겐福澤全集緒言」에서 다음과 같이 말한다.(福澤, 1969)

(…) 에도의 양학洋學 사회를 보아하니 애초에 많은 저술서와 번역서가 모두 가나 혼용 문체인데, 저자나 번역자는 자칫 한어를 사용하여 행문의 고상함을 중시함으로써 원서의 문법을 독파하여 문의를 깨우치기 용이하나 온당한 번역어를 얻기는 어렵다. 학자들이 힘들어하는 것은 오로지 이 점에 있다. 이러한 사정을 숨김없이 말하자면 한학이 유행하

는 시절에 양서洋書를 번역하여 양설洋說을 말하는바 문장
의 속됨은 볼품사납다. 이는 마치 한학자에게 겉을 치장하
라는 것과 같다.

번역자가 "한학이 유행하는 시절에 양서를 번역하여 양설을
말하는바 문장의 속됨은 볼품사납다"고 하는 감각을 가지고 있
었다면 결국 "버릇은 두 번째 성질이다"와 같은 문장은 고쳐야
할 문체로 인식되었음이 틀림없다. 번역을 하면서 유서 있는 한
어를 사용하고자 한 경향이 있었음을 부정할 수는 없다. 후쿠자
와는 언급하고 있지 않으나 중국에서 유입된 한역 양서, 나아가
일본에서 한역된 『해체신서』 등의 난서蘭書가 하나의 본보기가
되었을 가능성도 있다. 근대 이전의 동아시아에서 한문은 보편
성을 가진 언어였으므로 양학의 보편성을 신뢰했다면 한문적인
말의 용법과 구절 배치를 지향했을 터다. 어찌되었든 '가나 혼용
문체'가 주류였던 번역 문체에서 어휘나 어떤 선택을 할 때에 한
문맥이라는 인력引力이 계속 작용하고 있었음은 틀림없다.

더욱이 주의해야 할 점은 19세기가 되면서 영화사전英華辭典,
즉 영어와 한어를 대조한 사전 출판이 왕성하게 이루어졌다는
점이다. 네덜란드어를 번역할 때 참고할 수 있는 난화사전蘭華辭
典은 없었다. 한편 영화사전은 1815년에서 1823년까지 간행된
로버트 모리슨Robert Morrison, 馬禮遜의 『중국어사전中國語辭典』에서
시작하여 S. W. 윌리엄스Samuel Wells Williams, 衛三畏의 『영화운부역
계英華韻府歷階』(1844), W. H. 메드허스트Walter Henry Medhurst, 麥都思

의 『영화자전英華字典』(1847~1848) 등 끊임없이 출판되었다. 이들 사전이 이른바 신한어의 생산과 전파에 큰 역할을 했다는 사실은 이전부터 알려져 있으며 일본의 영화사전英和辭典에 끼친 영향도 작지 않다. 또한 근대 초기의 일본에 가장 큰 영향을 끼친 영화사전으로 W. 로브샤이드Wilhelm Lobscheid, 羅存德의 『영화자전英華字典』(1866~1869)을 들 수 있다. 이는 영화사전 중에서도 이전과 비교했을 때 그 규모가 가장 크며 일본으로도 줄곧 건너왔다. 나카무라 마사나오가 교정한 『영화화역자전英華和譯字典』(1879~1881)은 이를 일본어로 번역한 것이며, 이노우에 데쓰지로의 『정증영화자전訂增英華字典』(1883~1885)은 로브샤이드의 영화자전 외에도 J. 둘리틀Justus Doolittle의 『영화췌림운부英華萃林韻府』(1872) 등을 참조해서 번역어를 늘렸다.(宮田, 2010)

영화사전英華辭典의 영향력은 이전부터 지적되어 온 신한어의 생산에만 있는 것이 아니다. 이를 설명하기 위해서 먼저 로브샤이드의 『영화자전』에서 "custom"과 "habit"를, 메드허스트의 『영화자전』에서 "nature" 항목을 실제로 보자.

번역어로 열거되어 있는 한어를 보면, 전통적인 어휘에 통속적인 말(예를 들면 '방친인幇襯人')이나 광둥 방언(예를 들면 '唔慣噉做')이 섞여 있음을 알 수 있다. 또한 이들 전부가 영어와 대응관계를 이루고 있다. 이러한 한어의 대량 혼재—한어 어휘의 계층성 파괴—야말로 영화사전이 가져온 가장 큰 효과가 아니었을까?

예문을 보아도 "Custom is second nature"이나 "Habit

Custom, established mode, 規矩 ‚kw'ai 'kŭ. Kwei kŭ, 慣例 kwán' lai². Kwán lí, 風俗 ‚fung tsuk². Fung suh; established practice, 習 俗 tsáp‚ tsuk‚. Sih suh; established practice, 常 規 ‚shéung kw'ai. Cháng kwei, 定 規 teng² ‚kw'ai. Ting kwei; to give one's custom to a tradesman, 幫襯人 ‚pong ch'an² ‚yan. Páng ch'in jin; let me have your custom, 幫襯我 ‚pong ch'an² 'ngo. Páng ch'in wo; it is his custom, 慣經 kwán' ‚king. Kwán king; it is his custom to go there, 常慣去彼 ‚shéung kwán' hü² 'pí. Cháng kwán k'ü pí, 去 慣 hü³ kwán'. K'ü kwán; it is not my custom to act in that way, 唔慣噉做 ‚m kwán' 'kòm tsò²; custom is second nature, 慣習自然 kwán' tsáp‚ tsz² ‚ín. Kwán sih tsz jen, 習慣成自然 tsáp‚ kwán' ‚shing tsz² ‚ín. Sih kwán ching tsz jen; the Chinese custom, 唐人禮 ‚t'ong ‚yan 'lai. T'áng jin lí, 唐人規矩 ‚t'ong ‚yan ‚kw'ai 'kŭ. T'áng jin kwei kŭ, 唐人嘅習俗 ‚t'ong ‚yan kë³ tsáp

"custom"
(『영화자전』, Lobscheid · 邢順, 1996)

Habit, dress, 衣裳 ‚í ‚shéung. Í cháng, 衣服 ‚í fuk‚. Í fuh, 衫褲 ‚shám fú². Sán k'ú; a coat worn by ladies over other garments, 外衫 ngoi² ‚shám. Wái sán, 大衫 tái² ‚shám. Tá sán; practice, 習 tsáp‚. Sih, 習 俗 tsáp‚ tsuk‚. Sih sub; habit, 習慣 tsáp‚ kwán'. Sih kwán; in the habit of, 慣經 kwán' ‚king. Kwán king, 常慣 ‚shéung kwán'. Cháng kwán, 習熟 tsáp‚ shuk‚. Sih shuh; manner, 風 ‚fung. Fung, 風俗 ‚fung tsuk‚. Fung suh; custom, 規矩 ‚kw'ai 'kŭ. Kwei kŭ; by habit, 常常 ‚shéung ‚shéung. Cháng cháng; habit makes things natural, 習慣成自然 tsáp‚ kwán' ‚shing tsz² ‚ín. Sih kwán ching tsz jen; habit becomes second nature, 久行成性 'kau 'hang ‚shing sing². Kiú hang ching sing; in the habit of drinking, 慣飲 kwán' 'yam. Kwán yin, 常飲酒 ‚shéung 'yam 'tsau. Cháng yin tsiú; in the habit of walking, 慣行 kwán' ‚hang. Kwán hang; to change one's habit, 改習 'koi tsáp‚. Kái sih; to cut off old habits, 盡去舊習 tsun² hü³ kau³ tsáp‚. Tsin k'ü kiú sih; done from habit, 為習所致 ‚wai tsáp‚ 'sho chí². Wei sih so chí;

"habit"
(『영화자전』, Lobscheid · 邢順, 1996)

NATURE, 性 síng, 理 lè, 性理 síng lè, 天地 t'hëen té; nature's operation in the production of things, 廒盪 mò t'háng; nature supplying its own defects, 彌縫 me lûn; the great author of nature, according to Chinese ideas, 大鈞 tá keun, 洪鈞 húng keun, 大塊 tá k'hwaé, 皇天后土 hwâng t'hëen hów t'hoò; the course of nature, 天地運氣 t'hëen té yún k'hé; the light of nature, 本體之命 pùn t'hè che míng, 凡人所禀之天理 fán jin sò pìn che t'hëen lè; use is second nature, 習久成性 seïh kéw ching síng, 習慣如天性 seïh kwán joô t'hëen síng.

"nature"
(『영화자전』, Medhurst, 1994)

makes things natural" 그리고 "Habit becomes second nature" 또는 "Use is second nature"의 번역문으로 "習慣成自然" "慣習自然" "久行成性" "習久成性" "習慣如天性"이 나열되어 있는 바, "習慣成自然"이나 "習慣如天性"은 앞서 말한 "습관은 자연과 같다習慣若自然也"에 가깝고 "習慣自然"은 그것의 사자숙어화, "久行成性"이나 "習久成性"은 보다 통속적인 사자숙어라고 할 수 있다. 즉 여기에서는 한어의 다양한 변종이 나타나고 있다. 한편 전통적인 자전이나 운서에서 볼 수 있었던 출전도 여기에는 명시되어 있지 않다.

이러한 한어는 영어와 영문의 번역어로서 잡다하게 나열된 덕분에 매개성이라는 성질을 강하게 드러낸다. 한자라는 문자가 가진 특질 중 첫 번째는 표어 기능으로, 번역어로서의 신한어도 그러한 기능이 발휘되어 만들어졌으며 영화사전에는 이러한 점을 가시화하는 효과가 있었던 것이다. 또한 통속 어휘나 방언 어휘가 고전적 어휘와 구별 없이 나열됨으로써 신기한 어휘에 대한 저항이 약해지고 한자를 새롭게 표현하는 길이 열렸다고 생각할 수 있지 않을까?

한문맥의 재편

『데쓰가쿠지이哲學字彙』와 『민야쿠야쿠카이民約譯解』

이노우에 데쓰지로의 『데쓰가쿠지이哲學字彙』(1881)는 근대 일본에서 번역어가 제정되고 전파되는 데 큰 역할을 한 서적으로 알려져 있는데, 그 「서언緒言」에는 다음과 같은 조목이 있다.(飛田, 1979)

선학이 정한 역어譯語 중에서 타당한 것은 모두 채용하고 그 외의 새로운 역어는 『패문운부』『연감유함』『오차운서』 등과 그 외에도 유불 서적을 널리 참고하여 정했다. 지금 그 모두를 인용하여 증거로 삼지는 않겠으나 의미가 난해한 것에 대해서는 주를 넣어서 동몽童蒙들의 편의를 도모했다.

先輩之譯字中妥當者 盡採而収之 其他新下譯字者 佩文韻府·淵鑑類函·五車韻瑞等之外 博參考儒佛諸書而定 今不盡引證

獨其意義艱深者 攙入註脚 以便童蒙.

"선학이 정한 역어 중에서 타당한 것先輩之譯字中妥當者"이란 주로 한역 양서나 영화사전에서 유래하는 단어라고 볼 수 있다. 뿐만 아니라 새로운 역어는 강희제가 칙찬勅撰한 운서인『패문운부』, 마찬가지로 강희제 칙찬 유서類書인『연감유함』그리고 『패문운부』가 본보기로 삼았던 명나라 운서인『오차운서』등을 참조했고 그 외에도 유학이나 불교서를 널리 참조해서 정했으며 필요에 따라서는 주를 첨가했다고 말한다. 예를 들면 "Coexistence 俱有 按俱有之字 出于俱舍論 又唐杜甫詩 向竊窺數公 經綸亦俱有 又用共存之字可"(초판)과 같은 식이다. 참고로 두보의 시는「송중표질왕수평사사남해送重表姪王殊評事使南海」라는 시인데, 이러한 주석은 해당 단어가 불전이나 한적에 존재함을 나타낼 뿐 그 문맥을 이어받아서 번역어로 삼았음을 의미하지 않았다. 오늘날의 시선으로 보면 두보의 이 시를 여기에 인용할 필요조차 없는 것이다.

그렇다면『데쓰가쿠지이』의 번역어는 어떠한 것이었을까? "custom"과 "habit" 그리고 "nature"를 예로 들어보자.

custom 風俗풍속, 習慣습관, 關稅(財)관세(재)

habit 氣習기습

nature 本性본성, 資質자질, 天理천리, 造化조화, 宇宙우주, 洪鈞홍균, 萬有만유

영화사전과 일치하는 단어가 많다는 점은 일목요연하다. '버릇仕癖'과 같은 와고에 기반한 한자어가 전혀 보이지 않는다는 점에도 주의할 필요가 있다. 「서언」에서 "선학이 정한 역어 중에서 타당한 것은 모두 채용하고 그 외의 새로운 역어는 『패문운부』 『연감유함』 『오차운서』 등과 그 외에도 유불 서적을 널리 참고하여 정했다"고 말한 그대로다. 예를 들면 "habit"의 역어인 "기습氣쩝"은 로브샤이드의 『영화자전』이나 메드허스트의 『영화자전』에서는 보이지 않지만 한적에서는 그렇게까지 보기 어려운 어휘는 아니었으며, 『패문운부』의 "습쩝" 항목에도 있는 단어다. 근세 일본의 문서에도 사용된 용어였기에 『철학자휘』 편자들이 사용하던 어휘 범주에 있었다고 볼 수 있으나, 그렇다고 해도 한적에 존재하는가의 여부는 중요했다.

즉 여기서 이루어지고 있는 번역 작업은 난화사전蘭和辭典이나 영화사전英華辭典에서 행했던 번역과도 큰 차이가 있다. 난화사전은 네덜란드어를 가능하면 일본에서 일상적으로 사용하는 말의 범주에서 번역하고자 한 것이었으며 영화사전은 아속雅俗 여부를 따지지 않고 영어에 상응하는 중국어를 망라적으로 열거한 것이었다. 물론 새로운 말이 탄생하는 경우는 있었으나 그 비율이 높지는 않았다. 오히려 현지어로 번역 가능한 말이 전제가 되어 있었다. 그러나 『데쓰가쿠지이』의 경우에는 영어라는 공간과 일본어라는 공간이 별개의 것으로 파악되어 있으며 번역 불가능성이라고까지 할 수는 없어도 그 곤란함이 애초부터 인식되어 있었다. 이노우에는 1912년판 『영독불화英獨佛和 데쓰가쿠

지이』의 영문 서문에서 다음과 같이 말한다.(井上 외, 1912)

유신 이후 얼마 되지 않아 서양 철학이 일본에 처음으로 들어왔을 때 서양 철학에서 사용되는 학술용어와 정확하게 상응하는 역어를 우리 자신이 쓰는 말 속에서 찾아내는 작업은 굉장히 곤란했다. 동일 용어가 누차 다양한 표현으로 번역되어, 원문을 모르는 독자들은 완전히 다른 의미로 받아들여버릴 가능성도 있었다. 그러므로 유럽에서 사용하는 학술용어에 대하여 일본어 역어를 제대로 정하는 일이 절실히 필요했다.

As the occidental philosophy was for the first time introduced into Japan not long after the Restoration, it has been very difficult for us to find exact equivalents in our own language for the technical terms employed in it. One and the same term had sometimes been translated by various expressions which might be considered quite distinct in their signification by readers unaquinted with the original. It was, therefore, very necessary to settle finally the Japanese equivalents of the European technical terms.

즉 서양 철학을 등가적으로 표현할 수 있는 언어 공간을 새로운 일본어를 통해 구축하고자 했다. 그러한 언어 공간은 일상적인 언어 공간과는 다른, 추상성이 높은 것으로 여겨졌다. 이러한 태도는 앞서 말한 후쿠자와 유키치의 견해와는 크게 다르다. 앞서 인용한 부분과 이어지는 후쿠자와의 문장을 읽어보자.

백 년 전부터 생긴 번역법이라고 해도 이대로라면 도저히 오늘날의 쓰임새에 맞추기에 부족하다는 생각에서 모두들 살며시 궁리한 것이 한문 중 한자 사이에 가나假名를 넣고 소로분候文[4] 중의 소로候라는 글자를 빼는 방식으로, 책을 쓰거나 번역을 할 때에는 이 방법을 따라서 문장을 짓자고는 하나, 이 역시 한문을 토대로 생겨난 문장이기에 단지 가나가 섞여 있을 뿐이며 한문이기 때문에 문의를 알기 어렵다. 반대로 속문俗文 속어俗語 안에 있는 소로라는 문자만 없으면 괜찮다고 하나, 그 근본이 속되기 때문에 이는 속간俗間에서 통용하게 해야 할 것이다. 그러나 속문에 족하지 않는 부분을 한문자로 보충하여 사용하는 것은 매우 편리하므로 결코 버릴 수는 없다. 행문行文의 경우에는 더더욱 거리낌 없이 한어를 사용하여 속문 안에 한어를 삽입하거나 한어에 속어를 붙이고 이로써 아속을 심히 섞어서 마치 한문 사회의 영장靈場을 범하듯 그 문법을 문란하게 하며, 단지 빨리 알 수 있고 쉽게 알 수 있는 문장을 이용해서 통속 일반에 문명의 새로운 사상을 널리 얻게 함을 취지로 한다.

---

4 문어체의 한 종류로, 동사나 보조동사에 겸양, 공손을 표시하는 '候(소로)'를 주로 사용하는 데에서 소로 문장, 즉 소로분이라고 불렀다.—옮긴이

(…)

　잘 알려져 있듯이 후쿠자와가 근세 일본의 상용 어휘를 주로 사용해서 문장을 번역한 데에는 위와 같은 취지가 있었다. 물론 후쿠자와라고 해도 번역의 곤란함은 자각하고 있었으리라. 그러나 실용적인 학문 보급을 요점으로 삼고 문명의 보편성을 강하게 인식한 점이 이러한 태도를 낳았다.

　『데쓰가쿠지이』의 편자들은 서양 사상을 그 자체로 이해하기 위해 등가로 놓을 수 있는 번역어 선정에 애썼다. 이는 일상어가 아닌 추상어인 한어를 통해 구성되었다. 제4장에서 논했듯이 이러한 방법은 되도록이면 한문을 일본어로 고치지 않고 한문을 그 자체로 읽고자 했던 근세 후기의 한문 훈독 기법과 공통된다. 영문 독해법이 한문 훈독 방법과 닮아 있다는 점이 자주 지적되나, 훈독의 영향을 말하고자 한다면 이러한 사고법의 계승에도 주의를 기울여야 하리라. 새로운 언어 공간을 구축하는 일이야말로 이노우에 등이 지향한 것이었다.

　한어 한문이 고전적인 규범에서 떨어져나가면서 서양의 온갖 언어와 등가성을 지니는 언어로 새롭게 자리매김한다. 그리하여 나카무라 마사나오의 다음과 같은 시도 또한 의미를 지니게 된다.(中村正直, 「年報」, 메이지 14년 12월, 도쿄대학사 사료 연구회, 1993)

　　매월 대체로 제2, 3차는 작문을 시행하여 그 문장을 첨삭하

거나 평가하는 말을 덧붙여서 이를 장려했다. 제목은 내가
제시했으나 대체로 학생들이 읽을 수 있는 영어책에서 한두
장을 골라내어 한문으로 번역하게 했다. 이는 영어책을 이
해할 수 있게 하기 위한 것이며 해당 학생이 영학英學을 하
도록 함은 물론이거니와, 그와 같은 과업을 통해 장래에 영
어와 한문을 대비하여 역문을 만들 때에도 조금이라도 도움
이 되리라고 생각했기 때문이다. 또한 지금 당장의 편리함
을 따져보아도 한문을 지어가면서 영문을 세심히 읽는 일
을 통해 역어를 고민하고 구하여야 한다. 공들인 정성을 흩
뜨리지 않아야 하며 일거양득의 이익을 얻어야 하니라. 학
생들도 이러한 업을 기뻐하며 공부하고 종사하여 한 학년이
끝날 즈음에는 큰 진보를 보게 되었으니 나도 만족했다.

도쿄 대학의 한작문漢作文 수업에서 영문을 번역하는 과제를
통해 큰 성과를 냈다고 한다. "역어를 고민하고 구하여야 한다"
는 말은 정확하게 『데쓰가쿠지이』와 같은 시도였다고 할 수 있
다. 『데쓰가쿠지이』가 출판된 일이 메이지 14년(1881)이었으므
로 시기도 겹친다.

서구어를 한문으로 번역하는 시도로, 나카에 조민(1847~1901)
中江兆民이 루소의 『사회계약론』을 번역한 『민야쿠야쿠카이民約譯
解』(1882)를 잊어서는 안 된다. 이에 관해서는 아스카이 마사미
치飛鳥井雅道의 흥미로운 지적이 있다.(飛鳥井, 1999; 中村, 2011)

(…) 막부 제도라는 틀 속에서 읽고 쓰는 행위의 욕구, 즉 문화적 에너지가 포화점에 달했고 이것이 교육의 해금과 함께 서민 속에서 식자열識字熱로 분출한 것이었다. (…) 조민은 이러한 문화적 분출에 가장 앞서 있었다. 그는 한자 문화가 지닌 매우 유리한 부분, 즉 논리적 철저함과 엄밀함을 한문을 통해 이루고자 했다./그리하여 조민에게 한문이란, 논리적 사고를 전개하기 위한 실험적 언어라는 위치를 차지하게 되었다. (…) 또한 한문에는 일본, 중국 각각에 있어서 불교/유교의 논리적 구축에 관계해온 긴 경험이 축적되어 있었다.

『민야쿠야쿠카이』가 일본에서 널리 읽혔다고 하기는 어려우나, 중국에서는 『민약통의民約通義』(1898)라는 이름으로 해적판이 나와 있다. 이노우에 데쓰지로나 나카에 조민은 어디까지나 새로운 언어 공간을 위해 한어 한문을 사용했는데, 이는 결과적으로 동아시아 전체로 전파되었다. 『해체신서』가 한역되었던 한 가지 이유이기도 하듯이 그들도 중국이 구문명의 중심이라는 점은 틀림없이 의식하고 있었을 것이다. 그만큼 동아시아에서의 보편성이 고려되지 않았을 리 없다. 『데쓰가쿠지이』에는 초판에도 개정증보판에도 중국 한자음을 라틴 문자로 표기한 「청국음부淸國音符」가 포함되어 있는데, 이를 보아도 중국의 언어 공간을 의식하고 있었음을 알 수 있다.

그러나 이 「청국음부」는 말하자면 하나의 규칙으로 제시되

Appendix B.

符 音 國 清

Chinese Symphonious Characters.
From Notitia Linguae Sinicæ Translated
by J. G. Bridgman.

『개정증보 데쓰가쿠지이』
(「清國音符」, 飛田·琴屋, 2005)

어 있는 것일 뿐 반드시 현지음이 어떠했는가를 보이기 위한 것은 아니었으리라. 표제로 "Chinese Symphonious Characters, From Notitia Linguae Sinicae Translated by J. G. Bridgman"이라고 쓰여 있듯이 이는 예수회 선교사였던 프레마르Joseph Henri Marie de Prémare에 의해 1710년에 출판된 Notitia Linguae Sinicae(『중국어문주해中國語文注解』)의 일부를 브리지먼James Granger Bridgman이 영어로 번역한 것이었다. 말하자면 『데쓰가쿠지이』가 한역 양서의 계보를 참조했다는 점을 명시한 것으로, 기준점은 역시 유럽에 있다.

이렇듯 서구어와의 대조에 의해 한어 한문의 세계가 재편됨으로써 새로운 한어 한문 세계가 형성되었다. 전통적인 한어 안에 새로운 한어가 도입되는 방식이 아닌, 결국은 전체적인 배치가 바뀐 것이다. 한어 한문은 그 기준점을 전통적인 한적에서 서구의 원서로 옮겼다. 그 언어 공간은 서구의 언어 공간과 번역 가능한 공간으로서 새롭게 형성된 것이었다. 근대 동아시아에서는 이를 기반으로 사고와 수사修辭가 전개되었다.

　이러한 언어 공간의 형성은 메이지 시기 일본에서 훈독체가 보통문으로 유통하게 된 배경이 되었다. 과거에 "버릇은 두 번째 성질이다仕癖ハ二番目ノ性質ナリ"라고 번역되었던 문장은 이제 "습관은 제2의 천성習慣ハ第二ノ天性"이라고 번역된다. 나카무라 마사나오가 번역한 『서국입지편西國立志編』 제13편의 해당 부분을 원문과 함께 살펴보자.(齊藤 외, 2006)

　　(11) 습관은 제2의 천성

　　사람의 품행은. 좋은 습관의 힘에 의지하는 것. 약하지 않게.

　　그러므로 좋은 습관을 기르고 성장시키면. 선으로 향하고.

　　악에서 멀어지기 위한 큰 비익神益이 된다. 격언에서 말하

　　길. 사람은 습관의 한 몸 덩어리로. 습관은 제2의 천성이다.

　　(十一)習慣ハ第二ノ天性

　　人ノ品行ハ. 善キ習慣ノカノ賴ルコト. 細々ナラズ. 故ニ善キ

　　習慣ヲ養ナヒ長ズレハ. 善ニ進ミ. 悪ニ遠ザカル爲ノ大神益

　　トナルナリ. 常言ニ曰ク. 人ハ習慣ノ一塊カタマリ肉ニシテ. 習慣

　　ハ第二ノ天性ナリト.

And here it may be observed how greatly the character may be strengthened and suppoted by the cultivation of good habits. Man, it has been said, is a bundle of habits ; and habits is second nature.

"habit"의 역어인 "습관"은 『공자가어孔子家語』 속의 "습관"에서 이미 멀어져 있다. 또는 이러한 번역이 실천되면서 "습관"이 "habit"의 역어로서 새로운 문맥을 획득하게 된다. 사람들은 "습관"이라는 말을 대할 때 『공자가어』가 아닌 『서국입지편』을 떠올리게 된다. 이것이 한자에 의해 구축된 근대 동아시아의 언어적 공간이다.

훈독체에서 국민문체로

훈독문과 훈독체

위에서 보았듯이 『서국입지편』의 문체는 훈독체다. 이제는 번역 문체로도 큰 역할을 한 훈독체에 관하여 논해보도록 하자.

훈독체는 메이지 시대를 대표하는 문체로서 일반적으로 사용되었으며 보통문이나 금체문今體文 등으로도 불렸다. 법률이나 학술서 등을 중심으로 공적인 문장에는 이 문체를 사용하는 것이 일반적이었다. 그런데 지금 훈독체라고 부르는 이유는 당시 한문 훈독 문장을 모방한 문체라고 여겨졌기 때문인데, 그렇다면 훈독과 훈독문 그리고 훈독체, 이들의 관계는 어떠할까?

한문을 훈독해서 생겨난 문장, 즉 훈독문은 일반적으로 요미쿠다시분讀み下し文이나 가키쿠다시분書き下し文으로 불린다.[각각 '읽어 내려간 문장' '써내려간 문장'이라는 뜻으로 가나를 섞어가며 한문을 훈독한 문장을 가리킴] 두 개념 모두 자주 쓰이지만 훈독이라

는 읽는 행위를 문장으로 했다는 데 무게를 둔다면 요미쿠다시 분, 훈독한 결과를 썼다는 데 무게를 둔다면 가키쿠다시분이 되겠다. 어느 쪽이건 한문을 훈독해서 일본어 어순으로 고친 문장을 지칭하게 된 것은 그리 오래된 일이 아니다. 근세는 물론이고 메이지 초기에도 이러한 호칭이 일반적이었다고는 할 수 없다.

그렇다면 무엇이라고 불렀을까? 예를 들면 메이지 11년에 간행된 『평점소문궤범評點小文軌範』(上野道之助, 寶文閣)은 작문의 본보기가 되는 명가의 한자 가타카나 혼용문漢字片假名交り文을 모은 서적으로, 본래 한문을 가키쿠다시하여 실은 예가 많다. 이에 관하여 "원문은 대개 한문이나 지금 이를 번역하여 초학에 편의를 둔다原文大半漢文ニ係ル, 今之ヲ譯シテ初學ニ便ス"(「凡例」)라고 설명한다. 또한 메이지 13년에 간행된 『금체초학문범今體初學文範』(제1편, 渡邊碩也, 博文堂)도 이와 같은 작문서로, 이 역시 "반드시 통속문으로 번역하여必ス通俗文ニ譯シテ" "한문을 속역한다漢文ヲ俗譯スル"(「例言」)고 적고 있다. '통속문通俗文'이란 훈독체인 한자 가타카나 혼용문을 말하는 것이며 가키쿠다시분은 일단 한문의 '역譯'문이라고 파악되고 있었다. 오늘날에는 역주서이건 시험 문제이건 간에 한문의 역譯이라고 하면 다른 외국어 번역이 그러하듯이 현대 일본어를 말하는 것이며, 가키쿠다시분은 어디까지나 역과는 다른 것으로 이해되고 있으나, 언문일치체가 보급되기 이전에는 오규 소라이가 했던 주장도 헛되게 가키쿠다시분이야말로 한문의 '역譯'이었다.

유사한 용어방식으로 '해解', 즉 '국자해國字解'나 '화해和解'를 들어도 좋다. 이는 일반적으로 와고를 통한 해석이나 통석通釋으로 이해되는 경우가 많으나 가키쿠다시분 또한 '국자해'나 '화해'라는 범주에 포함되어 있었다. 『훈몽니혼가이시訓蒙日本外史』(大槻誠之, 挹風館)와 『계몽니혼가이시啓蒙日本外史』(大槻誠之, 何不成社)는 모두 오쓰키 도요東陽(誠之)가 초학자를 대상으로 『니혼가이시』를 가키쿠다시분으로 고친 서적으로, 메이지 7년에 잇따라 간행되었으며 본문의 문체에 대하여 '국자해' '화해'(『훈몽니혼가이시』, 도요의 서문) '이언지해俚言之解'(『계몽니혼가이시』, 도요의 서문)라고 칭하고 있다. 둘 다 책 표지의 안쪽에 "도요 오쓰키 세이시 해東陽大槻誠之解"라고 쓰여 있듯이 이는 '계몽' 또는 '훈몽'을 목적으로 한 '해解'였다.

또한 이 '역'이나 '해'가 작문의 본보기를 제시하거나 문장 의미를 이해하기 쉽도록 하는 기능에 그치지 않았다는 점에도 주의해야 한다. 메이지 9년에 간행된 『습문필용習文必用』(高島正淸, 萬靑堂)은 한자 가타카나 혼용인 가키쿠다시를 권1에서 '역문譯文'으로 나열하고 권2에서는 원래 한문을 '원문原文'으로 배치했는데, 역문에는 원문의 글자수도 주기注記하고 있다. 즉 이 역문은 한문을 기준점에 두고 그 한문으로의 복원을 전제로 한 문장이었다. 복문復文[가키쿠다시 문장. 일본어 어순으로 훈독한 문장을 다시 한문으로 돌리는 일]은 한문 학습의 기본이었으므로 가키쿠다시분은 한문으로 복원되기를 기다리는 문장이기도 했다.

또한 한자 가타카나 혼용문이 가키쿠다시분의 외연으로 파악되는 이상, 근원이 되는 한문이 존재하지 않아도 그 문체는 항상 한문과 대조되는 것으로 여겨졌다. 한문의 조자助字를 해설한 『작문수휴 조어편몽作文須携 助語便蒙』(鈴木貞次郎, 中村熊次郎 판, 메이지 9년[1876])에서는 "지금 성행하고 있는 신문체新聞體의 문장을 만드는 데조차도 조자助字는 매우 긴요하다" "한문 또는 신문체의 문장을 짓는 일을 배우는 데 도움이 되고자"(「범례」)라고 했으며, 한자 가타카나 혼용문과 한문을 동시에 학습하는 『육영문범育英文範』(龜谷行, 東京光風社, 메이지 10년[1877])에서는 "말하자면 현재의 가타카나 문장片假名文은 그 근원이 한문에서 나왔기에 법을 한문에서 구하지 않으면 안 된다"(「예언」)고 했듯이, '신문체'나 '가타카나 문장', 즉 훈독문을 모방하여 만든 훈독체의 보통문 또는 금체문金體文은 한문에서 그 규범을 구하는 것이 일반적이었다.

흥미로운 점은 출발부터 그러한 의식을 동반한 훈독체가 메이지를 거치면서 공적 문체로서의 지위를 획득하게 되었고 한자권에서도 근대 통용 문체가 되었다는 점이다. 여기서 일본이 아닌 한자권에서의 근대 통용 문체라고 한 의미에 관해서는 후술하겠다. 그 당시에 훈독체는 통속문, 금체문, 신문체, 가타카나분片假名文 등으로 불렸고, 그 경계를 엄밀하게 획정할 수 없는 경우도 있다. 오히려 일정한 문체로 고정되어 있었다기보다는 훈독문을 기본으로 두면서 그 굴레에서 점차 벗어나고 있었다는 것이 핵심이라고 이해해야 한다.

'가키쿠다시'라는 사상

메이지 이전의 공적 문장은 훈독체가 아닌 한자 히라가나 혼용漢字平假名交り인 소로분候文이었다. 에도 시기가 시작된 이래, 조칙詔勅이 나온 경우는 거의 없었고[5] 공적 포령은 기본적으로 막부의 오후레가키御触書[6]라는 형식으로 나타났는데, 이 문체가 한자 히라가나 혼용인 소로분候文이다.(막부 말기가 되면서 조칙이 빈번하게 반포되는데, 이는 한문이었다) 또한 읽고 쓰는 행위를 배우기 위한 교본인 '오라이모노往來物'[7]도 소로분을 기본으로 오이에류御家流[8]에서 사용된 한자 히라가나 혼용문을 가르쳤다. 즉 일상에서 공의公儀에 이르기까지 글말의 표준은 소로분에 있었다. 그러나 소로분이라고 한마디로 말해도 쓰는 사람에 따라서 그 모양새는 많이 달랐다.

---

5 조칙이란 천황이 공적 자격으로 발설하는 문장을 총칭하는 말로 칙서, 조서, 칙어 등을 일컫는다. 일본사에서는 일찍이 중국의 제도를 모방하여 『다이호 율령大宝律令』(701)에서 그 형식이 조서, 칙지 등의 서식으로 분류된 예가 있으며 헤이안 시대의 간략한 형식의 '윤지綸旨'나 가마쿠라 시대 이후에 내시가 천황의 말을 전한 '여방봉서女房奉書'와 같은 예가 있다. 그러나 17세기 초 도쿠가와 이에야스가 실질적으로 전국을 통일하면서 시작된 에도 시기에는 일본 군주의 실권은 도쿠가와에 있었고 천황은 막부에 의해 제정된 『금중병공가제법도禁中并公家諸法度』 등에 의해 권력 제한을 받았기 때문에 천황이 주체가 되어서 조칙을 발표할 일 또한 없었다.—옮긴이

6 에도 시기에 막부나 번주 등이 일반 백성을 대상으로 공포한 문서를 지칭한다. 통상 단행법은 이 오후레가키 형식으로 공포되었다.—옮긴이

7 헤이안 시대 말기부터 메이지 시기 초반까지 널리 사용된, 서간 문체로 쓰인 초등 교과서를 총칭하는 용어다. '오라이' 즉 '왕래'라는 말에서 볼 수 있듯이 원래 왕복하는 소식문을 모아 엮은 소식문예집이라는 형식에서 유래한 명칭이나, 가마쿠라 시대 중엽부터는 왕래 서간에서 상용하는 단어나 단문을 모은 것도 '오라이'라고 칭하면서 그대로 초등 교과서(독본, 습자서)를 의미하게 되었다.—옮긴이

8 14세기 초반에 성립한 서도書道의 한 유파로, 고토바 천황後鳥羽天皇의 아들이자 쇼렌인靑蓮院의 문주였던 손엔尊圓 법친왕이 창시한 것으로 알려져 있다. 에도 시기에는 공용문서에 사용되었다.—옮긴이

메이지 7년에 문부성이 간행한 작문 교과서 『서독書牘』 첫머리인 「일용문서언日用文緖言」을 보자.

현재 통용되는 왕복 서간은 남녀로 나뉘어서, 남자는 모두 전도어顚倒語를 사용하고 여자는 대체로 가키쿠다시書下し를 사용해왔다. 그러나 오늘날에 남녀가 문장을 달리하는 것은 일상 교제상으로도 장애가 많다. 그러므로 이 책은 남자의 문장에서 전어顚語와 여자의 문장에서 쓰이지 않는 말無用の辭을 고쳐서 남녀 언어를 통하게 하고 똑같이 가키쿠다시 형식으로 하게 함이다.

이미 가키쿠다시 형식으로 정함을 목적으로 삼는 이때 전도어 서간은 서둘러 없애야 하겠으나 수백 년 동안 이어온 관습을 하루에 고치기는 어렵다. 그러므로 차서此書, 당분간은 오늘날 통용되는 서간 형식도 책 뒤에 싣는 바다.

근세 여성들의 서간은 물론 한자 가타카나 혼용인 훈독체가 아니었으므로 가키쿠다시는 훈독문도 훈독체도 아니었음은 분명하다. 가키쿠다시란 '전도어'에 대비된 말로 쓰인 것인데, 전도어 또한 『니혼가이시』와 같은 한문을 그대로 가리키는 것은 아니다. 위의 「서언」에 따라 권3 뒷부분에 나오는 '전도어'의 예를 찾아보면 "以手紙致啓上候"[9]나 "葡萄一籠風味如何可有之哉無覺

---

9 이 문단에 나오는 소로분을 훈독하면 다음과 같다. ② 以もって ① 手紙てがみを ④ 致いたし ③ 啓上けいじょう ⑤ 候そうろう 뜻은 '편지 올립니다' 정도로 해석할 수 있다.―옮긴이

束候へとも任到來御目に懸候間御笑留可被下候”[10] 등이 있으며, '가키쿠다시'의 예를 권1에서 찾아보면 “一筆啓上致し候”[11]나 “御庭園へ御植付に相成候舶來種之菓物熟し候由にて澤山御投與下され有り難く御禮申述候”[12]등이 있다. 즉 남녀가 사용하는 문장에는 각각 “難有”와 “有難く”, “被下”와 “下され”와 같은 차이가 있다는 것이다. 물론 이러한 남녀 차이는 공적 사용과 사적 사용이라는 대비에 어느 정도 대응한다. '전도어'가 많으면 많을수록 격식을 차리는 문장이 된다.

　서기체의 근대화를 지향한 문부성은 “남녀 언어를 통하게 하고 똑같이 가키쿠다시 형식”을 목표로 삼았다. 여기서 '가키쿠다시 형식'이라는 말은 읽는 순서대로 글자를 쓰는 일을 뜻하며, 이것이야말로 중요하다고 여겨졌다. 이러한 의미에서 훈독문도 훈독체도, 언문일치체도 모두 가키쿠다시였다. 훗날 일본 점자를 창시한 이시카와 구라지石川倉次가 분후쿠사이文福齋라는 이름으로 한자 폐지와 가나 전용을 주장한 『시사신보時事新報』(1882. 6. 14)의 기사 제목은 「일본의 보통문은 가나로 하고 일상 설화 그대로 써내려갈 것, 그리하면 일본인은 매우 큰 이익을 얻게 됨

10　이 또한 훈독하자면, ① 葡萄一籠風味 ② 如 ⑤ 何 ④ 有 ③ 之 ⑥ 哉 ⑧ 無 ⑦ 覺束 ⑨ 候 へとも ⑪ 任 ⑩ 到來 ⑫ 御目に ⑬ 懸 候 間 ⑭ 御笑 留 ⑰ 可 ⑯ 被 ⑮ 下 ⑱ 候. 뜻은 '포도 맛이 어떨지 잘 모르겠지만 괜찮으시다면 한번 오셔서 맛봐주시길 바랍니다.'─옮긴이

11　앞의 전도어와 달리 가키쿠다시 문장은 읽는 순서는 바뀌지 않으나 일단 음독해두면, 一筆 啓上 致し 候.─옮긴이

12　이 문장 또한 가키쿠다시 문장이므로 다음과 같이 순서대로 읽으면 된다. 御庭園へ 御植付に 相成 候 舶來種之 菓物 熟し 候 由にて 澤山 御投與 下 され有り難く 御禮 申述 候. 뜻은 '정원에 심으신 외래종 과일이 딱 맛이 들어 좋습니다. 이렇게 많이 주셔서 감사하다는 말씀 전합니다.'─옮긴이

을 논함日本普通文ハ假字ニテ日常說話ノ儘ニ書下スベシ斯クスルトキハ日本人
ニ廣大ナル利益アルコトヲ論ズ」이었다. 가키쿠다시란 읽는 그대로, 말하
는 그대로 쓰는 것을 의미했다.

문장을 직독하자

메이지 9년(1876) 2월 28일자 『도쿄일일신문東京日日新聞』에 게
재된 우미우치 하타스海內果의 「메이지 보전의 문체를 논함明治寶
典ノ文體ヲ論ズ」은 다음과 같이 말한다.

> 유신 후에 선수選修하는 신율新律은 곡절曲折하여 읽어야 하
> 는 지나문支那文을 사용하지 말고 직독하는 것이 마땅한 가
> 타카나 혼용문을 사용할 것. 이러한 탁견과 과단果斷으로써
> 전현前賢을 초월함을 보일 것.

"곡절하여 읽어야 하는" 문장에서 "직독하는" 문장으로의 전
환. 우미우치는 이 문장에 이어서 비판하기를, 법령의 문장은
"고상한 지나어支那語(예컨대 한어)"가 쓰이는 탓에 "진상尋常 교육
에 머무르는 인민"들은 이해하기 어렵다고 말한다. 그러나 이는
'직독'을 전제로 해서야 가능한 논의이리라.

5개조의 서문五箇條ノ御誓文이 애초에 그러했듯이, 조칙도 한문
에서 훈독체로 이행되면서 법령을 비롯하여 신문이나 미디어
등의 공적 성격이 강한 문장은 대부분 한자 가타카나 혼용 훈독

체를 채용했다. 오늘날의 시각에서는 소로분에 비해 훈독체가 더 어려워 보일지 모르나 당시에는 '전도어'를 구사한 소로분보다 훈독체가 근대적인 문체로 수용되고 있었다. 여기에는 그렇게 읽어 마땅한 음성 순서로 문자를 배치해야 한다는 사고가 깔려 있다. 바꿔 말하면 음성화되는 것을 전제로 쓰여야 한다는 사고였다고 할 수도 있다.

메이지 초기에 구어체에서 한어가 유행한 현상도 이러한 상황을 고려해가면서 이해해야 한다. "직독하는 가타카나 혼용"이 문장에서 주류가 되어가는 현상과 한어가 사람들 입에 쉽게 오르내리게 된 현상은 연관이 있다. 물론 교양을 과시하고자 하는 이유나 신한어의 대량 발생이라는 배경이 깔려 있기도 하지만 결국은 "직독하는 가타카나 혼용"문이라는 장치가 있었기에 성립할 수 있었던 것은 아닐까? 한학 소양을 갖춘 서생들이 천하를 쥐었다는 식의 설명은 부족하다. 역시 언어적 장치의 전환이 있었기에 가능했다고 이해해야 한다.

더욱이 이러한 전환은 근세 후기에 한학이 교육의 기초로 자리매김하면서 사람들이 한문, 즉 "곡절하여 읽어야 하는" 문장을 널리 배웠다는 사실을 전제로 한다. 역설적인 표현이지만 '가키쿠다시' 문장밖에 없었더라면 특별나게 "직독해야 하는" 문장을 주장할 필요는 없다. 문장은 "직독하는" 것이라는 깨달음조차 없었을지도 모른다. 일상적인 말과는 다른, "곡절하여 읽는" 문장 보급이 그렇지 않은 문장의 가치를 인식하게 했다고도 말할 수 있다.

또한 '읽는다'는 행위가 새롭게 전경화되어 있었음에도 주의할 필요가 있다. 훈독체 그 자체는 메이지 때 생겨난 문제가 아니다. 이는 논설, 차기箚記[책을 읽으며 얻은 바를 그때그때 조목별로 적는 일 혹은 그런 책] 주석 등과 같은 근세의 실용문에 널리 쓰였으며 서양어를 번역할 때에도 주류를 이룬 것은 이 훈독체였다. 그러나 메이지 시대에 들어서면서 널리 보급되기 위해서는, 즉 근대 문체로 성립하기 위해서는 "직독하는 것이 마땅하다"는 성질에 착목해야 했다. 문자는 소리 내어 읽히기 때문에 의미가 있다는 사고다. 한문 훈독이 문자에서 음성을 끌어내는 장치였다는 점은 제3장에서 논했다. 이를 계기로 근대로 들어서면서 음성 질서에 따라 문자를 배치하는 전환이 일어난 것이다. '읽는다'는 행위의 전제에는 소독을 비롯한 한어 한문의 암송 교육이 있었다. 소독의 경우 문자가 지니는 권위가 컸기에 문자에서 음성으로 흐름이 뒤집히는 경우는 없었으나 역시 음성의 역할은 컸다. 언어에서 음성이란 입으로 하는 말이나 일상어의 영역에서 논의되기 쉽지만 구상口上이나 연설 등 비일상적인 말을 소리 내어 읽는 행위도 중요하다.

훈독의 정형화

앞서 훈독체는 훈독문을 토대로 형성되었다고 정의했으나 실제로 훈독체는 훈독문이라는 서기를 거치지 않아도 훈독이라는 행위로부터 직접 나올 수 있으며, 근세 이전의 훈독체는 기본적

으로 그러한 성질을 가진 것이었다고 생각해야 한다. 애초에 한문을 훈독할 때 그것을 훈독문으로 쓸 필요는 없다. 훈독 과정을 기억하고자 한다면 가에리텐返り點을 찍으면 될 일이고, 백문白文을 훈독할 능력이 없는 자들은 가에리텐과 요미가나讀み假名가 적힌 원문이 있으면 훈독이 가능했을 터이니 별도의 훈독문이 필요했던 것은 아니다. 또한 훈독은 유파에 따라 다르며, 같은 유파 안에서도 읽는 사람이나 시기에 따라서, 극단적인 경우에는 읽을 때마다 차이가 생기는 것이다. 일부러 훈독문으로 기록해두어도 그 유용 범위는 넓지 않다.

제4장에서 논했듯이 근세 후기 이후에는 교학을 통일할 목적으로 한문을 소리 내어 훈독하는 소독이 초학 입문으로 보급되면서 훈독 그 자체도 정형화된다. 교육을 위한 교재로 정해진다는 것은 읽는 방식이 정해진다는 뜻으로, 이러한 기반 위에서 소독 음미하는 시험도 등장한다.(中村, 2002)

이렇게 한학 교육이 보급되고 규범화되면서 훈독의 규범화도 진행된다. 초학 입문에서 훈독으로 소독을 하려면 일련의 표준화, 즉 자유자재로 훈독하지 않고 일정한 기준에 따라 훈독하는 것이 바람직했다. 또한 훈독이 복문復文과 한 쌍이 되어 한문 학습의 첫 단계로 자리매김하면서 고전 중국어와 일본어의 통사적 차이만을 의식한 기계적인 복원 작업이 가능한 훈독도 요청되었다. 근세 후기의 훈독법은 요미조에讀み添え[13]가 감소하고 한어를 음독하는 예가 늘면서 되도록 모든 한자를 읽는 경향이 보인다는 점은 이미 밝혀져 있듯이(齋藤, 2011) 이 또한 훈독의 규범화라는 요청에 부응한 것이었다.

훈독의 정형화는 훈독을 서기화한 훈독문의 정착을 용이하게 했다. 소리 내어 읽을 때마다 훈독이 조금씩 달라지는 것이 아니라 똑같은 음성이 여러 번 반복되는 과정을 통해 그 음성은 기록되지 않아도 문장이라는 성질을 획득해간다. 초학자가 교사를 따라 소독하는 것은 해석 행위로서의 훈독이 아니라, 한문에 대응하는 형태로 이미 정해진 훈독문을 가상해서 소리 내어 읽는 행위와 같았다. 오로지 교사가 훈독하는 음성을 따라 읊으면서 눈앞에 있는 한자 나열과 맞춰보는 것으로, 한자를 해석하는 행위가 아니라 음성화하는 것이었다. 그 음성을 문자로 하면 훈독문이 된다. 물론 이는 번역문으로도 기능하지만 동시에 암송을 요구하는 음성이기도 했다.

제3장에서 논했듯이 훈독은 독송과 분리할 수 없다. 훈독문 또한 그렇다. 읽기 습득을 목적으로 한 소독으로도 음독의 가락을 음미하는 일이 불가능한 것은 아니다. 사서오경은 낭송보다 암송이 요구되나, 암송하기에는 음률이 어우러지는 편이 유리하다. 시부詩賦나 사서의 경우 더욱 낭송을 지향하게 된다. 시음詩吟은 그 극점에 있다고도 할 수 있다.

---

13 한문을 훈독할 때 그 의미를 분명히 나타내기 위해서 조사나 어미활용, 조동사 등을 의미하는 가나를 한자 옆에 첨가하여 읽는 것을 말한다. 그렇게 한자에 첨가해서 표기하는 가나를 '소에가나添え假名' '오쿠리가나送り假名' 혹은 '스테가나捨て假名'라고 한다.—옮긴이

훈독문의 『니혼가이시』

자주 거론되었듯이 『니혼가이시』는 빈번히 암송되고 낭송되던 서적이었다. 물론 전편을 모두 암송하는 일은 곤란하지만 유명한 몇 장면을 외는 일은 드물지 않았다. 단, 한문을 직접 읽어서 외웠는가 하면, 그렇지는 않았을 터다. 『니혼가이시』를 외는 것과 한문을 읽을 줄 아는 것은 별개였다. 앞서 말했듯이 『니혼가이시』는 메이지 시기 중에도 매우 이른 시기에 전편을 훈독문으로 고친 책이 출판되었는데, 이것이 『니혼가이시』의 독자층을 넓혔으리라고 상상하기는 어렵지 않다. 물론 이 훈독문은 독본이나 작문서에도 부단히 채록되었다.

메이지 이전에 나온 『니혼가이시』의 판본의 경우, 가와고에판川越版[14]도 요리우지판賴氏版[15]도 가에리텐만 첨가되어 있고 요미가나는 붙어 있지 않아서 낭송하기에 좋다고 할 수 없었으며 스스로 읽어내기에는 어느 정도 학력이 필요했다. 한편 메이지 초년부터 판을 거듭한 『훈몽 니혼가이시』나 『계몽 니혼가이시』는 본문이 훈독문이라서 바로 읽을 수 있었고 낭송하기에도 용이했다. 또한 앞서 말했듯이 두 책은 오쓰키 도요가 '해解'를 한 것[16]으로, 도요가 서문을 쓴 날짜는 앞의 책이 메이지 6년(1873)

---

14 『校正日本外史』으로, 1844년 가와고에川越 번주인 마쓰다이라 나리쓰네松平齋典의 명을 받아 목판본으로 출판되었다.—옮긴이

15 요리우지 정본賴氏正本, 『日本外史』를 가리킨다. 1848년에 목판본으로 출판되었다.—옮긴이

16 한문으로 적힌 『니혼가이시』를 초학자들도 읽기 쉽도록 '國字解' '和解', 즉 일본어 문장으로 고쳐 쓴 예를 가리킨다.—옮긴이

4월, 뒤의 책이 이듬해인 7년(1874) 1월이었다. 책 크기는 둘 다 소본小本, 표지 색깔도 당시의 계몽 서적 류에 잘 쓰였던 황색이지만 책을 펼치면 앞의 책은 활자판이고 뒤의 책은 목판이라는 차이가 있다. 또한 앞의 책을 교정한 이는 나가타 간사이長田簡齊, 뒤의 책은 와타나베 에키켄渡邊益軒이었는데, 기본적으로 훈독문과 좌우에 달린 후리가나는 같으면서도 미묘한 차이가 조금씩 보이는 것은 교정한 이가 다르기 때문일 수 있다. 그리고 목판인 『계몽 니혼가이시』는 메이지 16년(1883)에 『삽화 계몽 니혼가이시』로 제목을 바꾸고 삽화를 넣어서 한자 히라가나 혼용인 활판으로 다시 출판되었다.

흥미로운 점은, 확인한 바에 의하면 가에리텐과 요미가나를 첨부한 『니혼가이시』 판본으로 가장 오래된 책이 메이지 8년(1875) 요시하라 고가吉原呼我의 주석본으로 간행된 『점주표기點註標記 니혼가이시』(開心庠舍)이며, 보다 늦은 메이지 10년(1877)에 라이 마타지로賴又二郎가 주석을 붙인 『표주標註 니혼가이시』(요리우지판)가 간행되었다는 점이다. 훈독문 판이 앞서 있음을 알 수 있다. 간편한 훈독문 판에 비해 이들 주석본은 크기도 중간본이고 겉표지는 물론 본문도 제대로 갖추어 제작하려면 출판에 시간이 걸리는 것은 당연했다. 오히려 훈독문 판이 민첩하게 출판되었다는 점이 주의를 끈다.

한문 역사서를 제대로 읽으려면 원문을 보존한 주석본이 뛰어나다는 사실은 자명하다. 고증도 첨가되고 자구 설명도 상세하다. 그러나 암송이나 낭송에 초점을 둔다면 훈독문으로 쓰인 텍스트를 사용한다 해도 불편은 없다. "직독하는 것이 마땅한 가타카나 혼용"으로 쓰인 쪽이 독송하기에는 편리하기까지 하다. 메이지 16년(1883)에 나온 『삽화 계몽 니혼가이시』가 가타카나 혼용을 히라가나 혼용으로 바꾼 이유 또한 가타카나를 사용함으로써 원래 글이 한문이었다는 점을 상징적으로 드러내기보다는 히라가나로 쉽게 읽도록 함을 우선시했기 때문이라고 할 수 있다. 도요가 쓴 한문 서문에는 "부녀자"들도 쉽게 읽을 수 있도록 히라가나를 사용하고 삽화를 덧붙였다는 취지가 기록되어 있는데 이를 통해서도 『니혼가이시』가 한문으로서가 아닌 훈독문, 즉 한문의 음성으로써 독자층을 넓혀갔다는 점을 알 수 있다. 음성에 역점을 두면 가나가 가타카나이건 히라가나이건 상관이 없다. 훈독문은 가키쿠다시라는 점에 의미가 있다.

이러한 훈독의 정형화 그리고 이를 통해 생겨난 훈독문의 정형화에 의해서 근세 후기 이전까지는 다양한 변종을 거느렸던 훈독체도 정형화가 불가피해졌다. 메이지 시기의 훈독체에 음독어가 많은 것은 근세 후기의 훈독법에서 유래하나(陣, 2005) 단순히 훈독법의 변화에만 기인한 것은 아니다. 이는 소독과 그 서기로서의 훈독문이라는 시스템이 성립했기 때문에 훈독체 또한 정형화된 것이다. 그리고 이러한 정형화에 의해서 배후에 한문을 가지는 문체라는 의식이 명확해지고 문체로서 일정한 기준이 생겨났으며 권위를 획득하게 된다. 그렇지 않았다면 조칙이나 법령에 사용되는 일은 없었을 것이다. 물론 이후에 다양한 국면으로 한문이라는 기준으로부터의 이탈이 진행되는데, 훈독체가 근대 문체로 성립하는 과정에서 일시적이나마 이러한 기준은 큰 의미를 가졌다.

또한 정형화된 훈독체는 그 출자出自부터 권위적인 성격을 강하게 지닌 것이었고 이 표징이 된 것이 한자 가타카나 혼용이라는 서기법이었다. 한자 가타카나 혼용문은 중세부터 근세에 걸쳐서 불전이나 한적(또는 한역 양서)을 기반으로 지식을 기록하는 데 사용되어 왔듯이 외래 지식의 권위를 드러내는 서기법으로 기능하고 있었다. 이는 일본에서 만들어진 한자어를 많이 사용한 소로분이 오이에류의 문자와 함께 히라가나로 기록된 것과 좋은 대조를 보인다. 즉 한자 히라가나 혼용인 소로분이 일상적인 서기체로 널리 사용되었던 것과는 달리, 정형화된 훈독에 기반을 둔 한자 가타카나 혼용인 훈독체는 무엇보다도 일상성을 배제한 서기체로 등장했다. 본장의 앞부분에서 논했듯이 이는 번역이라는 문제와도 크게 관련한다. 또한 그러했기 때문에 통용성도 높아진 것이다.

훈독체와 속문체俗文體

메이지 초기 이후, 한자 가타카나 혼용인 훈독체는 세상을 석권했다. 법령, 미디어, 교육 등 거의 모든 공적인 부문에서 한자 가타카나 혼용인 훈독체가 정통의 지위를 획득했다. 위에서 논한 것처럼 이 문체는 실용과 권위라는 두 가지 측면을 지닌다.

여기서 실용이라고 말하는 것은 단순히 사용하기 쉽다는 의미가 아니다. 사용하기 쉽다는 의미에서라면 앞서 인용한 후쿠자와 유키치가 주장한 내용처럼 소로분을 기초로 한 한자 히라가나 혼용문인 속문체가 유용할 것이다. 후쿠자와는 한문에서 유래하는 훈독체가 아닌, 소로분에서 '소로'를 빼고 한어를 늘린 문체를 번역을 위한 서기체의 기초에 두었다. 동시에 한어가 지닌 용법을 한문(중국 고전어)으로부터 떼어내어 속어와 혼용하는 작업을 통해 "한문 사회의 영장靈場을 범하여 그 문법을 문란"하게 한다. 즉 유통 문체가 되어가던 훈독체의 권위를 흔들고자 했다. 물론 후쿠자와 자신은 한문을 기준으로 쓰인 훈독체를 읽고 쓰는 데 구애받지 않았다. 오히려 의식하지 않으면 쓸 수 없는 쪽은 속문체였다. 앞서 인용한 내용 뒤에는 다음과 같은 문장이 있다.

> 내가 마음을 정하기에 한문에 대하여 대범해지고자 결정한 이상, 노력해서 그 주의主義를 명확하게 하고자 했다. 예를 들면 "이를 알지 못함에 좌하니라之を知らざるに坐する" 또는 "차사를 오해한 죄이니라此事を誤解したる罪なり"라고 하면 한문 글투이기에 그다지 어려운 문장이 아니나, 이를 일부러 바꾸어서 "이를 알지 못한 서투름이다之を知らざるの不調法なり" "이 일을 잘못 생각한 서투름이다此事を心得違したる不行届なり"라고 적는 것은 소년 적부터 한문에 익숙해온 자신의 습관을 새롭게 고치어 속됨을 좇는 것으로, 과연 뼈를 부러뜨리는 일과 같다. 또한 자의字義도 이와 같아서 예를 들면

공恐이라는 글자와 구懼라는 글자는 한문에서는 반드시 명확하게 구별 지으나, 와쿤和訓에서는 두 글자 모두 오소레ォ ソレ 라고 읽는 탓에 우선은 세간에서 보통 쓰이는 예를 따라서 공恐자만 썼다.

후쿠자와 자신은 오히려 훈독체로 쓰는 편이 실용적이었다는 말이다. 물론 그렇게 하면 서민들에게는 전달되지 않는다. 훈독체의 실용성이란 근세 지적 엘리트들에게 통용되는 실용성이었을 뿐, 특별한 교육을 받지 않고 일상적인 언어생활을 하는 가운데 이해할 수 있는 실용성과는 거리가 멀었다. 즉 일정한 교육을 받기만 하면 체득 가능한 그 지점이야말로 훈독체가 근대 서기체로서 걸맞은 것이었다고도 말할 수 있다. 읽고 쓰는 능력의 격차가 큰, 이를테면 국민국가 이전의 사회에서는 실용의 기준을 어디에 두어야 할지가 중요한 문제인데, 그런 동시에 이는 언제든 조정되는 것이기도 했다. 국민어는 국민어로서 지니는 위신을 필요로 했을 뿐 속됨을 좇기만 하면 된다는 식으로 인식되지 않았다. 근대 훈독체는 후쿠자와가 주장하는 속문체를 참고하면서도 다른 한편으로는 훈독체로서의 권위도 온전하게 잘 지켜가면서 성립한 것이었다.

근세에서 근대 시기에 이르기까지 말의 변용 과정에서 훈독문이라는 장치의 역할은 크다. 그것은 정형화된 훈독에 기반을 두면서 문체의 규범을 제공함과 동시에 문장과 음성을 '전도顚倒'하지 않고 서로 대응 가능한 것으로 가시화해냈으며 문장이 지닌 뜻을 직접 표현하는 '속역'이 유효함을 보여주었다. 그것은 언言과 문文 사이에서 이 둘의 분리와 상호 교차를 주도적으로 담당하는 제어 장치로써 기능했다.

'역문譯文'이라든지 '국자해國子解' 혹은 '와카이和解'라고 표현하면서 의미에 중점을 두었다고 해도 근세 후기에 정형화된 훈독에 기반을 둔 이상 글말이라는 성격을 면할 수 없음은 확실했으며, 그만큼 구어와는 거리가 멀었다. 또한 음성에 역점을 둔다고 해도 그 소리는 독송인 것이지 일상 회화의 소리는 아니다. 그러나 온전한 문文으로서의 한문과 맞대보면 훈독문은 음성 쪽에 놓여 있고 발화 쪽과 가깝다. 규범성을 동반하면서도 발화라는 측면에 접근하고자 한다는 점에서 근대 일본이 지향한 언문일치에 근거를 제공했다고도 할 수 있다.

동아시아의 근대 훈독체

알려진 바와 같이 근대 훈독체는 한문에서 유래한 어휘가 대량으로 쓰이면서 중국, 조선, 베트남 등 한자 사용 지역권의 지식인들도 훈독체를 웬만큼 익히기만 하면 그 중심 의미를 이해할 수 있게 되었다. 일본에서 창출된 신한어의 전파도 이와 같은 현상으로, 계획된 일은 아니었으나 결과적으로는 큰 효과를 가져왔다. 량치차오가 쓴 『화문한독법和文漢讀法』은 이를 정확히 증명한다. 량치차오와 그 주변에 있던 유학생들이 일본 책을 통하여 서양 지식을 잇달아 흡수하고 번역하게 된 일 또한 많은 학술 서적이 근대 훈독체를 채용했기 때문이었다. 거꾸로 말하자면, 후쿠자와 유키치가 일본 근대화에 큰 영향을 끼쳤음에도 불구하고 그의 저작이 한역되지 않았던 것은 문체의 차이에 기인하는 것에 틀림없다. 얼핏 보면 한자를 많이 사용한 것처럼 보이지만 "오해"라는 한어 대신 "잘못 생각하다心得違"라는 일본어식 한자를 써버리면 동아시아의 다른 지역에 있는 사람들은 이해하기 어렵다. 반대로 후쿠자와가 피했던 "한문을 토대로 생겨난 문장"으로 쓰는 편이 한자권에서 통용되기에는 좋았던 것이다.

량치차오의 관점으로 동아시아에서 훈독체의 유통이라는 점에 착목하여, 한문 훈독체를 "제국 한문"이라고 주장한 논의도 있다.(清水, 2000) 그러나 이미 논했듯이 훈독체가 한문을 기준점으로 삼으면서도 그로부터 이탈하고자 한 문체였다는 점을 고려할 때 이를 그대로 "한문"이라고 칭하는 것은 무리가 있으며, 일본어 사용 지역뿐만 아니라 제국이라는 영역에서도 유통되었는가 하는 데는 의문이 없지 않다. 량치차오와 훈독체와의 관련이 컸다는 지적은 옳다고 할 수 있으나, 근대 훈독문체가 지니는 의미 자체에 관해서는 두 가지 측면에서 좀더 생각할 필요가 있으리라.

하나는 원리로서의 근대 훈독체다. 한문이라는 서기체를 자원으로 삼으면서 통사적 구조과 음성은 지역 언어에 의거한다는 점. 이는 동아시아 각지에서 근대적 문체가 성립하게 된 원리이기도 하다. 이를테면 권위와 실용이라는 점이 그것이다. 백화문이나 한글 문장 혹은 꾸옥응으Chữ Quốc Ngữ['국어'라는 뜻으로, 베트

남어를 라틴 문자를 빌려서 표기하는 현재의 베트남어 정서법을 일컫는다고도 근대 훈독체가 앞선 예로 있었다는 점은 그 의미가 크다. 또 다른 하나는 근대 훈독체가 지니는 어휘 통용성이라는 측면이다. 고전적 어휘의 전용轉用이나 이를 모방한 신어를 대량으로 사용함으로써 서양 문명의 서적이나 개념이 신한어로 탈바꿈하여 순식간에 동아시아 전역으로 퍼져갔다.

"제국 한문"이라는 문제를 설정한다면 또 다른 측면에도 주목해야 한다. 예를 들면 일본에서 교육칙어가 취하는 변려문 풍의 구성은 오노 야스마로가 쓴 『고지키』의 서문을 연상시키며, '팔굉일우八紘一宇'라는 한어가 『니혼쇼키』에서 유래한다는 점도 잘 알려져 있다. 근대 훈독체에서는 중국 고전이 아닌 일본 고대 서적에서 한어를 불러내는 일도 빈번했다. 즉 일본의 신한어가 서구어를 번역하고 문명을 유통시키는 기능에만 치중한 것은 아니었다. 정치나 교육 분야에서 자주 사용했던 말 중에는 국가적 전통을 선양하기 위해서 고대로부터 소환된 언어도 적지 않다. 그 정점에 있는 것이 한자 가타카나 혼용으로 쓰인 조칙이나 칙유였으며, 이는 '동문同文' 이데올로기의 선양이었다고도 할 수 있다. 새로운 기원을 통해서 한자 한문의 근거를 바꿔 적고 제국의 판도였던 '동아東亞'를 재편하고자 한 것이었다.

또한 이는 동아시아를 새로운 '동문'적 공간으로 파악하는 식의 영역화된 동아시아 문체로서의 한어 한문이다. 이 장의 앞부분에서 살펴보았듯이 이노우에나 나카무라가 한어 한문의 보편성을 제일로 생각했던 것과는 달리, '동문'으로서의 근대 한자권은 전통적인 한자권을 기초로 두고 근대의 지역성과 영역성을 획득하는 일을 우선으로 삼는다. 이는 일본에서 아시아주의의 기반으로도 기능했다.

실은 이러한 '동문' 의식을 생산하는 공간으로서 근대 한자권을 분석할 필요가 있다. 일본에서 번역된 한자어가 결과적으로 중국이나 한국에서 쓰이게 된 일이 이러한 '동문' 의식을 지탱했음은 의심할 수 없다. 전근대 시기의 한적 유통뿐만 아니라 신한어가 근대어로서 전파되면서 새로운 한자권 의식이 형성되었다.

조심해야 할 점은 근대에 한어 한문이 번역될 때 이러한 '동문' 의식이 전제된 것은 아니라는 점이다. 처음에는 보편의식에서 비롯된 것이었다. 그러나 서구어에 대치할 만한 언어 공간이 형성되면서 영역으로서의 동아시아라는 고유성이 인식되었으며, 이를테면 유교 도덕이 동아시아적 가치로서 다시금 참조된 것이다. 이와 같은 문맥을 통하여 일본의 '동아'를 향한 욕망을 이해하는 작업은 근대 시기의 한자권이 어떠한 것이었는지를 파악하는 데 매우 중요하다.

근대에 재편된 한자권은 오늘날에도 존속되고 있을까? 한자 사용이라는 측면에서 보자면 대답은 부정적이다. 신한어에 기반을 둔 한자어가 사용된다는 점에서 보자면 여전히 유지되고 있다고 할 수도 있을 것이다. 문제는 이 양자의 관계에 있다. 어째서 한자를 사용하지 않는 일이 가능해졌을까? 그럼에도 불구하고 한자어가 사용되는 것은 왜일까? 이 장에서는 근대 한자권이 형성되는 데 중심 역할을 한 번역과 훈독체에 관하여 논했으나 분명 그 안에 답이 있을 것이다.

실용과 권위라는 이중주는 애초부터 조화로운 것이 아니며 문체의 안정은 언제나 위기에 노출되어 있다. 메이지 중기 이후부터는 한자 가타카나 혼용에서 한자 히라가나 혼용으로 이행되면서 가타카나 혼용은 주로 법령이나 조칙 혹은 군용 문서 등과 같이 권위성이 강한 매개를 통해 보존된 한편, 일반적으로 널리 퍼진 히라가나 혼용은 언문일치체로의 접근을 강화해갔다. 근대 훈독체는 애초에 이러한 분열의 계기를 내포하고 있었다. 동아시아에서 근대 훈독체가 지니는 의미란, 이러한 권위와 실용, 문文과 언言이 서로 버티고 대항하는 장소를 마련했다는 것 그리고 각각의 국민적 문체가 성립하는 계기로 작용했다는 점에 있는 것은 아닐까?

종장

문화론을 넘어서

문자와 시뉴signe

일반적으로 언어는 뜻과 소리를 갖추면서 처음으로 언어가 된다. 정확하게는 언어활동을 통해 처음으로 소리와 뜻이 분절되며 말이 가진 소리와 뜻을 지각하게 된다. 말語의 탄생은 뜻과 소리의 탄생과 같다. 소쉬르를 따라서 뜻은 시니피에signifié로, 소리는 시니피앙signifiant으로, 그리고 말은 시뉴로 보아도 무방하다. 이 경우 소쉬르는 'signifier'(의미하다)라는 동사의 활용(과거분사와 현재분사)에 뜻과 소리, 말을 대입한다. 즉 먼저 시니피에와 시니피앙이 있고 이 두 가지가 결합하는 것이 아니라 'signifier'라는 동작에 의해서 이들이 분절되어 드러나는 것이다.(丸山, 1981) 이러한 의미에서 고바야시 히데오小林英夫가 시니피에와 시니피앙을 '뜻'과 '소리'라 하지 않고 '소기所記'와 '능기能記'로 번역한 것은 되도록 원어를 따르고자 한 의도에서였다고

할 수 있다.(소쉬르·小林, 1972)

그러나 여기에는 결정적인 오류가 있었다. 'signifier'는 '기記'가 아니다. '기記'란 구두가 아닌 서기書記에 관계하는 동사다. 가령 써서 기록하는 것이 아니라고 해도 무언가의 수단을 써서 그 상태에 머무르도록 두는 것, 정착시키는 것, 보존하는 것을 의미한다. 여기에 '의미하다'라는 어의語義는 없다. 고바야시는 시뉴가 '기호'로 번역된다는 점에서 '능기'와 '소기'라는 번역어를 정했으리라. 이를 한어로 번역한다면 '능시能示' 또는 '소시所示'처럼 다른 동사를 사용했어야 했다.

애초에 시뉴를 '기호'로 번역하는 것에는 함정이 있다.[1] 일본어로 기호라고 하면 대부분의 경우에는 외형적으로 고정된 혹은 일정한 형태를 가진 무언가를 의미한다. 특별히 음성 기호라고 말하지 않으면 많은 사람들은 쓰인, 그려진, 새겨진, 즉 기록된 무언가를 기호로 상기할 것이다. 『메이로쿠잡지明六雜誌』에 게재된 시미즈 우사부로淸水卯三郎의 「히라가나의 설平假名ノ說」(1874)에는 다음과 같이 적혀 있다.(高野·日向, 1998)

생각건대 문자와 문장은 성음의 기호, 언어의 형상으로, 옛날과 지금을 참고하고 피차彼此를 통하여 약속하고 승낙한 것約諾을 기록하고 예술을 넓히는, 일용日用 비망備忘의 일

---

1 표식目印이라는 의미에서의 '기호'는 중국에서는 원나라 희곡 등에서 사용되었으며 로버트 모리슨의 『中國語辭典』(A Dictionary of Chinese Language) 제3부(1822)에서 이미 'sign'의 번역어로 채용되었다(Morrison, 1996; 森, 2001).

대기—大器다.

그러나 소쉬르가 말하는 시뉴는 이러한 기호가 아니다. "시뉴는 의미나 개념을 표현하는, 말의 외면에 존재하는 외적 표식이 아니다. 시뉴는 그 자체가 의미이면서 표현이다."(丸山, 1981, 312쪽) 의미하는 무언가가 어떠한 형태로 지각되는 것이 시뉴이며, 이는 기록되고 고정되는 것이 아니다. 음성 언어도 수화 언어도, 시뉴는 잇달아 모습을 드러내면서 사라져간다. 뜻도 소리(동작이나 표정)도 시간의 축을 따라서 지각되고 덧쓰인다.

시뉴는 기호가 아니다. 그렇다면 문자는 기호인가?

제2장에서 논했듯이 문자는 단순한 기호가 아니다. 문자의 탄생에 입각해서 말하자면, 이는 음성 언어와의 대응 관계가 성립한 시점에서 일반적인 기호와는 다른 성질을 획득한다. 그 순간 문자는 발견된다. 기호는 발명될 수 있으나, 문자는 발견되는 것이다. 이전에 존재하고 있던 기호가 문자로 보이기 시작하고 편성되며 증식한다. 그것이 음성 언어와 대응된다는 말은 요소로서만 대응되는 것이 아니라 질서로서, 체계로서 대응되는 것이다. 문자의 질서는 그 자체로 하나의 언어가 된다. 문자 언어의 탄생이다.

문자 언어는 기호가 음성 언어의 작용을 받아서 언어화한 것이다. 그러므로 언어로서는 똑같이 기능한다. 말할 필요 없이 문자는 써서 기록된다는 차이를 지닌다. 즉 이러한 의미에서 문자는 기호로서의 성질을 이어받고 있다. 음성 언어에는 '드러내 보이다(의미하다)'라는 기능밖에 없지만 문자 언어에는 여기에 추가해서 '적다'라는 기능이 있다. 그런 면에서 '소기'와 '능기'는 문자에 관해서라면 타당한 번역이었을지도 모른다. 문자 언어는 기능면에서는 서기 언어다.

언어에 서기가 동반된 것은 언어의 존재 방식 자체에 큰 변화를 가져왔다. 변화하기 쉬운 시뉴에 고정된 형태가 주어졌다. 물론 구두로 발설된 말을 기억으로 멈추게 하는 일은 예전부터 있었다. 문자가 없는 사회에 구승 기술이 발달되어 있음은 추측하기 쉬우며 실제로 근대 이후의 예도 있다.(川田, 1976) 그러나 지금껏 보아왔듯이 문자로 기록하는 활동은 언어 세계를 더욱더 확대시켰다.

일단 성립한 서기 언어는 구두 언어가 속한 범위를 넘어서 전파된다. 그리고 구두 언어와의 상호 작용을 통해 모습을 변화시키고 동시에 구두 언어의 존재 방식에도 어떠한—때로는 커다란—작용을 한다. 구두 언어는 변화하기 쉬우나 서기 언어는 변화를 싫어하고 보수적인 경향을 보이며 언어 규범을 형성하는 데 기여하려 한다. 서기 언어는 구두 언어와의 사이에서 긴장 관계를 형성한다. 그리고 이러한 성질은 모두 "쓰기"라는 기능에 의해서 주어진다.

일본의 한자론

일본이라는 영역에서 한자에 관한 논의는 무엇보다도 먼저 그것이 외부로부터 왔다는 데서 출발한다. 한자가 황허강 유역에서 태어났다는 사실은 확정되어 있기에 일본 열도에서 보자면 먼 저편에서 온 셈이다. 일본 열도에서는 황허강 유역과는 다른 언어를 주고받았으며 확실히 한자는 이러한 언어권역의 밖으로부터 찾아왔다. 단, 되풀이해왔듯이 어떠한 언어권역의 문자가 외부로부터 도래한다는 점에서 말하자면 거의 모든 지역이 그러하다.

물론 어떠한 상황에서 한자가 쓰이게 되었는가 하는 점은 중요하다. 중국 대륙에 한자가 전파된 양상과는 달리, 일본 열도에서 한자가 사용되기 시작한 시기는 이미 서기 언어 체계가 확립되고 한자가 외교 문서로 쓰였으며 규범이 될 만한 전적도 성립해 있던 때, 즉 이미 한자에 의한 세계가 확고히 성립된 상태였다. 중국 대륙의 동쪽에 위치한 지역에서는 한자 세계에 어떤 식으로 참여해야 할지에 직면한 상황이었다. 일본 열도에서의 한자 사용은 서기 언어가 도구로 도래한 것이라기보다는 서기 언어로 구축된 세계로의 참여였다고 간주해야 한다.

이렇게 본다면 한자 전래가 의외의 큰 사건으로 논의되었던 것이 쉽게 이해된다. 한자를 사용한다는 것은 안과 밖을 의식하는 일과도 연결된다. 한자는 국가 틀을 만드는 과정에 관계하며 서기 언어의 도입은 일본이라는 국가 성립을 촉진했다. 이 때문에 국가의식 혹은 이를 둘러싼 역사의식을 배경으로, 외부에서 온 한자를 어떻게 위치 지을 것인가 하는 문제가 반복적으로 발생했다. 근대 이후에는 국자국어문제國字國語問題[2]가 그 예다. 한자 폐지론이나 옹호론이 전개되어 왔다.

2003년에 출판된 고야스 노부쿠니子安宣邦의 『한자론: 불가피한 타자漢字論 不可避の他者』[3]는 일본 한자론의 이러한 상황에 비추어본다면 획기적인 성과였다고 할 수 있다.(子安, 2003) 각 장의 제목으로 '타자 수용과 내부의 형성: 한문 훈독의 이데올로기'(제3장), '한자와 자언어 인식: 중국과 일본어'(제6장)라고 되어 있는 것만 슬쩍 보아도 한자를 외부에서 온 것으로 간주하는 시선 그 자체가 문제시되고 있음을 알 수 있다. 이러한 주장의 기점은 다음과 같은 기술에 드러나 있다.(같은 책, 26쪽)

> 한자 없이 일본어의 현실적 존립은 없다. 일본어의 성립에 관해 자료를 더듬어 올라가서 찾아보고자 할 때에 우리가 만나게 되는 것은 한자·한문을 표기 문자·표기 기법으로 삼은 표기 언어·일본어다. 일본어는 한자·한문 에크리튀르를 통해 처음으로 언어로서 현실에 존재하게 된 것이다.

또는 다음과 같은 기술(같은 책, 229쪽)도 있다.

---

2 문자를 둘러싼 국어의 문제로, '국자'와 '국어'라는 명칭에서 알 수 있듯이 근대적 국민국가 성립 이후에 제기된 언어 정책의 논의들을 아울러 지칭한다. 메이지 시기의 대표적인 예로 로마자나 가나만 사용하자는 한자 폐지론이나 한자 절감론이 있다. 전자의 예로는 메이지 초기 계몽 단체인 메이로쿠샤明六社에서 논의된 '로마자론'이 있고, 후자로는 후쿠자와 유키치의 『文字之教』(1873)나 우편보지신문사에서 부록으로 간행한 『三千字字引』(1887)이 있다.—옮긴이

3 이 책은 이한정 옮김, 『한자론: 불가피한 타자』(연세대학교 출판문화원, 2017)로 번역본이 나와 있다.—옮긴이

한자한어를 외래자로 간주하는 것은 이쪽 편에 수용자로서의 자기 언어가 미리 존립함을 인정하는 일이 된다. 게다가 그 외래자를 이질자로 규정할 때에 이쪽 편에 구성되는 것은 순수한 언어적 자기 동일성이다. 나는 한자가 초래하는 것을 전적으로 배제하고자 하는 노리나가의 『고지키덴古事記傳』을 기묘한 주석이라고 말했으나, 이러한 외래성이라는 개념을 통해 한자 한어를 이질자로 배제하는 국어학자들이 '순수언어'라고 구성하는 개념 또한 기묘한 개념이라고 하지 않을 수 없다.

서기 언어로서의 일본어는 한자를 통해 성립했다. 그럼에도 불구하고 한자를 외래의 것으로 간주함으로써 '국어'라는 중심이 상상되었으며, 나아가 이렇게 꾸며진 중심에 의해서 한자를 거느리고자 하는 전도가 생겨났다. 이것이 일본의 '국학'이며, '국어학'이다. 요약해서 말하자면 이 책은 이러한 내용을 주장한다고 볼 수 있다.

이 책도 이와 같은 인식을 공유한다. 일본 고대의 서기 언어가 어떤 식으로 있었는가에 관한 논점은 이 책에서도 참조했으나, 고야스의 책 이전에 많은 논의가 있었음에도 불구하고 고야스의 저작에 그 점이 충분히 반영되지 않은 점은 유감스럽다. 그러나 오늘날 그리고 미래의 일본 언어의 존재 방식에까지 영향을 미칠 '한자론'으로 『고지키』나 훈독 문제를 다루었다는 점은 중요한 공적이다.

불가피한 타자

그러나 고야스가 다음 인용문에서 설명하고 있듯이 책의 부제로도 표현된 '불가피한 타자'라는 인식은 이 책에서 공유하지 않는다.(같은 책, 231~232쪽)

> (…) 우리는 지금 한자를 자언어自言語가 전개하는 데에 불가피한 타자로 간주해야 한다. 모든 자연 언어에서 타언어他言語를 전제로 하지 않는 순수한 자언어 등은 있을 수 없다. (…) 한자란 자신을 배타적으로 낳기 위한 이질적 타자도 아니고 수용자의 자언어 의식이 계속 부과되는 트라우마와 같은 이질적 타자도 아니다. 그것은 일본어의 성립과 전개에서 피할 수 없는 타자다. 그것은 자언어가 끊임없이 외부를 향해 열어갈 수 있는 언어적 계기로서의 타자다.

이 책은 어째서 위와 같은 인식을 공유하지 않는가? 첫째는 '타자'라는 개념 자체가 저자가 비판하는 이항 대립적인 '외래/고유'라는 도식을 도리어 강화한다고 생각하기 때문이고, 둘째는 저자는 문자와 언어가 상호 교환 가능한 것으로 이야기하고 있기 때문이다. 이 두 가지 이유는 분명히 서로 연관된다.

문자 언어는 구두 언어를 참조하면서 성립하는 동시에 "기록하는" 기능을 가지면서 음성 언어와는 다른 질서를 구성하며 음성 언어와 상호작용하는 관계를 확립한다. 즉 구두/서기 언어 시스템이 성립하는 것이다. 물론 이 시스템은 매우 동적이며 상호 관계하는 방식 또한 일정하지 않다. 이 책에서 논한 것은 어디까지나 한자권의 동태이며 그중에서도 한 단면에 불과하나, 원리적으로 구두와 서기의 상호작용과 이를 통해 드러나는 언어의 모든 양상에 관해서는 중국 대륙이건 조선 반도건 혹은 일본 열도건 차이 없이 관찰된다는 점에는 동의하리라. 특별히 일본 열도에서만 이러한 현상이 있을 수는 없다.

만약 '타자'라는 개념을 끌어오겠다면 그것은 '자언어'와 대비되는 '타언어'가 아닌, "기록하다"라는 행위가 지니는 타자성이어야 하리라. 언어권과 언어권 사이에서 생겨나는 문제가 아니라 특정 언어권에서 구두와 서기 간에 일어나는 상생과 상극이야말로 문제가 되는 것이다. 서기書記는 그 성질로 보면 지역과 시대를 쉽게 넘어선다. 이러한 의미에서 보면 '타자'로 간주되기 쉬운 것이다. 어떠한 서기 언어가, 구두 언어가 유통되는 지역이나 시대와는 다른 지역 또는 다른 시대와 결부되는 것은 그 때문이다. 언言에 대하여 문文은 언제나 '타자'다. 또는 시뉴에 대하여 에크리튀르는 언제나 '타자'다. 그러나 이러한 타자성은 종종 본질적인 성질로 간주되지 않고 어느 지역이나 시대에 묶이고 고정된다.

"한자란 일본어에서 불가피한 타자다." 이 언명은 '한漢'과 '일본'이라는 대립적 명시를 통해 '자字'와 '어語' 사이의 대립을 해소해버린다. 문자란 언어에 대하여 불가피한 타자다. 이러한 인식에서 보자면 '타자'라는 개념을 음미하는 일은 젖혀두더라도 이 책에서 논의해온 내용과도 연결된다. 그러나 많은 독자는 이와는 다른 메시지로 받아들이리라. 즉 '중국이란 일본에게 불가피한 타자다'라고. "한자란 일본어에서 불가피한 타자"라는 언명은 이렇게 받아들여질 위험성을 내포한다. 그렇다, 이는 위험성이라 불러 마땅하다.

이 책이 일관성을 가지고 쭉 생각해온 문제는 '문자란 무엇인가' '이는 무엇을 초래했는가'라는 물음이다. 이 물음에 답하기 위해서 문자가 힘을 지닌 권역으로서 한자권을 파악하고 그곳에서 일어난 흥미로운 현상 몇 가지를 끄집어내어 그것이 한자 세계를 동적으로 만들어내는 과정을 분석했으며, 문자의 기능과 그것이 초래한 세계를 그리고자 했다.

문자란 당연하게도 써서 기록하고 써서 기록되는 것이다. 써서 기록한다는 행위를 떠나서 문자는 존재하지 않는다. 이는 또한 읽어서 해석되는 것으로 드러난다. 문자란 무엇일까라는 물음은 읽고 쓰는 행위란 무엇인가라는 물음이기도 하다. 이 책이 한자론에 관한 책으로 읽힐 수도 있으나 그것은 읽고 쓴다는 행위를 내포한 언어 실천으로서의 문자, 그리고 이러한 실천에 의해 구성된 세계를 주제로 했다는 점에서일 뿐 일본론이나 중국론으로 쓰인 것이 아니다.

「시작하며」에서 논한 것처럼, 1960년 이후 논의되어온 한자 문화권론은 기본적으로는 일본 문화론의 일환으로 구성되어 있다. 이 책은 그러한 성과를 받아들이면서 또는 관심을 공유하는 동시에 그들과는 다른 사고로 나아가기 위한 것이다. 이 책에서 어떠한 현상이나 논점을 거론할 때 이를 한자권 내부라는 안정된 영역에 두지 않고 한자권 전개 과정의 앞에 둠으로써 결과적으로는 한자 문화권론에서 논의해온 일본 서기 언어라는 문제까지 생각하게 되었다. 또한 종래와는 다른 관점에서 이들 문제를 자리매김하기 위해 노력했다.

읽고 쓰는 행위에 의해서 구성되는 세계의 새 지평으로서, 갑골문에서 훈독체까지를 하나의 전망 속에서 논하는 일. 이 책이 통사도 아닌, 문화론도 아닌, 새로운 전망을 위한 시론試論으로서 가치를 지니기를 바란다.

참고문헌

Lobscheid, William · 那須雅之(해설) *English and Chinese dictionary: with the Punti and Mandarin pronunciation*, 千和勢出版部, 東京美華書院, 復刻板, 1996.

Medhurst, Walter Henry *Chinese and English dictionary: containing all the words in the Chinese imperial dictionary, arranged according to the radicals*, 千和勢出版部, 東京美華書院, 復刻板, 1994.

Morrison, Robert *A dictionary of the Chinese language, three parts*(『華英辭書集成 華英字典』), ゆまに書房, 復刻板, 1996.

淺原達郎, 「殷代の甲骨による占いとト辭」, 東アジア恠異學會(編), 『龜ト: 歷史の地層に秘められたうちないの技をほりおこす』, 臨川書店, 2006.

飛鳥井雅道, 『中江兆民』, 吉川弘文館, 1999.

阿辻哲治, 『圖說漢字の歷史』, 大修館書, 店普及版, 1989.

池田四郎次郎, 『日本詩話叢書』第10卷, 文會堂, 1920.

石川謙, 『學校の發達 特に德川幕府直轄の學校における組織形態の發達』, 岩崎書店, 1951.

_____, 『日本學校史の研究』, 小學館, 1960.

乾善彦, 『漢字による日本語書記の史的研究』, 塙書房, 2003.

犬飼隆, 『上代文字言語の研究』, 笠間書員, 增補版, 2005.

家井眞, 『『詩經』の原義的研究』, 研文出版, 2004.

井上哲次郎·元良勇次郎·中島力造, 『英獨佛和哲學字彙』, 丸善, 1912.

大槻茂雄(編),『磐水存響』, 大槻茂雄, 1912.

大槻文彦,『廣日本文典別記』, 大槻文彦, 1897.

大西克也,「戰國時代の文字と言葉: 秦·楚の違いを中心に」, 早稻田大學
　　中江流域文化研究所(編),『長江流域と巴蜀, 楚の地域文化』, 雄山閣,
　　2006.

大西克也·宮本徹(編),『アジアと漢字文化』, 放送大學教育振興會, 2009.

岡見正雄·赤松俊秀(校注),『愚管抄』(日本古典文學大系86), 岩波書店,
　　1967.

小川環樹·木田章義,『注解千字文』, 岩波書店, 1984.

小川環樹,「『注解千字文』解說」,『小川環樹著作集』제1권, 筑摩書房, 1997.

沖森卓也,『日本古代の表記と文體』, 吉川弘文館, 2000.

―――,『日本古代の文字と表記』, 吉川弘文館, 2009.

愛宕元·富谷至·森田憲司(編),『中國の歷史』上下, 昭和堂, 新版, 2009.

落合淳思,『甲骨文字の讀み方』(講談社現代新書), 講談社, 2007.

貝塚茂樹,『孔子·孟子』(世界の名著3), 中央公論社, 1966.

梶原正昭·山下宏明(校注),『平家物語』上(新日本古典文學大系44), 岩波書
　　店, 1991.

桂川甫周(編)·杉本つとむ(解說),『和蘭字彙』, 早稻田大學出版部, 1974.

龜井考·大藤時彦·山田俊雄,『日本語の歷史2: 文字とのめぐりあい』, 平凡
　　社, 1963.

龜井考,「古事記はよめるか: 散文の部分における字訓およびいはゆる訓讀
　　の問題」,『龜井考論文集 第四卷: 日本語のすがたとこころ二·訓詁と語
　　彙』, 吉川弘文館, 1985.

龜井考·田中克彦(인터뷰),「國家語の系譜」,『現代思想』23권 9호, 1994.

山田順造,『無文字社會の歷史: 西アフリカ·モシ族の事例を中心に』, 岩波
　　書店, 1976.

姜信沆,『ハングルの成立と歷史: 訓民正音はどう創られたか』, 大修館書
　　店, 1993[한글판은『훈민정음연구』, 성균관대출판부, 1987].

木村秀次,「「記號」ということば:『西國立志編』をめぐって」,『千葉大學教育
　　學部研究紀要Ⅱ: 人文·社會科學編』49권, 2001.

金水敏·乾善彦·澁谷勝己,『日本語史のインタフェース』, 岩波書店, 2008.

金文京,「漢字文化圈の訓讀現象」,『和漢比較文學研究の諸問題』, 汲古書院,
　　1988.

―――,『漢文と東アジア 訓讀の文化圈』, 岩波書店, 2010.

興膳宏·木津祐子·齋藤希史,『『朱子語類』譯注』卷10~11, 汲古書院, 2009.

興膳宏,『合璧 詩品 書品』, 研文出版, 2011.

神野志隆光, 『漢字テキストとしての古事記』, 東京大學出版會, 2007.

_____, 『變奏される日本書紀』, 東京大學出版會, 2009.

河野六郎, 『文字論』, 三省堂, 1994.

河野六郎·西田龍雄, 『文字贔屓 文字のエッセンスをめぐる3つの對話』, 三省堂, 1995.

小島憲之, 『漢語逍遥』, 岩波書店, 1998.

後藤丹治·釜田喜三郎(校注), 『太平記1』(日本古典文學大系34), 岩波書店, 1960.

小松英雄, 『日本語書記史原論』, 笠間書院, 補訂版, 2006.

小南一郎, 『古代中國 天命と靑銅器』諸文明の起源5, 京都大學學術出版會, 2006.

子安宣邦, 『漢字論 不可避の他者』, 岩波書店, 2003. 한글판은 이한정 옮김, 『한자론: 불가피한 타자』, 연세대학교 출판문화원, 2017

齊藤くるみ, 『少数言語としての手話』, 東京大學出版會, 2007.

齊藤利彦·倉田喜弘·谷川惠一(校注), 『教科書啓蒙文集』(新日本古典文學大系, 明治編11), 岩波書店, 2006.

齋藤文俊, 『漢文訓讀と近代日本語の形成』, 勉誠出版, 2011.

蔡玫芬·朱乃誠·陳光祖, 『商王武丁與后婦好 殷商盛世文化藝術特典』, 國立故宮博物院, 2012.

島根縣立美術館·大廣(編), 『上海博物館展 中國五千年の名宝』, 大廣, 2003.

淸水賢一郎, 「梁啓超と'帝國漢文': 新文體の誕生と明治東京のメディア文化」, 『アジア遊學』13호, 2000. 2.

白川靜, 『金文の世界 殷周社會史』(東洋文庫), 平凡社, 1971.

_____, 『漢字の世界1 中國文化の原點』(東洋文庫), 平凡社, 1976.

_____, 『詩經國風』(東洋文庫), 平凡社, 1990.

新川登龜男, 『漢字文化の成り立ちと展開』(日本史リブレット9), 山川出版社, 2002.

沈國威, 『近代日中語彙交流史 新漢語の生成と受容』, 笠間書院, 改訂新版, 2008.

進藤英幸, 「中國周代靑銅器とその銘文研究: 小克鼎管見」, 『明治大學人文科學硏究所紀要』40권, 1996.

杉田玄白·緖方富雄(校注), 『蘭學事始』(岩波文庫), 岩波書店, 改版, 1982.

泉屋博古館(編), 『泉屋博古 中國古靑銅器』, 泉屋博古館, 2002.

소쉬르·小林英夫(譯), 『一般言語學講義』, 岩波書店, 改版, 1972.

高嶋謙一, 「殷代貞卜言語の本質」, 『東洋文化研究所紀要』, 1989. 10.

高島敏夫, 「周原出土甲骨の歷史的位相: 殷周關係論に向けて」, 『立命館白

川記念東洋文學文化研究所紀要』1호, 2007. 3.

高野繁男·日向敏彦(監修·編),『明六雜誌語彙總索引(付複刻版明六雜誌)』, 大空社, 1998.

武田勘治,『近世日本學習方法の研究』, 講談社, 1969.

趙義成(譯注),『훈민정음』(東洋文庫), 平凡社, 2010.

陳力衛,『和製漢語の形成とその展開』, 汲古書院, 2001.

_____,『新漢語の産出と近代漢文訓讀』, 石塚晴通教授退職記念會(編),『日本學·敦煌學·漢文訓讀の新展開』, 汲古書院, 2005.

鄭光,「訓民正音の字形の獨創性: 『蒙古字韻』のパスパ文字との比較を通して」,『朝鮮學報』211, 2009. 4.

鄭光·曹瑞炯(譯),『『蒙古字韻』研究: 訓民正音與八思巴文字關係探析』, 民族出版社(北京), 2013.

東京大學史史料研究會(編),『東京大學年報』第二卷, 東京大學出版會, 復刻版, 1993.

東野治之,『正倉院文章と木簡の研究』, 塙書房, 1977.

冨谷至,『文書行政の漢帝國: 木簡·竹簡の時代』, 名古屋大學出版會, 2010.

永嶋大典,『蘭和·英和辭書発達史』, ゆまに書房新版, 1996.

中嶋隆藏,『出三藏記集序卷譯注』, 平樂寺書店, 1997.

中田祝夫,『古點本の國語學的研究』, 勉誠社, 改訂版, 1979.

中村春作,『江戶儒教と近代の「知」』, ぺりかん社, 2002.

_____,「訓讀, あるいは書き下し文という〈翻譯〉」,『文學』12권 3호, 2011. 5

中村春作·市來津由彦·田尻祐一郎·前田勉(編),『訓讀』論: 東アジア漢文世界と日本語』, 勉誠出版, 2008.

_____,『續「訓讀」論: 東アジア漢文世界の形成』, 勉誠出版, 2010.

中村真一郎,『賴山陽とその時代』, 中央公論社, 1971.

西田太一郎·日野龍夫(編),『荻生徂徠全集』第十七卷, みすず書房, 1976.

西田龍雄,『東アジア諸言語の研究 I 巨大言語群＝シナ·チベット語族の展望』, 京都大學出版會, 2000.

野上俊靜,『元史釋老傳の研究』, 野上俊靜博士頌壽記念刊行會, 1978.

野間秀樹,『ハングルの誕生: 音から文字を創る』(平凡社新書), 平凡社, 2010.

野村雅昭,『漢字の未來』, 三元社, 新版, 2008.

橋本昭彦,『江戶幕府試驗制度史の研究』, 風間書房, 1993.

橋本萬太郎,『漢民族と中國社會』(民族の世界史5), 山川出版社, 1983.

馬駿,『日本上代文學"和習"問題研究』, 北京大學出版社, 2012.

樋口隆康,『酒器』I, 泉屋博古館, 1994.

_____,『中國の古銅器』, 學生社, 2011.

飛田良文(編),『哲學字彙譯語総索引』, 笠間書院, 1979.

飛田良文·琴屋清香,『改訂増補哲學字彙譯語総索引』, 港の人, 2005.

福井玲,『韓國語音韻史の探究』, 三省堂, 2013.

福澤諭吉·慶応義塾(編),『福澤諭吉全集』, 岩波書店, 再版, 1969.

福田武史,「「倭訓」の創出: 講書の現場から」, 神野志隆光(編),『古事記の現在』, 笠間書院, 1999.

福田哲之,『說文以前小學書の研究』, 創文社, 2004.

福永光司,『藝術論集』(中國文明選14), 朝日新聞社, 1971.

船山徹,『佛典はどう漢譯されたか スートラが經典になるとき』, 岩波書店, 2013.

帆足記念圖書館,『帆足萬里先生全集』, 帆足記念圖書館, 1926.

朴永濬·柴政坤·鄭珠里·崔炅鳳·中西恭子(譯),『ハングルの歴史』, 白水社, 2007[한글판은 박영준·시정곤·정주리·최경봉,『우리말의 수수께끼』, 김영사, 2002.].

正宗白鳥,『正宗白鳥全集』第十三卷, 新潮社, 1968.

松井利彦,『近代漢語辭書の成立と展開』, 笠間書院, 1990.

松井嘉德,「鳴り響く文字: 靑銅器の銘文と聲」, 富谷至(編),『漢字の中國文化』, 昭和堂, 2009.

松丸道雄(解說),『甲骨文·金文·殷·周·列國』(中國法書選1), 二玄社, 1990.

丸山圭三郎,『ソシュールの思想』, 岩波書店, 1981.

三浦雅士,『人生という作品』, NTT出版, 2010.

宮田和子,『英華辭典の総合的研究: 19世紀を中心として』, 白帝社, 2010.

宮紀子,『モンゴル時代の出版文化』, 名古屋大學出版會, 2006.

村田雄二郎·ラマール,『漢字圏の近代: ことばと國家』, 東京大學出版會, 2005.

森岡健二,「文字形態論」,『國語と國文學』45권 2호, 1968. 2.

_____,『改訂 近代語の成立: 語彙編』, 明治書院, 1991.

_____,『日本語と漢字』, 明治書院, 2004.

森田思軒·德富蘇峰·山路愛山,『賴山陽及其時代』, 民友社, 1898.

森博達,『日本書紀謎を解く 著作者は誰か』, 中央公論社, 1999.

山口佳紀·神野志隆光(校注·譯),『古事記』(新編日本古典文學全集1), 小學館, 1997.

吉川幸次郎·佐竹昭廣·日野龍夫(校注),『本居宣長』(日本思想大系40), 岩波書店, 1978.

吉川幸次郎·小島憲之·戶川芳郎,『漢語文典叢書』第三卷, 汲古書院, 1979.

吉川幸次郎,『漢文の話』(ちくま學藝文庫), 筑摩書房, 2006.
吉田賢抗,『論語』(新釋漢文大系1), 明治書院, 改訂版, 1976.
和辻哲郎,『日本倫理思想史』下, 岩波書店, 1952.

이미 5년 전의 일이다. 처음에 예상한 바로는 신관에서 사대부, 나아가 국민으로 변천된 한자 사용 주체를 축으로 삼아 한자에 의한 지적 질서의 역사와 구조를 조감하는 내용이 될 터였다. '지식 계급의 탄생' '한자 세계의 정통과 이단' '과거 지식인의 에토스'와 같은 주제도 기억한다. 어쨌거나 꽤나 기대에 부풀어 있었다.

나름 매력적이었던 이 계획이 변경된 것은—능력상의 문제는 일단 차치하고—최근 5년 동안 나 자신의 관심이 '문자란 무엇인가'라는 기저의 물음에 이끌려왔다는 점이 크다. 동아시아 지적 질서의 역사와 구조를 묻기 위해서는 반드시 한자라는 문자를 나름대로 위치 지어야 하지 않을까? 그러기 위해서는 동아시아에서 언어와 문자를 둘러싼 실천 그리고 사고의 핵심을 정리해두어야 하지 않을까? 이와 같은 생각이 들기 시작했다.

문자를 둘러싼 실천과 사고. 한마디로 말하기는 쉽지만 그 범위는 넓으며 선행 연구도 제각각이다. 전부를 소화하고자 했다면 이 계획 또한 포기라는 쓰라린 체험을 겪었으리라. 필연적으로 내 관심을 파내려가면서 생각하고 조사하고 써가면서 공부하는 작업을 반복했다. 마침 과학연구비 보조금을 통한 프로젝트 「동아시아 고전학으로서의 상대上代 문학 구축」(2007~2010년도, 대표·神野志隆光) 및 「동아시아 고전학의 실천적 심화—국제연대를 통한 연구과 교육」(2012~2015년도, 대표·齋藤希史) 활동과도 겹쳤다. 타이완대, 타이완 중앙연구원, 고려대, 부산대, 컬럼비아대, 하버드대, UCLA, 브리티시컬럼비아대, 홋카이도대 등국내외의 기관에서 열린 워크숍과 집중 강의를 통해서 개인적인 이해가 논의의 대상이 될 수 있는 기회도 얻었다.

전체적으로 정리하고 집필에 착수한 것은 1년 전이다. 발표의 기회를 얻었던 옛 원고를 대폭 수정하고 보충해서 이와 관련되는 부분의 토대로 삼았다. 이 책의 구성에 따라 아래에 명시해둔다.

「漢字圏としての東アジア」(『大航海』, 66호, 新書館, 2008)

「和習と仮名: 漢字圏における文字と言語」(東京大學教養學部國文·漢文學部會編, 『古典日本語の世界[二]: 文字とことばのダイナミクス』, 東京大學出版會, 2011)

「讀誦のことば: 雅言としての訓讀」(中村春作·市來津由彦·田尻祐一郎·前田勉編, 『續「訓讀」論』, 勉誠出版, 2010)

「賴山陽の漢詩文: 近世後期の轉換點」(東京大學敎養學部國
文·漢文學部會編, 『古典日本語の世界: 漢字がつくる日本』,
東京大學出版會, 2007)

「言と文のあいだ: 訓讀文というしくみ」(『文學』 8권 6호, 岩波
書店, 2007)

「近代訓讀體と東アジア」(沈國威·內田慶市編, 『近代東アジア
における 文體の變遷』, 白帝社, 2010)

2013년 6월 나고야대학에서 열린 일본비교문학회 전국대회
심포지엄 및 2014년 3월 히토쓰바시 강당에서 열린 국립국어연
구소 NINJAL 포럼에서 발표한 내용도 모두 이 책 제5장 전반부
에 반영했다. 또한 고전 서적古典籍 등을 번역할 때에는 '餘' '藝'
등을 제외하고 상용한자를 사용했으며 구독점을 새롭게 하거나
후리가나를 적당히 늘이거나 줄였다.

필자가 재직 중인 도쿄대학에서의 수업을 포함하여, 관심을
공유하는 우수한 전문가 그리고 지적 탐구심이 풍부한 학생들
과 생각을 나눌 수 있는 장소를 얻게 된 점을 진심으로 감사하게
생각한다. 이 행운을 제대로 살리고 있는지는 모르겠으나 그러
한 장소가 없었더라면 책의 완성 또한 없었을 것이다.

신초샤新潮社의 나가이 가즈히로長井和博 씨가 책을 내자고 권
유한 것은 처음의 기획안보다도 훨씬 전의 일이다. 생각보다 많
은 시간이 걸리고 말았지만 저자의 느린 걸음에도 꺾이지 않는
나가이 씨의 강한 집념과 후원이 있었기에 이렇게 또 한 권의 책

을 세상에 내놓을 수 있었다. 이제 겨우 마음이 놓이는 듯하다.

2014년 4월

사이토 마레시齋藤希史

입말과 문자가 갖는
본질적 간극과 이 둘의 상생

　'옮긴이의 말'이 아닌 '글'을 쓰고 싶다고 마음을 먹었다. 말이 가볍다는 뜻은 결단코 아니다. 비록 옮긴이의 글이지만 이 또한 활자로 남겨질 것이라는 무시무시한 생각을 끝까지 붙잡고 사이토 마레시의 이 책이 갖는 의미를 진심으로 전달하고 싶다는 고집을 놓지 않겠다.

　2018년. 말들이 순간적인 화면을 타고 먼지처럼 날아다니는 이런 시대에 우리가 사용해온 개념들의 출처를 묻고 따지는 내 작업이 과연 쓸모 있는지를 되묻던 4, 5년 전에 이 책을 만났다. '한자'에 관하여 지금껏 '문화론'으로 논해온 선행 연구들을 비판하고 서기 언어와 구두 언어가 본질적으로 다른 질서와 구조를 갖는다는 점을 지적하면서, 다시 갑골문자 시기부터 근대까지 수천 년에 걸친 '한자'의 시대적·정치적 의미를 되묻고자 한 책. 그래서 밝은 이야기일 수 없다. 한자를 통해 동양의 독특한 문화나 사유방식을 강조하거나 현대 중국의 위상을 확인하는 일과도 관계없다. 오히려 저자는 '인간에게 과연 "문자"란 무엇인가? 언어란 무엇인가?'라는 근본적인 사고를 끝까지 쥐고 되묻는다. 이 과정에서 저자는 구두 언어로부터 서기 언어를 설명해온 음성 중심주의적 사고를 비판하고, 입말과 문자로부터 배제되어온 존재들—기호, 수화 그리고 단순히 수화라고 표현할 수 없는 여러 종류의 수화—까지 불러오면서 '한자'가 어떻게 지금과 같은 형태로 입말과 '결합'되고 또한 무의식의 단계로 '숨어들었는지'를 날카롭게 논해간다.

너무도 오랜 세월을 거친 과정이며 광범위한 지역을 대상으로 하기에 다소 어렵고 낯선 이야기를 품고 있는 것은 당연하다. 그러나 우리가 사용하는 말들이 어지러움을 일으킬 정도의 "한문 질서와 그 변종인 한자투성이"(황호덕) 위를 덧칠하는 과정 없이는 운용될 수 없다는 점을 상기해본다면, 오히려 지금을 살고 있는 우리야말로 말에 대해 너무 우둔해진 것은 아닐까? 덧칠 이전의 반성 없이 '모국어'에 대해 다양한 수식어를 붙이는 건 의미가 있을까? 한국어는 아름답다고 혹은 한글은 독창적인 문자라고 혹은 한국어는 '감염'되어버렸다고 말하기 전에, 우리 자신이 아득한 역사에 속한 아주 작디작은 존재임을 생각해보는 것이 더 의미 있지 않을까?

오늘날 우리가 만나는 한자론에 관해서도 똑같이 말할 수 있으리라. 저자는 '문화권'이라는 개념이 각 지역의 문체적 특징이나 서기 언어 체계의 다양성에 관한 논의를 포함한다 할지라도 그것이 '문화'라는 이름으로 표현되는 이상 '한자 문화권'의 특수성이나 반대로 같은 문화권 내에서의 소통 가능성과 같은 동일성 논의로 흘러갈 수 있음을 경계한다. 그리고 고야스 노부쿠니가 한자를 "불가피한 타자"로 정의한 일에 대해서도 이의를 제기한다.

만약 '타자'라는 개념을 끌어오겠다면 그것은 '자연어'와 대비되는 '타언어'가 아닌, "기록하다"라는 행위가 지니는 타자성이어야 하리라. 언어권과 언어권 사이에서 생겨나는 문제가 아닌, 특정 언어권에서 구두와 서기 간에 일어나는 상생과 상극이야말로 문제가 되는 것이다. 서기書記는 그 성질로 보면 지역과 시대를 쉽게 넘어선다. 이러한 의미에서 보면 '타자'로 간주되기 쉬운 것이다. 어떠한 서기 언어가, 구두 언어가 유통되는 지역이나 시대와는 다른 지역 또는 다른 시대와 결부되는 것은 그 때문이다. 언言에 대하여 문文은 언제나 '타자'다.

이처럼 기존의 한자론이 한자를 지역적 타자나 과거의 유산으로 환원해버리는 것에 대하여 저자는 입말과 문자 사이에 존재하는 본질적인 간극을 강조한다. 그리고 한글과 파스파 문자, 일본의 만요가나와 히라가나, 가타카나를 둘러싼 문제들을 끄집어내어 각 지역에서 한자를 어떻게 사용해왔는가에 관해 차근히 설명한다.

　뿐만 아니다. 문자가 신성했던 먼 옛날, 문자가 일반의 것이 아니었던 그 시절로부터 시작하여, 그것을 입말로 소리 내어 읽거나 서로 다른 계층에 속한 사람들을 고려하는 단계들을 거치면서, 어떻게 국민국가라는 배타적 공동체 의식이 탄생했는가에 관해서도 비판적으로 고찰한다. 오규 소라이가 이 지역의 입말을 통해 한문을 읽는 방식을 거꾸로 비판하면서 철저하게 '눈'으로 읽으라고 주장한 직독론이나, 한문을 해석하는 단계로서의 훈독에서 훈독 자체에 미적 가치를 부여하기 시작한 근세 후기의 훈독론, 그리고 그렇게 하여 메이지 시기의 언문일치 흐름에 막대한 영향을 끼치게 된 훈독체까지, 일견 집중을 요하는 내용들은 입말과 문자를 둘러싼 국민국가 탄생의 이야기로 이어진다. 그리고 이 단계, 즉 저자가 말하는 제3차 한자권이라는 단계까지 들어서면 근대의 훈독체를 바탕으로 수많은 신한어가 탄생했다는 사실, 그것이 중국 그리고 한반도로 건너와서 지금까지도 전 영역에서 통용되고 있다는 사실과 마주하게 된다.

　그 구체적인 사례와 촘촘한 단계에 관해서는 시간을 들여 공부할 필요가 있으리라. '한자'가 지나온 역사는 물론이고 일본어의 서기 형태에 관해 구체적으로 알고 싶은 이들이나, 한글에 관해 좀더 역사적으로 생각해보고자 하는 이들에게는 무엇보다도 훌륭한 공부거리임에 틀림없다. 그러나 여전히 중요한 점은 '눈'과 '귀'를 둘러싼 다양한 층계의 언어—이렇게 표현할 수밖에 없는 것은, 언어가 또한 입말과 문자에 한정될 수 없기 때문이다. 리듬을 동반한 입말, 눈으로 리듬을 읽는 사태, 입말과 문자를 아우르는 통사 법칙, 입말과 문자에 속하지 못해온 기호들과 수화들 등등—에 관한 감각을 되살리는 일이며, 그러한 감각 위에서 한자에 관하여, 그리고 우리 언어생활에 관해 재고하는 일이다. 1926년에 태어난 우리 할머니는 글자를 배우거나 써본 적도 없는 분이지만, 성당에 다니면서 방대한 성경을 열 차례도 넘게 필사하셨다. 1922년에 태어난 우리 할아버지는 평생 한문으로 글을 썼고, 나는 그 글을 읽을 줄 몰랐다. 뿐만 아니다. 우리 아버지는 20대부터 고등학교에서 국어를 가르쳤는데, 한글의 우수성과 위대함을 내 정신에 정착시키는 데 40대를 허비하셨다. 한 가족만 들여다보아도 언어적 상황이 이렇게나 다른데 하물며 한자권이라고 하는 지역 전체는 어떠할까? 이 책이 '문자란 무엇인가? 문자는 무엇을 초래했는가?'라는 근원적인 문제를 제기하고 있다는 점을 재차 강조하고 싶다.

사이토 마레시 선생님의 책은 한국에서 이미 번역되고 소개된 적이 있다. 일본에서는 '한문맥漢文脈'이라는 개념을 제창한 책으로 2005년에 산토리 학예상을 수상한 『한문맥의 근대: 청말=메이지의 문자권』(2005)의 친절한 버전이라고 할 수 있는 『한문맥과 근대 일본』(2007)이 황호덕, 임상석, 류충희의 번역으로 소개된 바 있다. 2010년의 일이다. 그간 저자가 해온 작업들 역시 "특정한 한 곳에만 머무르지 않는" 한문·한시·한자, 나아가 언어를

사고해온 것들이다. 그 결과, 이 책이 출간된 해에 『한문맥과 근대 일본』의 새로운 문고판도 나왔다. 학술 서적뿐만 아니라 저자가 2006년 10월부터 『UP』(도쿄대학 출판부)에 연재해온 「한문 노트漢文ノート」도 어느새 10년을 넘겼다. 일반인을 대상으로 한 한문 노트와 한시에 관한 문장들을 묶은 책도 그간 세 권이나 간행되었다.

저자의 한시 노트를 읽을 때마다 그동안 내가 배운 한시가 얼마나 현실과 동떨어진 답안지 식이었는가, 안타까웠다. "晴耕雨讀"이 단순히 전원에서 한거하는 문인의 생활을 말하는 것이 아닐 수도 있다는 생각을 한 것도 처음이었다. 세상과 인연을 끊고 자연 속에서 유유자적하는 은자라면 그 자신의 생활을 굳이 한시로 그려서 사람들에게 보여줄 필요는 없지 않았을까? 입신출세로부터 해방된 대신 떠안고 가야 할 의식주 숙제는 또 얼마나 컸을까? 물론 대신 처리해주는 하인이 있었다면 논외겠지만. "讀書百遍"은 또 어떤가. 여러 번 읽으면 자연스레 알게 될 것이라는 기대심일까? 오히려 알고자 한다면 몇 번이고 반복해서 읽어야 한다는 경계심을 표현한 말 아닐까? 저자는 한시를 통해 그것이 단순히 이념적이고 이상적인 의미만을 품고 있지 않다는 것과 인간이란 그저 그런 존재라는 보편성을 보여준다. 이러한 문제의식—이념적 차원과 현실적 차원을 넘나들고 그 편리한 구분을 부수는 과정에 주목하지 않으면 이 책도 제대로 소개할 수 없다. 써서 기록한다는 행위가 얼마나 무서운 일인지를. 일본 문화론, 중국 문화론, 한글론과 같은, 공동체 안으로 기어 들어가려고 하는 의식을 끝까지 붙잡아 끌어내면서, 써서 기록하는 행위에 관하여 재고한, 아니 재고를 촉구한 책임에 분명하다.

이 책을 번역하겠다고 결심한 것이 벌써 4년 전, 신초샤新潮社에서 막 신간으로 나왔을 때다. 대학원생의 결심을 그냥 흘려버리지 않고 힘을 실어주신 가나즈 선생님 그리고 번역을 허락해주신 사이토 선생님께 감사드린다. 그리고 무엇보다도 황호덕 선생님의 메일 한 통이 없었더라면 번역 원고는 그대로 묻혀버렸을 것이다. 이제 겨우 대학원생 신분에서 벗어난 나로서는 분에 넘치는 출판사를 소개해주셨다. 둘째를 출산하고 무슨 수단으로 이 애들을 키워야 하나 걱정하던 시기였다. 황호덕 선생님, 그리고 처음 만난 사람을 믿고 책을 내주신 강성민 대표님께 진심으로 감사드린다. 무엇보다도 사이토 마레시의 『한문맥과 근대 일본』 다음으로 이 책이 소개될 수 있어서 기쁘다. 많은 이가 함께 읽고 공부할 수 있다면 더 바랄 것이 없겠다.

2018년 11월
옮긴이 허지향

찾아보기

한자권의 성립
우리에게 문자란 무엇인가

초판인쇄 2018년 12월 3일
초판발행 2018년 12월 10일

지은이 사이토 마레시
옮긴이 허지향
펴낸이 강성민
편집장 이은혜
편집 강성민
마케팅 이숙재 정현민 김도윤 안남영
홍보 김희숙 김상만 이천희
독자모니터링 황치영

펴낸곳 (주)글항아리 | 출판등록 2009년 1월 19일 제406-2009-000002호
주소 10881 경기도 파주시 회동길 210
전자우편 bookpot@hanmail.net
전화번호 031-955-8891(마케팅) 031-955-1936(편집부)
팩스 031-955-2557

ISBN 978-89-6735-572-2 93700

이 도서의 국립중앙도서관 출판예정도서목록(CIP)은 서지정보유통지원시스템 홈페이지(http://seoji.
nl.go.kr)와 국가자료종합목록시스템(http://www.nl.go.kr/kolisnet)에서 이용하실 수 있습니다.
(CIP제어번호: CIP2018039062)